Christina Anselmann

Auswege aus Staatsschuldenkrisen

D1726456

Christina Anselmann

Auswege aus Staatsschuldenkrisen

Eine Untersuchung verschiedener Optionen
anhand historischer Fallbeispiele

Metropolis-Verlag
Marburg 2012

Bibliografische Information Der Deutschen Bibliothek
Die Deutsche Bibliothek verzeichnet diese Publikation in der Deutschen
Nationalbibliografie; detaillierte bibliografische Daten sind im Internet
über <http://dnb.ddb.de> abrufbar.

Metropolis-Verlag für Ökonomie, Gesellschaft und Politik GmbH
http://www.metropolis-verlag.de
Copyright: Metropolis-Verlag, Marburg 2012
Alle Rechte vorbehalten
ISBN 978-3-89518-907-4

Vorwort

Bis vor kurzem wurde der Begriff *Staatsschuldenkrise* hierzulande mit Ereignissen aus weiter zurückliegenden Epochen oder allenfalls mit aktuellen ökonomischen und politischen Krisen in Entwicklungsländern verbunden. Nachdem sich jedoch in vielen europäischen Volkswirtschaften im Gefolge der schweren Rezession 2008/2009 die Staatsschulden sprunghaft erhöhten, spitzte sich zunächst in Griechenland, dann aber auch in anderen EWU-Ländern, die Verschuldungssituation der öffentlichen Haushalte plötzlich dramatisch zu. Innerhalb kürzester Zeit entwickelte sich eine vorher kaum für möglich erachtete Staatsschuldenkrise innerhalb Europas, durch die nicht zuletzt die Europäische Währungsunion infrage gestellt wurde. Sowohl im politischen Raum als auch in der akademischen Welt werden seitdem die Fragen nach den Ursachen und Folgen von Staatsschulden sowie den möglichen Auswegen aus Staatsschuldenkrisen intensiv diskutiert.

Angesichts der Probleme, die durch eine immer weiter wachsende Staatsschuldenquote langfristig ausgelöst werden, stellt sich die Frage, ob es neben dem häufig als unvermeidbar dargestellten Staatsbankrott noch andere Auswege aus einer akuten oder drohenden Staatsschuldenkrise gibt. Wie Christina Anselmann in der vorliegenden Arbeit anhand von ausgewählten historischen Fallbeispielen zeigt, war es in der Vergangenheit realiter auf verschiedene Weise möglich, selbst extrem hohe Schuldenstandsquoten (von bis zu 250 Prozent) wieder auf deutlich geringere Werte zurückzuführen. Allerdings weist die Mehrzahl dieser Entwicklungen eine Reihe von anders gelagerten negativen Begleiterscheinungen auf. Zu den in dieser Arbeit im Detail beschriebenen historischen Episoden einer Schuldenreduktion gehört der Fall einer (unerwarteten) Inflation, einer Währungsreform, einer Finanzrepression, einer Schuldenrestrukturierung sowie das am wenigsten problematisch erscheinende „Hinauswachsen" aus den Schulden.

Um diese Vorgänge besser einordnen und analysieren zu können, werden zuvor die Gründe betrachtet, die generell hinter dem Phänomen der Staatsverschuldung stehen. Die Autorin macht sich dabei keine unreflektierte und pauschale Ablehnung von Staatsschulden zu eigen, sondern zeigt, dass die Verschuldung öffentlicher Haushalte beispielsweise zu Zwecken der Konjunkturglättung oder der intergenerativen Lastenverteilung von Zukunftsinvestitionen bzw. von (Schadens)Ereignissen, wie Kriegen, Naturkatastrophen oder auch besonderen historischen Begebenheiten wie der deutschen Einheit, wichtige volkswirtschaftliche und gesellschaftliche Zwecke erfüllen kann. Aufgezeigt wird aber ebenfalls, dass in Deutschland der strategisch-politische Prozess wesentlich zum Anstieg der Staatsschulden beigetragen hat.

Frau Christina Anselmann hatte sich der Aufgabe, verschiedene „Auswege aus Staatsschuldenkrisen" zu analysieren, im Rahmen ihrer gleichnamigen Bachelor-Thesis gestellt. Ihre Thesis hat die Autorin am 31. August 2011 in der Fakultät für Wirtschaftswissenschaften der Hochschule Karlsruhe – Technik und Wirtschaft eingereicht. Bei der vorliegenden Arbeit handelt es sich um die überarbeitete Fassung ihrer Bachelor-Thesis, die im Anschluss an die Begutachtung in Teilen redaktionell überarbeitet wurde und für die die wichtigsten Datenreihen aktualisiert wurden. Dass Bachelor-Thesen publiziert werden, kommt sicher nicht allzu häufig vor. Angesichts der aktuellen wirtschaftlichen Ereignisse, aber vor allem aufgrund der hervorragenden Darstellung und Auswertung ausgewählter historischer Episoden von Staatsschuldenentwicklungen habe ich gemeinsam mit dem Zweitgutachter dieser Arbeit, meinem Kollegen Prof. Dr. Johannes Schmidt, Frau Christina Anselmann die baldige Publikation ihrer ausgezeichneten Thesis empfohlen.

Ich wünsche dieser Arbeit viele interessierte Leser, da ich der Überzeugung bin, dass die Erkenntnisse, die Christina Anselmann in ihrer gründlichen und umfassenden Ausarbeitung dargelegt hat, es verdienen, in die Diskussion um die Hintergründe und Folgen der aktuellen Staatsschuldenkrise einzufließen.

Karlsruhe, im Dezember 2011

Prof. Dr. Hagen Krämer
Fakultät für Wirtschaftswissenschaften
Hochschule Karlsruhe – Technik und Wirtschaft

Danksagung

Die Entstehung dieses Buches wäre nicht möglich gewesen ohne die Unterstützung und das Engagement zahlreicher Personen.

Mein größter Dank gilt Herrn Professor Dr. Hagen Krämer (Hochschule Karlsruhe). Von der Themenfindung bis zur Abfassung hat er die vorliegende Arbeit von Beginn an begleitet und betreut. Für die Ermutigung, mich an eine Publikation heranzuwagen, für die zahlreichen wertvollen Hinweise, die kompetente, angenehme Betreuung und nicht zuletzt die vielen investierten Zeitstunden sei ihm herzlichst gedankt. Ohne ihn wäre die Ausarbeitung dieses Buches nicht möglich gewesen.

Einen ganz besonderen Dank möchte ich auch Herrn Professor Dr. Johannes Schmidt (Hochschule Karlsruhe) für die Betreuung der Abschlussarbeit als Zweitgutachter aussprechen. Durch wichtige Hinweise und Ratschläge hat er einen wesentlichen Beitrag geleistet.

Des Weiteren danke ich Herrn Professor em. Dr. Peter Kalmbach (Universität Bremen) und Herrn Professor Dr. habil. Michael Riemer (Hochschule Karlsruhe) für ihre wertvollen Anregungen und Überarbeitungshinweise.

Alle verbliebenen Fehler und Schwächen der Arbeit gehen selbstverständlich zu meinen Lasten.

Bei Herrn Hubert Hoffmann vom Metropolis-Verlag bedanke ich mich für die verlagsseitige Betreuung und seine Bereitschaft, meine Arbeit zu publizieren.

Für die Übernahme der Formatierungsarbeiten möchte ich Frau Isabell Kieser meinen Dank aussprechen.

Herzlichst bedanke ich mich bei meinen Eltern für ihre unermüdliche Unterstützung, bei meinen Geschwistern und all jenen, die die Entstehung dieser Arbeit auf so vielfältige Weise begleitet haben.

Karlsruhe, im Dezember 2011

Christina Anselmann

Inhaltsverzeichnis

Abbildungsverzeichnis

14 Abbildungsverzeichnis

Tabellenverzeichnis

Abkürzungs- und Variablenverzeichnis

B_t Nominale Staatsverschuldung am Ende des Jahres t

B_{t-1} Nominale Staatsverschuldung am Ende des Jahres $t-1$

$\dfrac{B}{P}$ Reale Staatsverschuldung

BIP Bruttoinlandsprodukt

Ex Exporte

G Primärausgaben des Staates

g Wachstumsrate des realen Bruttoinlandsprodukts

I Privatwirtschaftliche Investitionen

i Nominalzins

Im Importe

m Wachstumsrate des nominalen Bruttoinlandsprodukts

P Preisniveau (BIP-Deflator)

PY Nominales Bruttoinlandsprodukt

π Inflationsrate

r Realzins

S Private Ersparnis

T Primäreinnahmen des Staates

Y Reales Bruttoinlandsprodukt

Einleitung

Ende des Jahres 2010 belief sich der Schuldenstand der deutschen öffentlichen Haushalte auf etwa 2.061 Milliarden Euro.[1] Auf jeden Bundesbürger entfielen damit am 31. Dezember 2010 rund 25.214 Euro explizite öffentliche Schulden.[2] Laut den Umfrageergebnissen des Eurobarometers ist die steigende Staatsverschuldung derzeit eine der größten Sorgen der Deutschen. 87 Prozent aller befragten Bürger haben im Mai 2011 geäußert, dass eine Reduktion der öffentlichen Schulden in der Bundesrepublik nicht länger hinausgezögert werden dürfe. Angesichts nahezu global steigender Staatsschuldenquoten ist dieser Trend jedoch nicht nur in Deutschland, sondern vielmehr in der gesamten Europäischen Union und vermutlich in zahlreichen weiteren Nationen dieser Welt vorzufinden.[3] Die Sorge um die wachsenden Staatsschulden ist dabei kein Phänomen, welches erst vor dem Hintergrund der jüngsten Finanz- und Wirtschaftskrise auftrat. So stellte beispielsweise der englische Historiker und Politiker Thomas Babington Macaulary bereits im 19. Jahrhundert fest, dass „noch zu jeder Zeit [...] das Wachsen der Staatsschuld die Nation in dasselbe Geschrei von Furcht und Verzweiflung ausbrechen [ließ] [...].“[4]

Tatsächlich wird die staatliche Verschuldung in der Öffentlichkeit häufig als eine von Natur aus „schlechte" Erscheinung dargestellt, die früher oder später sowieso nichts als Unheil bringen wird und daher am besten mit allen Mitteln verhindert werden sollte. Wieso verschulden sich dann jedoch zahlreiche Staaten rund um den Globus immer weiter, und weshalb gibt es überhaupt noch Wirtschaftssubjekte, die den öffentlichen Haushalten Kredite gewähren? Kann die staatliche Verschuldung etwa doch nicht pauschal abgelehnt werden, und ist sie gegebenenfalls sogar

---

[1] Vgl. Bundesministerium der Finanzen (2011f), S. 102.

[2] Eigene Berechnungen auf Basis von: Bundesministerium der Finanzen (2011f), S. 102 ; Europäische Kommission (2011a), Tabelle *Population total (national accounts) (NPTD)*.

[3] Vgl. Europäische Kommission (2011b), S. 141.

[4] Bundeszentrale für politische Bildung (2010), S. 7.

sinnvoll? Die Beantwortung dieser Fragen ist unerlässlich, um, wie der Titel der vorliegenden Arbeit suggeriert, die Notwendigkeit von Auswegen aus der Staatsverschuldung erfassen zu können. Wenn die öffentliche Kreditaufnahme letztendlich gar kein „schlechtes" Phänomen wäre, so müssten schließlich auch keine Maßnahmen zur Rückführung der staatlichen Schuldenstandsquoten ergriffen werden. Es kann sich daher nicht darauf beschränkt werden, ausschließlich auf mögliche Auswege aus der Staatsverschuldung einzugehen. Zur Darbietung eines schlüssigen Gesamtbildes müssen letztlich auch weitere Aspekte rund um die Thematik der öffentlichen Kreditaufnahme behandelt werden.

Die vorliegende Arbeit gliedert sich somit in zwei Hauptteile. Im Rahmen des ersten Teils, der sich mit Grundlagen der Staatsverschuldung befasst, werden zunächst einige Kennzahlen vorgestellt, mit denen im Anschluss daran die staatliche Verschuldungssituation in Deutschland analysiert werden kann.

Kapitel drei wird sich darauf folgend mit den Ursachen der Staatsverschuldung auseinandersetzen. Insgesamt werden dabei drei mögliche Gründe für die öffentliche Kreditaufnahme aufgezeigt, namentlich die Konjunkturglättung, die intertemporale Lastenverteilung sowie der politische Prozess. Für jeden dieser Punkte wird zugleich deren praktische Relevanz im Rahmen der deutschen Staatsverschuldung geprüft.

Kapitel vier wird im Anschluss daran auf die makroökonomischen Auswirkungen der öffentlichen Kreditaufnahme eingehen. Im Einzelnen werden dabei die potentiellen Risiken einer Verdrängung privatwirtschaftlicher Investitionen, eines Rückgangs des Wirtschaftswachstums, der Einschränkung staatlicher Handlungsspielräume sowie einer Belastung zukünftiger Generationen betrachtet und analysiert. Zugleich wird geprüft, inwieweit jede dieser Auswirkungen gegenwärtig in Deutschland vorzufinden ist. Letztendlich wird sich zeigen, dass von einer staatlichen Verschuldung nicht zwingend negative Effekte auf die Gesamtwirtschaft ausgehen müssen, allerdings können solche Wirkungen auch nicht pauschal ausgeschlossen werden.

So wird es notwendig sein, sich möglichen Auswegen aus der Staatsverschuldung zuzuwenden. Nach einem kurzen Zwischenfazit wird sich der zweite Hauptteil der vorliegenden Arbeit mit diesem Sachverhalt auseinandersetzen. Ziel ist es dabei aufzuzeigen, welche Möglichkeiten prinzipiell zur Verfügung stehen, um die öffentlichen Schuldenquoten zurückzuführen. Gleichzeitig soll eine Beurteilung der jeweiligen Entschuldungsmethoden vor dem Hintergrund ihrer makroökonomischen Auswirkungen erfolgen. Wie können nun jedoch mögliche Auswege aus der Staatsverschuldung ausfindig gemacht werden und gleichzeitig Evaluierungen hinsichtlich ihrer gesamtwirtschaftlichen Eignung erfolgen? In diesem Zusammenhang bietet sich insbesondere eine Analyse historischer Staatsschuldenreduktionsepisoden in einigen ausgewählten Ländern an. Tatsächlich gelang es zahlreichen Nationen bereits in der Vergangenheit, ihre öffentlichen Schuldenquoten phasenweise erfolgreich zurückzuführen. Dabei erwähnen Reinhart und Sbrancia (2011), dass historische Reduktionen der öffentlichen Schuldenstandsquoten im Grunde stets auf eine bzw. eine Kombination aus mehreren der folgenden fünf Entwicklungen zurückzuführen waren: Inflation, Wirtschaftswachstum, Finanzrepression, Haushaltskonsolidierung und Zahlungsausfälle auf Inlands- und/oder Auslandsstaatsschulden.[5] Entsprechende, meist historische Fallbeispiele werden im Rahmen der vorliegenden Arbeit letztendlich so ausgewählt, dass jeder dieser von Reinhart und Sbrancia erwähnten Auswege Beachtung findet und damit ein möglichst breit gefächerter Einblick in mögliche Entschuldungsmethoden gegeben werden kann. Die im zweiten Hauptteil angestellten Ausführungen werden dabei keinen historisch abschließenden Überblick über weltweite Staatsschuldenreduktionsepisoden geben können, sondern vielmehr anhand ausgesuchter „Paradebeispiele" die entsprechenden Auswege aus der Staatsverschuldung skizzieren. Im Einzelnen wird hierbei zunächst auf die Entwicklungen in Deutschland während bzw. nach den beiden Weltkriegen eingegangen. Im Anschluss daran wird ein Blick auf die öffentlichen Schuldenreduktionen in den Vereinigten Staaten von Amerika und dem Vereinigten Königreich in der Zeit zwischen 1946 und Mitte der 1980er Jahre geworfen. Darauf folgend wird die argentinische Schuldenkrise zu Beginn des 21. Jahrhunderts behandelt, bevor der zweite Hauptteil im Rahmen von Kapitel fünf mit einigen Überlegungen zu den aktuellen Konsolidierungsbestrebungen der deutschen Bundesregierung vor dem Hintergrund der Schuldenbremse abgeschlossen wird.

Die vorliegende Arbeit wird schließlich mit einer Zusammenfassung der Ergebnisse sowie einem kurzen Zukunftsausblick beendet.

---

[5] Vgl. Reinhart, Sbrancia (2011), S. 1f.

Teil I

Grundlagen der Staatsverschuldung

Unter Staatsverschuldung versteht man die Geldsumme, mit der die öffentlichen Haushalte bei Kreditgebern verschuldet sind.[1] In Deutschland werden unter dem Begriff „öffentliche Haushalte" der Bund, die Länder, die Kommunen und die gesetzlichen Sozialversicherungen sowie die finanziellen Beiträge für die Europäische Union (Finanzanteile) zusammengefasst.[2] Bevor auf die Entwicklung der Staatsverschuldung in Deutschland eingegangen wird, werden nun zunächst einige Kennziffern vorgestellt, mit denen die Verschuldungssituation der Bundesrepublik anschließend genauer analysiert werden kann.

1 Indikatoren der Staatsverschuldung

1.1 Absolute Kennzahlen

Eine erste relevante Kennzahl der Staatsverschuldung ist das Budgetdefizit, eine Stromgröße, welche die staatliche Neuverschuldung im Laufe eines Jahres beschreibt. Formal lässt sich ein Defizit im Jahr t wie folgt darlegen:[3]

$$\begin{aligned} Defizit_t = B_t - B_{t-1} &= i_t B_{t-1} + G_t - T_t \\ &= i_t B_{t-1} - (T_t - G_t) \end{aligned} \tag{1}$$

Der Ausdruck B_{t-1} gibt hierbei die Staatsverschuldung am Ende des Jahres $t-1$ wieder. Äquivalent dazu stellt B_t den Schuldenstand am

---

[1] Vgl. Europäische Kommission (2011c), S. 3.

[2] Vgl. Statistisches Bundesamt (2011a), S. 1.

[3] Vgl. zu den folgenden Ausführungen Blanchard, Illing (2006), S. 760ff.

Ende des Jahres t dar. Aus Gleichung (1) wird somit ersichtlich, dass ein Budgetdefizit die Veränderung der Staatsverschuldung während des Jahres t beschreibt. Die Staatsverschuldung ist hierbei eine Bestandsgröße und entspricht im Prinzip der Summe aller früheren Budgetdefizite sowie eventueller Überschüsse.[4]

Wie in Gleichung (1) dargestellt, lässt sich ein Defizit auch als die nominalen Zinszahlungen (i_t) auf die am Ende des Jahres $t - 1$ gegebene Staatsverschuldung (B_{t-1}), zuzüglich der Staatsausgaben für Güter und Dienstleistungen (G_t), abzüglich der Steuereinnahmen im Jahr t (T_t), ausdrücken. Der Term $(T_t - G_t)$ gibt hier den sogenannten Primärsaldo wieder, das heißt die Differenz zwischen öffentlichen Einnahmen ohne Kredite und Ausgaben ohne Zinsausgaben. Sind die Einnahmen aus Steuern und Gebühren größer als die Primärausgaben, so spricht man von einem Primärüberschuss. Im umgekehrten Fall liegt ein Primärdefizit vor.[5]

Durch Umformung von Gleichung (1) ergibt sich nun eine mathematische Formel zur Berechnung einer weiteren Kennzahl, der nominalen Staatsverschuldung am Ende eines Jahres t:

$$Nominale\ Staatsverschuldung_t = B_t = (1 + i_t)B_{t-1} - (T_t - G_t) \quad (2)$$

Die Staatsschuld (B_t) am Ende des Jahres t entspricht der Verschuldung zu Beginn des Jahres t (B_{t-1}) zuzüglich der zugehörigen Zinszahlungen (i_t), abzüglich des Primärsaldos $(T_t - G_t)$. Um nun aus der Gleichung zur Berechnung der nominalen Staatsverschuldung eine Formel zur Bestimmung der realen Schuldenlast zu ermitteln, wird Gleichung (2) durch den Preisindex (P_t) dividiert. Näherungsweise kann wie folgt geschrieben werden:[6]

$$Reale\ Staatsverschuldung_t = \frac{B_t}{P_t} \approx (1 + r_t)\frac{B_{t-1}}{P_{t-1}} - \left(\frac{T_t - G_t}{P_t}\right) \quad (3)$$

---

[4] Es sei darauf hingewiesen, dass Veränderungen des staatlichen Schuldenstandes im Zeitverlauf nicht alleine aus Nettoströmungen resultieren, da die Höhe der Staatsschuld auch durch Um- bzw. Neubewertung von Forderungen und Verbindlichkeiten (Wertberichtigungen) beeinflusst werden kann.

[5] Vgl. Sachverständigenrat (2007), S. 17ff.

[6] Zur Herleitung von Gleichung (3) siehe Anhang A.1.5 auf Seite 207.

Der reale Zinssatz (r_t) entspricht hier näherungsweise dem nominalen Zinssatz (i_t) abzüglich der aktuellen Inflationsrate. Die reale Staatsschuld $\left(\frac{B_t}{P_t}\right)$ am Ende des Jahres t gibt den preisbereinigten Wert der Schulden an.

1.2 Relative Kennzahlen

Die Angabe absoluter Verschuldungswerte ist in vielen Fällen kaum nützlich. Schließlich macht es einen Unterschied, ob ein bestimmter Schuldenstand sowie die dazugehörigen Zinszahlungen aus einem kleinen oder großen Bruttoinlandsprodukt, das die Basis für staatliche Steuereinnahmen darstellt, zu finanzieren sind. Relative Zahlenangaben sind daher wesentlich aussagekräftiger.[7] Oft werden die entsprechenden absoluten Kennzahlen deshalb in Relation zum nominalen Bruttoinlandsprodukt gesetzt.

Die Schuldenstandsquote ist eine solche relative Kennzahl. Sie ergibt sich aus der Division der staatlichen Schuldenlast durch die nominale Wirtschaftsleistung und ist vor allem innerhalb der Europäischen Union im Rahmen des Vertrags von Maastricht von Bedeutung.[8] Nach Division von Gleichung (2) durch das nominale Bruttoinlandsprodukt $(P_t Y_t)$, lässt sich die Verschuldungsquote am Ende des Jahres t wie folgt darstellen:

$$Schuldenstandsquote_t = \frac{B_t}{P_t Y_t} = (1 + i_t)\frac{B_{t-1}}{P_t Y_t} - \left(\frac{T_t - G_t}{P_t Y_t}\right) \quad (4)$$

Durch Umformung ergibt sich folgender Term, der die Wachstumsrate des nominalen Bruttoinlandsprodukts im Jahr t (m_t) einbindet:[9]

$$\frac{B_t}{P_t Y_t} = \left(\frac{1 + i_t}{1 + m_t}\right)\frac{B_{t-1}}{P_{t-1} Y_{t-1}} - \left(\frac{T_t - G_t}{P_t Y_t}\right) \quad (5)$$

Näherungsweise kann geschrieben werden:[10]

---

[7] Vgl. Sachverständigenrat (2007), S. 12.

[8] Vgl. Europäische Kommission (2005), S. 3.

[9] Sachverständigenrat (2007), S. 18 ff.

[10] Vgl. Blanchard, Illing (2006), S. 766 f. Zur Herleitung der Gleichungen (5) und (6) siehe Anhang A.1.6 auf Seite 208.

$$\frac{B_t}{P_t Y_t} \approx (1 + i_t - m_t) \frac{B_{t-1}}{P_{t-1} Y_{t-1}} - \left(\frac{T_t - G_t}{P_t Y_t}\right) \tag{6}$$

Gleichung (6) verdeutlicht, dass der Schuldenstand bezogen auf das nominale Bruttoinlandsprodukt ($P_t Y_t$) am Ende eines Jahres t gleich der Schuldenstandsquote am Ende des Vorjahres, zuzüglich der damit verbundenen Zinszahlungen, abzüglich des Primärsaldos bezogen auf die nominale Wirtschaftsleistung darstellt. Zu beachten ist, dass nun auch die Wachstumsrate der Produktion des Jahres t (m_t) berücksichtigt werden muss, um eine korrekte Verrechnung der ursprünglichen Schuldenstandsquote aus dem Jahr $t - 1$ in der Folgeperiode zu gewährleisten.

Zur Betrachtung weiterer Zusammenhänge wird Gleichung (6) nun erneut umgeformt. Es ergibt sich folgender Ausdruck:

$$\underbrace{\frac{B_t}{P_t Y_t} - \frac{B_{t-1}}{P_{t-1} Y_{t-1}}}_{\substack{\text{Veränderung der Schulden-}\\\text{standsquote im Jahr t}}} \approx (i_t - m_t) \frac{B_{t-1}}{P_{t-1} Y_{t-1}} - \left(\frac{T_t - G_t}{P_t Y_t}\right) \tag{7}$$

Aus Gleichung (7) wird ersichtlich, dass neben der Primärsaldoquote $\left(\frac{T_t - G_t}{P_t Y_t}\right)$ insbesondere der Nominalzinssatz (i_t) sowie die Wachstumsrate des nominalen Bruttoinlandsprodukts (m_t) determinierend für die Veränderung der Schuldenstandsquote im Laufe eines Jahres t sind. Übersteigt die Wachstumsrate den Nominalzinssatz ($i_t < m_t$) (negatives Zins-Wachstums-Differential), so kann, um einen Anstieg der Schuldenstandsquote zu vermeiden bzw. eine Rückführung dieser Größe zu bewirken, sogar ein entsprechendes Primärdefizit ausgewiesen werden. Je größer das negative Zins-Wachstums-Differential im Jahr t ist, desto höher kann dieses Primärdefizit ausfallen. Umgekehrt ist bei Vorliegen eines positiven Zins-Wachstums-Differentials ($i_t > m_t$) ein Primärüberschuss notwendig, um einen Anstieg der Schuldenstandsquote zu vermeiden. Die notwendige Höhe dieses Überschusses hängt auch hier von der Größe des Zins-Wachstums-Differentials sowie vom Wert der Schuldenstandsquote am Ende des Jahres $t - 1$ ab.[11]

---

[11] Vgl. Deutsche Bundesbank (2010a), S. 18.

Eine weitere relative Kennziffer ist die Defizit- oder Neuverschuldungsquote. Sie setzt das Budgetdefizit einer Periode in Relation zum nominalen Bruttoinlandsprodukt und darf nach dem Vertrag von Maastricht bzw. dem Stabilitäts- und Wachstumspakt einen Wert von (minus) drei Prozent nicht überschreiten.[12] Die formale Schreibweise der gesamtstaatlichen Defizitquote wird durch Division von Gleichung (1) (siehe Seite 25) durch das nominale Bruttoinlandsprodukt $(P_t Y_t)$ erlangt und kann letztendlich in Gleichung (7) integriert werden:[13]

$$\underbrace{\frac{B_t}{P_t Y_t} - \frac{B_{t-1}}{P_{t-1} Y_{t-1}}}_{\substack{\text{Veränderung der} \\ \text{Schuldenstands-} \\ \text{quote im Jahr } t}} \approx -\underbrace{\left(\underbrace{\frac{T_t}{P_t Y_t}}_{\substack{\text{Ein-} \\ \text{nahme-} \\ \text{quote}}} - \underbrace{\left(i_t \frac{B_{t-1}}{P_{t-1} Y_{t-1}} + \frac{G_t}{P_t Y_t} \right)}_{\text{Ausgabenquote}} \right)}_{\text{Defizitquote}} - m_t \frac{B_{t-1}}{P_{t-1} Y_{t-1}} \qquad (8)$$

Aus Gleichung (8) wird ersichtlich, dass die Veränderung der Schuldenstandsquote im Laufe eines Jahres t gerade der (negativen) Defizitquote abzüglich des Produkts aus der Zuwachsrate des nominalen Bruttoinlandsprodukts (m_t) und der Schuldenstandsquote am Ende des Vorjahres $\left(\frac{B_{t-1}}{P_{t-1} Y_{t-1}} \right)$ entspricht.[14] Die Defizitquote kann zugleich als Differenz zwischen Einnahme- und Ausgabenquote errechnet werden.

2 Entwicklung der Staatsverschuldung in Deutschland

Anhand der in Kapitel eins definierten Kennzahlen wird nun ein Blick auf die Entwicklung der deutschen Staatsverschuldung in den vergangenen Jahren geworfen.

Abbildung 1 ist zu entnehmen, dass der absolute Schuldenstand der gesamten öffentlichen Haushalte, gemessen in Milliarden Euro, im dargestellten Zeitraum von 1970 bis 2010 tendenziell kontinuierlich anstieg. Belief er sich Ende des Jahres 1970 noch auf etwa 65,9 Milliarden Euro,

---

[12] Vgl. Europäische Kommission (2005), S. 3.
[13] Zur Herleitung von Gleichung (8) siehe Anhang A.1.7 auf Seite 209.
[14] Vgl. Sachverständigenrat (2007), S. 16f.

so erreichte er am 31. Dezember 2010 einen Wert von rund 2.061,8 Milliarden Euro.

Abbildung 1: Entwicklung der Staatsverschuldung absolut sowie in Relation zum nominalen Bruttoinlandsprodukt in Deutschland (ab 1991 gesamtdeutsches Ergebnis)

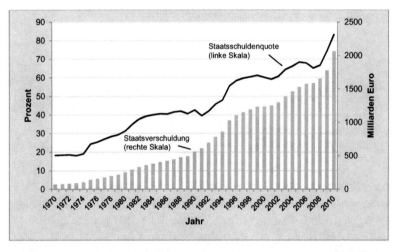

Quellen: Internationaler Währungsfonds (2011a), Zeile 63; Deutsche Bundesbank (2010b), Tabelle 12; Europäische Kommission (2011a), Tabelle *Gross public debt (UDGG)*; Statistisches Bundesamt (2011b), Spalte E; z.T. eigene Berechnungen; eigene Grafik.

Hohe Zuwachsraten waren dabei unter anderem in den ersten Jahren nach der Wiedervereinigung sowie im Rahmen der jüngsten Finanz- und Wirtschaftskrise festzustellen. Erhöhten sich die öffentlichen Schulden im Jahr 2008 gegenüber dem Jahr 2007 um ca. 4,2 Prozent, so waren es 2009 im Vergleich zum Vorjahr ca. 7,2 Prozent, im Jahr 2010 sogar 16,6 Prozent. Ähnlich hohe Zuwachsraten lagen in den 1990er Jahren vor. Jeweils im Vergleich zum Vorjahr erhöhte sich der absolute Schuldenstand im Jahr 1992 um rund 14,2 Prozent, im Jahr 1995 sogar um 20,2 Prozent. Solch hohe Wachstumsraten der öffentlichen Schulden sind jedoch kein Phänomen, welches erst in den vergangenen 20 Jahren zum Vorschein kam. Der in Abbildung 1 dargestellte Anstieg der Staatsschulden in den 1970er Jahren mag zwar auf den ersten Blick verschwindend gering erscheinen. Dennoch konnte beispielsweise bereits im Jahr 1975 im Vergleich zum Vorjahr ein Zuwachs der öffentlichen Verschuldung von rund 34,0 Prozent vermerkt werden.[15]

Wie bereits in Kapitel 1.2 erwähnt wurde, sind relative Kennzahlen, die in Bezug zu einer anderen Größe gesetzt werden, aussagekräftiger als absolute. Abbildung 1 zeigt daher neben der Entwicklung des absoluten Schuldenstandes auch den Verlauf der Schuldenstandsquote. Im dargestellten Zeitraum stieg diese ebenfalls an und erreichte im Jahr 2010 einen Wert von 83,2 Prozent.

Vergleicht man die Schuldenstandsquoten der Mitgliedsstaaten der Europäischen Union, so wies Deutschland zum Ende des Jahres 2010 den sechsthöchsten Schuldanteil auf. Mit 83,2 Prozent lag die Bundesrepublik damit sogar über dem EU 27 Durchschnitt von 80,3 Prozent. Griechenland und Italien hatten mit 144,9 Prozent bzw. 118,4 Prozent mit Abstand die höchsten Schuldenquoten.[16]

In Kapitel 1.2 wurde erläutert, dass neben der Primärsaldoquote insbesondere auch das Zins-Wachstums-Differential Einfluss auf die Veränderung der Schuldenstandsquote im Zeitverlauf hat. Es wurde erwähnt, dass im Laufe eines Jahres trotz Vorliegen eines Primärdefizits die Option zur Reduktion der Schuldenstandsquote besteht, und zwar genau dann, wenn die Wachstumsrate des nominalen Bruttoinlandsprodukts (m_t) den Nominalzinssatz (i_t) übersteigt. Umgekehrt müssen bei Vorliegen eines positiven Zins-Wachstums-Differentials entsprechende Primärüberschüsse erzielt werden, um einen Anstieg der Schuldenstandsquote zu vermeiden.

Abbildung 2 zeigt in diesem Zusammenhang die Entwicklung von Nominalzinssatz festverzinslicher Wertpapiere der öffentlichen Hand und Wachstumsrate des nominalen Bruttoinlandsprodukts in Deutschland seit 1970.[17] Es wird deutlich, dass im Verlauf der letzten 40 Jahre ein über-

---

[15] Siehe hierzu auch Tabelle A.1 auf Seite 212.

[16] Vgl. Europäische Kommission (2011a), Tabelle *Gross public debt (UDGG)*. Siehe hierzu auch Abbildung A.1 auf Seite 211.

[17] Siehe hierzu auch Tabelle A.2 auf Seite 213. Der Nominalzinssatz bezieht sich an vorliegender Stelle auf folgende Anleihen: „Inhaberschuldverschreibungen mit einer längsten Laufzeit gemäß Emissionsbedingungen von über vier Jahren, soweit ihre mittlere Restlaufzeit mehr als drei Jahre beträgt. Außer Betracht bleiben Wandelschuldverschreibungen und ähnliche Bankschuldverschreibungen mit unplanmäßiger Tilgung, Null-Kupon-Anleihen, variabel verzinsliche Anleihen und Fremdwährungsanleihen. Die Vierteljahreszahlen werden aus den Renditen aller Geschäftstage eines

wiegend positives Zins-Wachstums-Differential vorlag, das heißt zur Stabilisierung bzw. Reduktion der Schuldenstandsquote wären entsprechende Primärüberschüsse notwendig gewesen.[18] Diese wurden zwar im Durchschnitt erzielt, allerdings blieben sie hinter dem für eine Stabilisierung bzw. Reduktion der Schuldenstandsquote erforderlichen Niveau zurück.[19]

Abbildung 2: Entwicklung der Komponenten des Zins-Wachstums-Differentials in Deutschland (ab 1991 gesamtdeutsches Ergebnis)

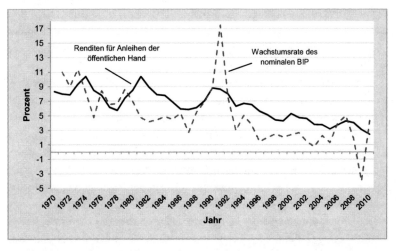

Quellen: Sachverständigenrat (2011a), Tabelle *Ausgewählte Zinsen und Renditen (ZR053)*, Spalte *Anleihen der öffentlichen Hand*; Statistisches Bundesamt (2011b), Spalte E; z.T. eigene Berechnungen; eigene Grafik.

Vierteljahres errechnet. Die Jahreszahlen sind ungewogene Mittel der Monatszahlen." (Sachverständigenrat (2011a)).

[18] Es sei darauf hingewiesen, dass das Zins-Wachstums-Differential in der Bundesrepublik in den Jahren vor 1970 überwiegend mit einem negativen Vorzeichen versehen war (vgl. Deutsche Bundesbank (1976), S. 279, Tabelle 2.02, Spalte 6; Statistisches Bundesamt (2011b), Spalte E).

[19] Vgl. Deutsche Bundesbank (2010a), S. 18.

Wie in Abbildung 1 dargestellt, konnte die Schuldenstandsquote daher über die Jahre weiterhin ansteigen. Kurze Phasen, in denen sich die Schuldenquote verringerte, lassen sich allerdings dennoch finden. So sank die Staatsschuldenquote in den Jahren 2000 und 2001 jeweils um rund einen Prozentpunkt im Vergleich zum Vorjahr. Ursache war, dass die Regierung in dieser Zeit Erlöse aus der Versteigerung von *Universal Mobile Telecommunications System Lizenzen (UMTS)* erzielen konnte.[20] Weitere Schuldenstandsreduktionen sind in den Jahren 2006 und 2007 zu erkennen. Ausschlaggebend hierfür war ein relativ kräftiges Wachstum des nominalen Bruttoinlandsprodukts von rund 4,0 Prozent bzw. 5,0 Prozent.[21] Gleiches gilt auch für das Jahr 1991, in welchem durch den einmaligen Effekt der Wiedervereinigung eine Wachstumsrate des nominalen Bruttoinlandsprodukts von rund 17,4 Prozent festzustellen war.

Abbildung 3 gibt nun einen Überblick über die Entwicklung der Defizitquote der deutschen öffentlichen Haushalte.[22] Des Weiteren werden sowohl die Einnahme- als auch die Ausgabenquote des Staates dargestellt, da, wie Gleichung (8) (siehe Seite 29) zeigte, die Differenz dieser beiden Größen genau der Neuverschuldungsquote entspricht.

Es ist zu erkennen, dass die Defizitquote in den vergangenen Jahren, abgesehen von einigen wenigen Ausnahmen, im deutlich negativen Bereich lag, das heißt der Staat hatte mehr Ausgaben als Einnahmen. Im Zeitraum 2006 bis 2008 wurde allerdings erstmals seit 2000 wieder das Maastricht-Defizitkriterium eingehalten. Im Jahr 2007 konnte sogar ein leichter Überschuss erzielt werden, obwohl der absolute Schuldenstand moderat anstieg. Dies ist darauf zurückzuführen, dass vor allem bei den Sozialversicherungen hohe Einnahmeüberschüsse zum Aufbau von Finanzvermögen verwendet wurden.[23] Im Zuge der Finanz- und Wirtschafts-

---

[20] Vgl. Sachverständigenrat (2007), S. 12.

[21] Vgl. Deutsche Bundesbank (2008), S. 1; eigene Berechnungen auf Basis von: Statistisches Bundesamt (2011b), Spalte E.

[22] Daten bereinigt um Sondereffekte (1995: Übernahme der Schulden der Treuhandanstalt und eines Teils der Altschulden der DDR-Wohnungswirtschaft; 2000: Verkauf der UMTS-Lizenzen) (Vgl. Sachverständigenrat (2011a), Tabelle *Einnahmen und Ausgaben des Staates, der Gebietskörperschaften und der Sozialversicherung (ZR040)*). Siehe hierzu auch Tabelle A.3 auf Seite 214.

[23] Vgl. Deutsche Bundesbank (2008), S. 1.

krise rutschte die Defizitquote allerdings im Jahr 2009 wieder unter die
im Maastricht-Vertrag festgelegten drei Prozent.

Abbildung 3: Entwicklung der Einnahmen, der Ausgaben und des
Defizits der deutschen öffentlichen Haushalte in Relation zum nominalen
Bruttoinlandsprodukt (ab 1991 gesamtdeutsches Ergebnis)

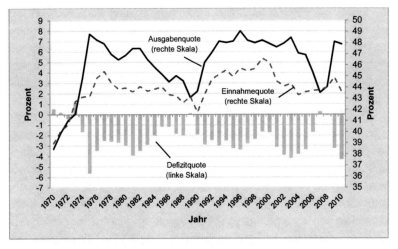

Quellen: Statistisches Bundesamt (2011b), Spalte E; Sachverständigenrat (2011a),
Tabelle *Einnahmen und Ausgaben des Staates, der Gebietskörperschaften und der Sozial-*
versicherung (ZR040), Spalten *Einnahmen insgesamt* und *Ausgaben insgesamt*; eigene
Berechnungen; eigene Grafik.

Die Entwicklung der Staatsverschuldung in Deutschland nimmt für viele
Laien bedrohliche Ausmaße an. Anhand der gezeigten Grafiken ist
schließlich eindeutig zu erkennen, dass Gesamtverschuldung und Schuldenstandsquote seit Jahren ansteigen. Auch die Defizitquote war in den
vergangenen Jahren wieder mit einem negativen Vorzeichen versehen.
Der deutsche Staat ist mit seinen Schuldenentwicklungen jedoch nicht
alleine. So zeigt Abbildung 4, dass auch in anderen ausgewählten Staaten
ein deutlicher Trend hin zu steigenden Schuldenquoten besteht, und das
nicht erst seit Ausbruch der jüngsten Finanz- und Wirtschaftskrise.

Abbildung 4: Entwicklung der Staatsverschuldung in Relation zum nominalen Bruttoinlandsprodukt in ausgewählten Ländern (Deutschland: ab 1991 gesamtdeutsches Ergebnis)

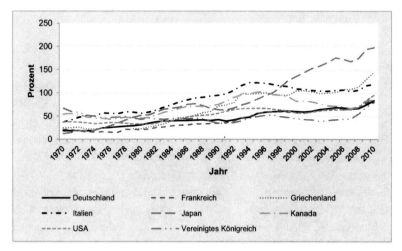

Quellen: Deutschland 1970-1975 und 1977-1990, Frankreich 1970-1977, Griechenland 1970-1989, Italien 1970-1983, Japan 1970-1980: Internationaler Währungsfonds (2011a); Deutschland 1976: Deutsche Bundesbank (2010b), Tabelle 12; Kanada 2010: OECD (2010), Tabelle 32; USA 1970-2009: Office of Management and Budget (2011), S. 139f.; Vereinigtes Königreich 1970-2002: United Kingdom Debt Management Office (2008), S. 2f.; alle übrigen Daten: Europäische Kommission (2011a), Tabelle *Gross public debt (UDGG)*; eigene Grafik.

Wenn, wie in Abbildung 4 dargestellt, die Verschuldung der öffentlichen Haushalte ein weltweites Phänomen zu sein scheint, dann müssen letztlich auch bestimmte Gründe für die staatliche Kreditaufnahme vorliegen. Mit diesem Aspekt wird sich das nachfolgende Kapitel auseinandersetzen.

3 Ursachen der Staatsverschuldung

„Was spricht für Staatsverschuldung? Fast nichts – würde ich als Ökonom erwidern. Einiges – hätte ich als Politiker gesagt."[24] Ob diesem Zitat von Robert K. von Weizsäcker zugestimmt werden kann, werden die

---

[24] Von Weizsäcker (2009), S. 1.

nachfolgenden Abschnitte, die mögliche Gründe für die Staatsverschuldung darlegen, aufzeigen. Als potentielle Ursachen der öffentlichen Kreditaufnahme werden dabei Ansätze im Rahmen der Konjunkturglättung, der intertemporalen Lastenverteilung sowie des politischen Prozesses betrachtet.

3.1 Konjunkturglättung

Der Ansatz der Konjunkturglättung gründet auf der Überlegung, dass der Konjunkturverlauf von Phasen geprägt ist, in denen eine staatliche Kreditaufnahme durchaus gerechtfertigt sein kann. Mit seiner Aufschwung-, Abschwung- und Wiederaufschwungphase ist der Konjunkturzyklus von Schwankungen bestimmt, die sich in Form der sogenannten Produktionslücke, das heißt der Abweichung der tatsächlichen Produktion vom Produktionspotential zeigen.[25] Im Falle eines konjunkturellen Abschwungs wird das Produktionspotential nicht vollständig ausgelastet, sodass es zu einer negativen Produktionslücke kommt. Im Aufschwung liegt hingegen eine Überauslastung der Kapazitäten und somit eine positive Output-Lücke vor.[26]

In seiner Expertise *Staatsverschuldung wirksam begrenzen* legt der Sachverständigenrat (2007) dar, dass starke Konjunkturschwankungen potentiell ein dauerhaft geringeres Wirtschaftswachstum zur Folge haben können. Eine angemessene Konjunkturglättung kann sich daher langfristig positiv auf das Produktionspotential auswirken.[27] Würde dem Staat zur Erreichung einer solchen Konjunkturglättung nicht die Möglichkeit zur Verschuldung gegeben werden, müsste eine laufende Anpassung der Steuersätze erfolgen,[28] um die mit dem Konjunkturzyklus einhergehenden Schwankungen der öffentlichen Einnahmen und Ausgaben aufzufangen. Solche Maßnahmen sind jedoch nicht zuletzt aus Gründen der Effizienz äußerst kritisch zu sehen. Vielmehr sollten die Steuersätze von einer gewissen Konstanz und Stetigkeit geprägt sein. Um eine zeitlich optimale

---

[25] Vgl. Sturm (1993), S. 75.

[26] Vgl. Sachverständigenrat (2007), S. 46.

[27] Vgl. Sachverständigenrat (2007), S. 46. Vor dem Hintergrund der Glücksforschung erwähnen Konrad und Zschäpitz auch eine durch Verminderung wirtschaftlicher Schwankungen ausgelöste Steigerung der Lebenszufriedenheit (vgl. Konrad, Zschäpitz (2010), S. 81).

[28] Vgl. von Weizsäcker (2009), S. 6.

Verteilung der Steuerbelastung zu gewährleisten, lässt sich daher eine staatliche Verschuldung zum Zwecke der Konjunkturglättung rechtfertigen. Eine Verstetigung des Konjunkturzyklus kann dabei auf verschiedenen Wegen erreicht werden. Zum einen durch die Wirkung der sogenannten automatischen Stabilisatoren, zum anderen auch durch eine diskretionäre, antizyklische Fiskalpolitik.[29]

3.1.1 Automatische Stabilisatoren

Automatische Stabilisatoren stellen eine von selbst eintretende, stabilisierende Wirkung der öffentlichen Haushalte auf den Konjunkturzyklus dar. So gehen in einem Wirtschaftsaufschwung die Staatsausgaben zurück (beispielsweise durch geringere Transferleistungen im sozialpolitischen Bereich), wohingegen die Einnahmen (durch höheres Steueraufkommen) ansteigen.[30] Dieser automatisch eintretende, konjunkturelle Finanzierungsüberschuss wirkt bremsend und führt somit zu einer Abmilderung des Aufschwungs. Im Abschwung, wenn es ohne aktives Zutun des Staates zu Steuermindereinnahmen und höheren Staatsausgaben kommt, kehrt sich dieser Effekt gerade um. Das dann eintretende konjunkturelle Finanzierungsdefizit wirkt als Nachfrageimpuls und dämpft den Abschwung.[31] Das Bundesministerium der Finanzen zitiert in einem Bericht eine Studie der OECD, wonach im Durchschnitt der Industrieländer die konjunkturellen Ausschläge bei voller Wirkung der automatischen Stabilisatoren um rund 20 Prozent gemindert werden können.[32]

Nach Angaben des Sachverständigenrates herrscht weitgehender Konsens darüber, die automatischen Stabilisatoren in ihrer Wirkung nicht zu begrenzen.[33] Uneingeschränkt wirken können diese jedoch nur, wenn ihnen nicht durch eine aktive, prozyklische Haushaltspolitik entgegengewirkt wird. Kommt es im Abschwung zu einer Kürzung der Staatsausgaben und/oder zu Steuererhöhungen, so werden die automatischen Stabilisatoren in ihrer Wirkung gehemmt. Umgekehrt werden sie übersteigert, wenn im Aufschwung die Ausgaben nicht zurückgehen und/oder die

---

[29] Vgl. Sachverständigenrat (2007), S. 45f.

[30] Vgl. Heipertz (2005), S. 34.

[31] Vgl. Sachverständigenrat (2007), S. 46f.

[32] Vgl. Bundesministerium der Finanzen (2001), S. 13.

[33] Vgl. Sachverständigenrat (2007), S. 47.

Steuern gesenkt werden.[34] Die mit der automatischen Stabilisierung einhergehenden, konjunkturellen Finanzierungsdefizite bzw. -überschüsse
der öffentlichen Haushalte sollten demnach uneingeschränkt gewährt
werden. Von einer Konsolidierung im Abschwung ist daher abzuraten.

3.1.2 Diskretionäre Fiskalpolitik

Eine über die automatische Stabilisierung hinausgehende Glättung des
Konjunkturzyklus kann über eine diskretionäre, antizyklische Fiskalpolitik erreicht werden.[35] Auch sie kann staatliche Finanzierungsdefizite in
Zeiten des konjunkturellen Abschwungs begründen. Die Idee des sogenannten *deficit spendings* geht auf Keynes zurück, „wonach in rezessiven
Phasen kreditfinanzierte Defizite zur Überwindung eines unterstellten
Nachfragemangels eingesetzt werden sollen, um auf diese Weise expansive Multiplikatoreffekte auf Volkseinkommen und Beschäftigung auszulösen."[36] Eine solche aktive, antizyklische Stabilisierungspolitik des Staates ist jedoch stark umstritten. Die Gegenargumente reichen dabei von
einer völligen Wirkungslosigkeit der Finanzpolitik vor dem Hintergrund
des Ricardianischen Äquivalenztheorems, bis hin zu einer möglichen
prozyklischen Wirkung des Staatseingreifens. Während das Argument
der Wirkungsneutralität in der Praxis kaum von Relevanz zu sein scheint,
kommt dem Aspekt einer eventuellen Prozyklik mehr Bedeutung zu.[37]
Ursache hierfür ist, dass Konjunkturverläufe relativ schwer prognosti-
zierbar sind und es daher zu zeitlichen Verschiebungen zwischen dem
tatsächlichen Eintreten eines Auf- oder Abschwungs und dessen Wahr-
nehmung kommen kann. Wird letztendlich die Notwendigkeit bestimmter fiskalpolitischer Maßnahmen beschlossen, so verstreicht in der Regel
ein gewisser Zeitraum bis zu deren Umsetzung. Diese zeitliche Verzöge-
rung (auch *time-lag* genannt) kann schließlich dazu führen, dass die ergriffenen Maßnahmen bereits unter veränderten gesamtwirtschaftlichen
Bedingungen und daher prozyklisch kontraproduktiv wirken.[38] Wird bei-

---

[34] Vgl. Heipertz (2005), S. 34.

[35] Vgl. Sachverständigenrat (2007), S. 46.

[36] Von Weizsäcker (2009), S. 3; Bundeszentrale für politische Bildung (2011), S. 1.

[37] Vgl. Sachverständigenrat (2003), S. 445f.

[38] Vgl. Mankiw (2004), S. 838f.

spielsweise infolge einer Rezession eine Erhöhung der Staatsausgaben beschlossen und wird diese Maßnahme erst nach einiger Zeit umgesetzt, so ist durchaus möglich, dass diese erst wirksam wird, wenn sich die Volkswirtschaft bereits in einer Wiederaufschwungphase befindet. Die Erhöhung der Staatsausgaben würde somit prozyklisch und gleichzeitig gegen die automatischen Stabilisatoren wirken.

Im Rahmen der aktuellen Finanz- und Wirtschaftskrise machten die deutschen öffentlichen Haushalte Gebrauch von einer diskretionären Fiskalpolitik. In seinem Jahresgutachten 2009/2010 würdigt der Sachverständigenrat die zusätzlichen Staatsausgaben in Milliardenhöhe als angemessen. Ohne das aktive Zutun der Bundesregierung wäre nach Angaben der fünf Wirtschaftsweisen der Rückgang des Bruttoinlandsprodukts wesentlich stärker ausgefallen.[39]

Eine diskretionäre Fiskalpolitik kann somit nicht von vornherein abgelehnt werden. Im konjunkturellen Abschwung kann sie zusätzliche Finanzierungsdefizite der öffentlichen Haushalte durchaus rechtfertigen. Es wird jedoch darauf hingewiesen, dass sie aufgrund der oben dargelegten Schwierigkeiten in Maßen zum Einsatz kommen sollte.[40] „[…] Bei ‚normalem‘ Konjunkturverlauf und ‚kleineren‘ Schocks […]"[41] sollte vielmehr auf die Wirkung der automatischen Stabilisatoren zurückgegriffen werden, anstatt sich einer diskretionären Fiskalpolitik zu bedienen. Der Sachverständigenrat zieht dabei einen passenden Vergleich zur Medizin: „Bei schwerer Krankheit ist die Verabreichung wirksamer Medikamente […] [angebracht]. Ist der Patient hingegen gesund oder nur leicht erkältet, sind starke Medikamente überflüssig und gegebenenfalls schädlich."[42]

3.1.3 Praktische Relevanz in Deutschland

Wie oben dargelegt, kann eine staatliche Kreditaufnahme zum Zwecke der Konjunkturglättung durchaus gerechtfertigt sein. Ein temporärer Anstieg der öffentlichen Schuldenstandsquote lässt sich somit begründen, allerdings ist darauf hinzuweisen, dass damit, zumindest in Deutschland,

---

[39] Vgl. Sachverständigenrat (2009), S. 166.

[40] Vgl. Sachverständigenrat (2007), S. 49.

[41] Sachverständigenrat (2009), S. 166.

[42] Sachverständigenrat (2009), S. 166.

noch nicht die Ursachen für einen dauerhaften Schuldenanstieg bestimmt werden konnten.

Dieser Gedanke wird durch die in Abbildung 5 gezeigten Entwicklungen der vergangenen Jahre veranschaulicht. Es ist deutlich zu erkennen, dass die konjunkturelle Neuverschuldungsquote, welche ausschließlich auf die Wirkungen der automatischen Stabilisatoren zurückzuführen ist, antizyklisch zum Konjunkturzyklus (abgebildet durch die Produktionslücke) verläuft. Bei einem annähernd symmetrischen Verlauf des Konjunkturzyklus können dabei in der Regel die konjunkturellen Defizite im Abschwung mehr oder weniger durch die im Aufschwung eintretenden Überschüsse kompensiert werden. Ein langfristiger Anstieg der Schuldenstandsquote kann daher durch das ausschließliche Wirkenlassen der automatischen Stabilisatoren verhindert werden.[43]

Abbildung 5: Konjunkturelles und strukturelles Defizit in Relation zum nominalen Bruttoinlandsprodukt sowie preisbereinigte Produktionslücke in Relation zum potentiellen nominalen Bruttoinlandsprodukt in Deutschland (ab 1991 gesamtdeutsches Ergebnis)

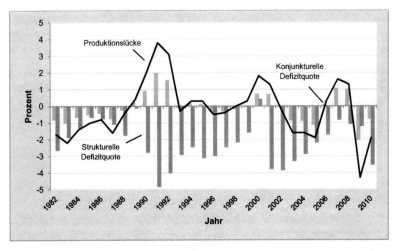

Quellen: Europäische Kommission (2011a), Tabellen *Cyclical component of net lending (UBLGC)* und *Net lending adjusted for the cyclical component (UBLGA)*; Bundesministerium der Finanzen (2011a), Spalte *Produktionslücken preisbereinigt in % des pot. BIP*; eigene Grafik.

[43] Vgl. Bundesministerium der Finanzen (2001), S. 12.

Neben der konjunkturellen Defizitquote zeigt Abbildung 5 auch die strukturelle, bei Normalauslastung des Produktionspotentials gegebene und um konjunkturelle Einflüsse bereinigte Neuverschuldungsquote.[44] Zu beachten ist, dass hier dennoch diskretionäre fiskalpolitische Maßnahmen, wie beispielsweise die im Rahmen der jüngsten Finanz- und Wirtschaftskrise bereitgestellten Konjunkturpakete, enthalten sind.[45] Obwohl diese Maßnahmen höhere Defizite in wirtschaftlichen Abschwungphasen begründen können, ist gleichwohl zu erkennen, dass auch in Phasen des Aufschwungs teilweise erhebliche strukturelle Neuverschuldungsquoten zu verzeichnen waren und somit eine Konsolidierung der öffentlichen Haushalte überwiegend ausblieb. Dieser Verlauf kann nicht mit dem Ansatz der Konjunkturglättung begründet werden. Der nachfolgende Abschnitt wird daher auf weitere Ursachen der Staatsverschuldung eingehen.

3.2 Intertemporale Lastenverteilung

Die Theorie der intertemporalen Lastenverteilung gründet auf der Überlegung, bestimmte öffentliche Ausgaben durch Kreditaufnahme zu finanzieren, um die damit einhergehenden Zahlungsverpflichtungen bewusst auf mehrere Generationen zu distribuieren. Hauptsächlich wird in diesem Zusammenhang die Finanzierung von Zukunftsinvestitionen und bestimmter, epochaler Ereignisse erwähnt.

3.2.1 Finanzierung öffentlicher Zukunftsinvestitionen

In der einschlägigen Literatur ist vielfach zu lesen, dass zum Zwecke der intergenerativen Gerechtigkeit investive Staatsausgaben mit einer Kreditaufnahme verbunden werden sollten. Um diesen Aspekt ganzheitlich erfassen zu können erscheint es sinnvoll, zunächst die generelle gesamtwirtschaftliche Bedeutung einer solchen nicht konjunkturell bedingten öffentlichen Verschuldung zu erläutern. Damit verknüpft ist zugleich die Frage nach den ökonomischen Aufgaben des Staates in einer Volkswirtschaft.

---

[44] Vgl. Boss (1996), S. 2.
[45] Vgl. OECD (2003), S. 1; Projektgruppe Gemeinschaftsdiagnose (2009), S. 41.

Ausgangspunkt der Überlegungen ist die Tatsache, dass zukünftiges Wirtschaftswachstum insbesondere auf Investitionen basiert. So investieren beispielsweise Unternehmen in neue Anlagen, um auf dieser Grundlage einen höheren Output zu erzielen und ihre Einnahmen zu steigern. Neben diesen einzelwirtschaftlichen Investitionsaktivitäten müssen in einer wachstumsorientierten Ökonomie jedoch auch zahlreiche gesamtwirtschaftliche Investitionen getätigt sowie bestimmte öffentliche Güter bereitgestellt werden, um „[...] die Voraussetzungen für eine möglichst optimale Entwicklung der Volkswirtschaft [zu schaffen] [...]."[46] Hierzu zählen beispielsweise Ausgaben für Infrastruktur, Forschungsprojekte, Umwelt oder ein funktionierendes Gesundheitswesen. Da die Durchführung und Finanzierung solcher Investitionen kaum auf den privatwirtschaftlichen Unternehmenssektor einer Volkswirtschaft übertragen werden können, muss an dieser Stelle der Staat tätig werden. Eine Kreditaufnahme der öffentlichen Haushalte erweist sich hierbei als ökonomisch sinnvoll. So erwähnen auch Lang und Koch, „[...] daß der öffentliche Kredit als Instrument zur Erreichung bzw. Erhaltung haushalts- und gesamtwirtschaftlicher Ziele geeignet und notwendig ist. Es gibt keinen Grund, auf ein solches Instrument zu verzichten."[47] Der Staat verschuldet sich dann zwar, allerdings stellen Investitionen letztendlich die Basis für zukünftiges Wirtschaftswachstum und damit einhergehend für Steuereinnahmen dar, auf deren Grundlage wiederum der staatliche Schuldendienst erbracht werden kann. Eine Erhöhung des Bruttoinlandsprodukts kann über das Zins-Wachstums-Differential gleichzeitig dazu beitragen, einen Anstieg der öffentlichen Schuldenstandsquote zu verhindern bzw. einzugrenzen.

Alternativ könnte der Staat zur Tätigung öffentlicher Investitionen die aufzuwendenden Mittel in anderen Bereichen einsparen. Konrad und Zschäpitz weisen allerdings in diesem Zusammenhang darauf hin, „[...] dass sich die öffentliche Hand [dann wohl] [...] mit sinnvollen Investitionen zurückhalten würde, könnten diese nicht durch einen Kredit finanziert werden."[48] Zum anderen bestünde auch die Möglichkeit, zur Finanzierung der Investitionsausgaben die Steuern zu erhöhen. Genau hier setzt jedoch der Aspekt der intertemporalen Lastenverteilung an. In der

---

[46] Lang, Koch (1980), S. 165.

[47] Lang, Koch (1980), S. 173.

[48] Konrad, Zschäpitz (2010), S. 77.

Gegenwart kann durch eine Kreditfinanzierung öffentlicher Investitionen eine Steuererhöhung umgangen und somit ein höherer Konsum ermöglicht werden. Wer argumentiert, die aktuelle lebe dabei auf Kosten der nachfolgenden Generation, sollte dabei nicht nur die Kosten der Investitionen, sondern in gleichem Maße auch deren Nutzen betrachten. Zukunftsorientierte Investitionen, beispielsweise in Infrastruktur oder Umwelt, nützen nämlich nicht nur den gegenwärtig lebenden Bürgern, sondern auch der nachfolgenden Generation bzw. den nachfolgenden Generationen. Eventuell wird der Nutzen in späteren Perioden sogar noch größer sein als der aktuelle. Als Beispiel können hier Forschungs- und Entwicklungsausgaben für neue Technologien genannt werden, die erst nach einigen Jahren in vollem Umfang eingesetzt und genutzt werden können. Solche zukunftsorientierten Investitionen entfalten also erst in späteren Perioden ihre volle Wirkung, indem sie zukünftig zu Produktivitäts- und Einkommenszuwächsen führen. Es scheint daher nur gerecht, mehrere Generationen an der Finanzierung staatlicher Investitionen in Form von Zins- und eventuell Tilgungszahlungen zu beteiligen.[49] Sowohl Nutzen als auch Kosten können dadurch zeitlich gleichmäßig verteilt werden. Die Kreditfinanzierung öffentlicher Investitionen kann daher als geeignetes Instrument für die Erreichung einer intertemporalen Gerechtigkeit gesehen werden.

Im Gegensatz dazu ist eine Schuldenfinanzierung konsumtiver Ausgaben kritischer zu betrachten. Nachfolgende Generationen würden dadurch an den Zahlungsbelastungen für Ausgaben beteiligt werden, aus denen sie selbst kaum einen Nutzen ziehen und die nicht zu einem langfristigen Wachstum des Bruttoinlandsprodukts beitragen können. Um dahingehend eine „Ausbeutung" zukünftiger Generationen zu verhindern, erscheinen entsprechende Begrenzungen der öffentlichen (konjunkturunabhängigen) Neuverschuldung sinnvoll. Als Obergrenze eignen sich beispielsweise die öffentlichen Nettoinvestitionen.[50] Bis zum Inkrafttreten der neuen Schuldenbremse im Jahr 2009 lag in Deutschland mit Artikel 115 Grundgesetz solch eine Beschränkung, die sich jedoch an den öffentlichen Bruttoinvestitionen orientierte, vor.[51]

---

[49] Vgl. Vesper (2008a), S. 384f.

[50] Vgl. Sachverständigenrat (2007), S. 50.

[51] Vgl. Sachverständigenrat (2007), S. 57ff. Eine Orientierung der staatlichen Kreditaufnahme an den Bruttoinvestitionen bedeutet, dass auch Ersatzinvestitionen aus

3.2.2 Finanzierung von (Schadens)Ereignissen

Neben der Kreditfinanzierung öffentlicher Investitionen kann eine staatliche Schuldenaufnahme auch mit der Finanzierung bestimmter Ereignisse begründet werden. Häufig ist dabei von Schadensereignissen die Rede, zu denen beispielsweise Kriege zählen, aber auch andere, einmalige Geschehnisse wie die deutsche Wiedervereinigung können in diesem Ansatz Betrachtung finden.[52]

Im Rahmen der intergenerativen Gerechtigkeit scheint es angebracht, die Zahlungsbelastungen solcher Ereignisse auf mehrere Generationen zu verteilen. Ein Krieg oder ein anderes einmaliges Ereignis trifft eine Generation mehr oder weniger zufällig. Natürlich kommen hier auch die Entscheidungen der politischen Machtträger ins Spiel, die Masse der Bevölkerung wird darauf jedoch nur begrenzt Einfluss üben können.[53] Geht man daher davon aus, dass der Großteil einer Generation unversehens von solch einem Ereignis getroffen wird, so lässt sich eine Kreditfinanzierung rechtfertigen, um die finanzielle Last auf mehrere Generationen zu verteilen.

Alternativ könnte die Finanzierung auch nur der zum Zeitpunkt des Geschehnisses lebenden Bevölkerung überlassen werden. Im Krieg hätte sie dann, neben den ohnehin hinzunehmenden Einschränkungen, auch die finanzielle Last dieses Ereignisses in Form höherer Steuerabgaben zu tragen. Haller schreibt in diesem Zusammenhang: „Ist es nun gerecht, […], wenn die nach Kriegsende ausscheidenden Jahrgänge die Kriegslasten in Form eines Einkommens-(Nachfrage-)verzichts voll getragen haben und ihre Nachfolger lediglich die Friedens-Steuerbelastung auf sich zu nehmen haben? Hat man nicht auch für sie gekämpft und Opfer auf sich genommen, ist es also nicht angebracht, auch ihnen einen (nachträglichen) Nachfrageverzicht über eine erhöhte Besteuerung zuzumuten? Wenn man diese Frage bejaht, und im Sinne einer anteiligen oder gerechten Lastenverteilung auf die einzelnen Generationen […] dürfte sie zu

Krediten finanziert werden können. Zielführender ist jedoch eine Ausrichtung an den Nettoinvestitionen, da nur sie zu einer Vergrößerung des produktiven Vermögens beitragen. Bei einer an den Nettoinvestitionen ausgerichteten Begrenzung der staatlichen Neuverschuldung können Abschreibungen nicht durch Kreditaufnahme finanziert werden, sondern lediglich der tatsächlich neu geschaffene Kapitalstock.

[52] Vgl. Konrad, Zschäpitz (2010), S. 81; Sturm (1993), S. 76.

[53] Vgl. Konrad, Zschäpitz (2010), S. 83.

bejahen sein [...], so kommt man zu dem Ergebnis, daß man im Wesentlichen von der Kreditfinanzierung der Kriegsausgaben Gebrauch machen sollte. Nur mit Hilfe einer solchen ist es möglich, die endgültigen Nachfrageverzichte auf mehrere Generationen zu verteilen, trotz zeitlicher Unverschiebbarkeit der Reallast."[54] Analoge Überlegungen können auch eine Kreditfinanzierung „friedlicher" Ereignisse, zu denen beispielsweise die deutsche Wiedervereinigung zu zählen ist, rechtfertigen.

3.2.3 Praktische Relevanz in Deutschland

Zur Erreichung intergenerativer Gerechtigkeit kann die staatliche Kreditaufnahme als Finanzierungsinstrument für öffentliche Investitionen und teurer, mehr oder wenig zufällig eintretender Ereignisse genutzt werden. Neben der Konjunkturglättung konnten damit zwei weitere Ursachen der staatlichen Verschuldung gefunden werden. Lässt sich damit jedoch ein dauerhafter Anstieg der deutschen Staatsschuldenquote erklären?

Ein Blick zurück auf Abbildung 5 (siehe Seite 40) macht deutlich, dass die erheblichen strukturellen Defizite in den neunziger Jahren vor dem Hintergrund der Wiedervereinigung gerechtfertigt werden können. Ein temporärer Anstieg der Schuldenstandsquote zu jener Zeit steht daher in Einklang mit der Finanzierung dieses Geschehens. Eine dauerhafte Steigerung der Schuldenquote seit Ende des Zweiten Weltkrieges kann jedoch mit dem Ansatz der Kreditfinanzierung ähnlicher Ereignisse in allen übrigen Jahren nicht begründet werden. Weder wurde Deutschland in diesem Zeitraum durch Kriege erschüttert, noch gab es neben der Wiedervereinigung Ereignisse vergleichbaren Ausmaßes.[55]

Auch die Kreditfinanzierung öffentlicher Investitionen kann einen dauerhaften Anstieg der Schuldenstandsquote in den vergangenen Jahren nicht erklären. Abbildung 6 zeigt in diesem Zusammenhang die Entwicklung der staatlichen Nettoanlageinvestitionen in einigen ausgewählten Ländern. Es ist deutlich zu erkennen, dass die öffentliche Investitionsquote, eventuell mit Ausnahme der Vereinigten Staaten von Amerika, in den letzten Jahren nicht nur in Deutschland deutlich zurückging. Betrug sie in der Bundesrepublik im Jahr 1970 noch rund drei Prozent des nomi-

---

[54] Haller (1976), S. 118f.

[55] Vgl. Konrad, Zschäpitz (2010), S. 86.

nalen Bruttoinlandsprodukts, so erreichte sie in den vergangenen Perioden
Werte um null Prozent und lag teilweise bereits im negativen Bereich. In
Jahren, in denen die Nettoinvestitionsquote mit einem negativen Vor-
zeichen versehen war, waren im Saldo die Abschreibungen größer als die
staatlichen Bruttoanlageinvestitionen. Netto kam es also sogar zu einem
Werteverzehr und nicht zu einem Zugang an Investitionen.

*Abbildung 6: Staatliche Nettoanlageinvestitionen in Relation zum
nominalen Bruttoinlandsprodukt in ausgewählten Ländern
(Deutschland: ab 1991 gesamtdeutsches Ergebnis)*

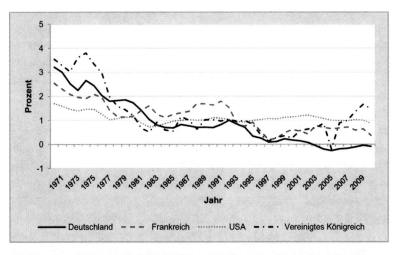

Quellen: Europäische Kommission (2011a), Tabellen *Net fixed capital formation at
current prices: general government (UING)* und *Gross domestic product at current
market prices (UVGD)*; eigene Berechnungen; eigene Grafik.

Während sich die staatlichen Investitionsquoten in den vergangenen Jahren stark verringerten, stiegen die Schuldenstandsquoten im gleichen
Zeitraum weiterhin an.[56] Diese Entwicklungen zeigen, dass die Kreditfinanzierung öffentlicher Investitionen nicht als Ursache eines dauerhaften Anstiegs der Schuldenstandsquote herangezogen werden kann.
Für Deutschland lässt sich ebenso schlussfolgern, dass die bis zum Jahr
2009 im Grundgesetz verankerten Schuldenbegrenzungsvorschriften keine

---

[56] Siehe hierzu auch Abbildung 4 auf Seite 35.

Wirkung entfalten konnten. Die nachfolgenden Zeilen werden daher einen weiteren Ansatz hinsichtlich möglicher Ursachen der Staatsverschuldung verfolgen.

3.3 Politischer Prozess

Konjunkturglättung und intergenerative Lastenverteilung mögen als Ursachen der Staatsverschuldung herangezogen werden können, ein langfristiger Anstieg der öffentlichen Schuldenstandsquote kann jedoch durch sie alleine, zumindest in Deutschland, nicht begründet werden. Im Hinblick auf das kapiteleinleitende Zitat von Robert K. von Weizsäcker wendet sich daher ein letzter Ansatz von möglichen ökonomischen Gründen ab und betrachtet ausschließlich einige Aspekte des politischen Bereichs. Aus gesamtwirtschaftlicher Sicht erscheint eine staatliche Schuldenaufnahme zu rein politischen Zwecken zwar nicht legitim. Dennoch muss diesem Punkt Beachtung geschenkt werden, denn letztlich können die Ursachen des seit Jahren andauernden Anstiegs der öffentlichen Schuldenstandsquote nur im politischen Prozess gefunden werden.[57]

3.3.1 Strategisches Politikverhalten

Stehen einem Staat zur Finanzierung seiner geplanten Ausgaben nicht genügend Einnahmen aus Steuern und Gebühren zur Verfügung, so müssen zur Schließung dieser Finanzierungslücke entweder die Steuersätze erhöht oder Kredite aufgenommen werden. Handelt es sich bei den beabsichtigten Ausgaben ausschließlich um konsumtive Ausgaben, die auch nicht in Zusammenhang mit einem eintretenden (Schadens)Ereignis oder einer diskretionären Fiskalpolitik im konjunkturellen Abschwung zu sehen sind, so müssten diese vor dem Hintergrund der intergenerativen Gerechtigkeit durch Steuererhöhungen finanziert werden. Aus verschiedenen Gründen, die nach Angaben des Sachverständigenrates auch empirisch belegt sind, erscheint den regierenden Politikern häufig dennoch der Weg der Staatsverschuldung attraktiver.[58]

---

[57] Vgl. Konrad, Zschäpitz (2010), S. 85f.
[58] Vgl. Sachverständigenrat (2007), S. 54.

Zum einen streben Politiker in der Regel eine Wiederwahl an. Geplante Steuererhöhungen werden jedoch bei den wahlberechtigten Bürgern mit hoher Wahrscheinlichkeit auf Ablehnung stoßen. Eine Ausweitung der Staatsverschuldung eignet sich daher zur Erreichung des Ziels der Wiederwahl deutlich besser, auch, wenn dies aus intergenerativen Verteilungsgesichtspunkten nicht gerechtfertigt werden kann.[59] Ein Großteil der nachfolgenden Generationen, die an einer solchen Verschuldung in Form von Zins- und vielleicht Tilgungszahlungen beteiligt werden würden, wird jedoch zum relevanten Zeitpunkt eventuell nicht wahlberechtigt und sogar noch nicht geboren sein.[60]

Trotz Wiederwahlwillens erscheint es dennoch äußerst unwahrscheinlich, dass ein und dieselbe Regierung auf Dauer an der Macht bleiben kann. Geht man davon aus, dass es in kürzeren oder längeren Zeitabständen immer wieder zu politischen Wechseln kommt, so kann das Instrument der Staatsverschuldung auch aus strategischen Gesichtspunkten von den heute Regierenden eingesetzt werden, um den finanziellen Handlungsspielraum der nachfolgenden Regierungen zu beschränken. Neigt sich die Regierungszeit einer Partei dem Ende zu, so können sich Schulden daher als bewusst eingesetzter Nachlass an die nachfolgenden Machtinhaber erweisen.[61]

Abgesehen von Wiederwahlvorhaben und „Machtverlusten" der regierenden Partei(en) kommt es auch häufig dann zu einer Ausweitung der Staatsverschuldung, wenn mehrere Koalitionspartner mit unterschiedlichen politischen Zielen gemeinsam regieren. Parteien, Ministerien oder auch einzelne Politiker werden kaum freiwillig Einsparungen in ihrem jeweiligen Ressort zustimmen. Selbst wenn im Allgemeinen eine weitere staatliche Kreditaufnahme umgangen werden soll, so ist eine Ausweitung der Neuverschuldung häufig doch die einzige Lösung, mit der eine parteiübergreifende Kooperation hinsichtlich der Finanzierung verschiedener Vorhaben erreicht werden kann.[62]

---

[59] Vgl. Sachverständigenrat (2007), S. 54.

[60] Vgl. von Weizsäcker (2009), S. 7.

[61] Vgl. von Weizsäcker (2009), S. 9f.

[62] Vgl. Sachverständigenrat (2007), S. 55.

3.3.2 Praktische Relevanz in Deutschland

Es wurde bereits angedeutet, dass sich die nahezu kontinuierliche Erhöhung der öffentlichen Verschuldungsquote in Deutschland weder alleine mit Hilfe des Ansatzes der Konjunkturglättung, noch ausschließlich vor dem Hintergrund der intertemporalen Lastenverteilung rechtfertigen lässt. Letztendlich können politische Motive den seit Jahren fortschreitenden Anstieg der staatlichen Schuldenstandsquote wohl am besten erklären.

So gibt es begründeten Anlass zu der Vermutung, dass eine der Hauptursachen für die Erhöhung der öffentlichen Verschuldung Deutschlands in der ungünstigen Entwicklung der Staatseinnahmen liegt. Hauptsächlich wird dabei auf verschiedene Steuerreformen seit Ende der 1990er Jahre hingewiesen, durch die es teilweise auch im konjunkturellen Aufschwung zu Steuersenkungen kam. Gerade aus konjunktur- und wachstumspolitischen Gründen sind solche steuermindernden Maßnahmen in wirtschaftlichen Boomphasen jedoch nicht notwendig.[63] Steuersenkungen im Aufschwung wirken zum einen prozyklisch und damit gegen die automatischen Stabilisatoren, zum anderen mindern sie die Basis für die Erzielung möglicher staatlicher Finanzierungsüberschüsse. So spricht einiges dafür, dass sich die deutsche öffentliche Schuldenstandsquote in den vergangenen Jahren weitaus weniger erhöht hätte, wären entsprechende Steuersenkungsreformen ausgeblieben. Nach Berechnungen des Instituts für Makroökonomie und Konjunkturforschung (IMK) hätten der Bund, die Bundesländer und die Gemeinden bei Zugrundelegung der Steuergesetze von 1998 im Jahr 2011 zusammen rund 51 Milliarden Euro mehr Steuereinnahmen generieren können.[64] Einer solch einseitigen Betrachtung muss allerdings hinzugefügt werden, dass Steuersenkungen auch wachstumsstimulierend wirken können und sie somit auf der staatlichen Einnahmeseite durch eine Erhöhung des Wirtschaftswachstums zumindest teilweise kompensiert werden können. Nach Angaben des IMK war dies in den vergangenen Jahren jedoch nicht der Fall.[65]

Während politisch-strategisch motivierte Steuersenkungen als Mitverursacher einer steigenden Staatsschuldenquote angesehen werden, wird der öffentlichen Ausgabenseite eine solche Rolle überwiegend nicht zu-

---

[63] Vgl. Deubel (2011), S. 7.

[64] Vgl. Hans-Böckler-Stiftung (2011), S. 1.

[65] Vgl. Truger, Teichmann (2010), S. 14; Horn, Truger (2010), S. 2f.

gewiesen. Beispielsweise erwähnen sowohl das IMK als auch Bofinger, dass die staatlichen Ausgaben in den vergangenen Jahren nur sehr moderat anstiegen.[66]

Eine seit langem geforderte Konsolidierung der öffentlichen Haushalte durch weitere staatliche Ausgabenkürzungen scheint angesichts dieser Entwicklungen nicht angemessen zu sein. So warnt etwa Bofinger davor, dass „[…] eine Volkswirtschaft wie Deutschland mit einer noch niedrigeren Staatsquote [kaum] in der Lage sein kann, eine ausreichende Versorgung mit öffentlichen Gütern, insbesondere im Bereich der Bildung und der Infrastruktur zu gewährleisten."[67] In diesem Zusammenhang muss auch erneut darauf hingewiesen werden, dass die Bundesrepublik im internationalen Vergleich bereits seit mehreren Jahren unterdurchschnittlich wenige Ausgaben für öffentliche Investitionen tätigt.[68] Weitere Einschränkungen in diesem Bereich würden letztendlich die Basis für zukünftiges Wirtschaftswachstum deutlich schmälern.

Diskussionen um eine Rückführung der deutschen Staatsschuldenquote müssten daher vielmehr die Einnahmeseite der Budgetgleichung mit einbeziehen. Vielfach geforderte Steuersenkungen stehen dabei im Zielkonflikt zu einer solchen Konsolidierung der öffentlichen Haushalte. Eher müssten sogar Steuererhöhungen realisiert werden[69], die allerdings wiederum in Kontrast zu beschriebenen politisch-strategischen Motiven der Regierenden stehen. Die breite Masse der (wahlberechtigten) Bevölkerung lehnt Steuererhöhungen im Allgemeinen ab, sodass davon ausgegangen werden kann, dass die Entscheidung zur Umsetzung solcher Regelungen tatsächlich auch von persönlich motivierten Überlegungen der Politiker beeinflusst wird. So muss vermutet werden, dass Steuererhöhungen selbst dann nicht zwingend realisiert werden, wenn sie aus rein ökonomischer Sicht notwendig zu sein scheinen.[70]

---

[66] Vgl. Hans-Böckler-Stiftung (2011), S. 1; Sachverständigenrat (2007), S. 160ff.

[67] Sachverständigenrat (2007), S. 162.

[68] Siehe hierzu auch Abbildung 6 auf Seite 46.

[69] Vgl. Sachverständigenrat (2007), S. 165; Hans-Böckler-Stiftung (2011), S. 1; Truger, Teichmann (2010), S. 15.

[70] Es sei hier darauf hingewiesen, dass staatliche Einnahmen im Allgemeinen nicht nur durch Steuererhebungen auf laufende Einkommen generiert werden können, sondern beispielsweise auch durch Abgaben auf den Vermögensbestand. In Deutschland wurde dies nach Ende des Zweiten Weltkrieges im Rahmen des sogenannten

In diesem Zusammenhang sei jedoch auch angemerkt, dass hier nicht nur Zweifel am rationalen Handeln der Politiker besteht. Nicht zuletzt ist es auch die Wahlbevölkerung, die im Allgemeinen eine hohe Versorgung mit öffentlichen Gütern fordert, aber gleichzeitig im Widerspruch dazu Steuererhöhungen sowie eine Ausweitung der staatlichen Verschuldung ablehnt. Insbesondere seit Ausbruch der Staatsschuldenkrisen in einigen europäischen Ländern hat die öffentliche Kreditaufnahme als Finanzierungsinstrument bei der breiten Masse der Bürger einen äußerst schlechten Ruf zu verzeichnen. Es kann hier nur vermutet werden, dass dies selbst dann der Fall wäre, wenn die staatliche Verschuldung ausnahmslos zu makroökonomisch einwandfrei vertretbaren Zwecken erfolgen würde. Dies mag unter anderem daran liegen, dass häufig ausschließlich auf die negativen Folgen einer hohen Schuldenstandsquote hingewiesen wird. Ob die öffentliche Kreditaufnahme jedoch tatsächlich problematisch ist, wird das nachfolgende Kapitel analysieren.

4 Auswirkungen der Staatsverschuldung

Kaum ein Thema wird in der Öffentlichkeit so scharf debattiert wie die ansteigende Verschuldung der öffentlichen Haushalte. Die im Rahmen der jüngsten Finanz- und Wirtschaftskrise aufgekeimten Schuldenkrisen in einigen Mitgliedsstaaten der Europäischen Währungsunion mögen diese Diskussionen noch weiter angeheizt haben. Dennoch wurde die Staatsverschuldung bereits im Vorfeld dieser Entwicklungen als ein Phänomen dargestellt, welches früher oder später nichts als Unheil bringen wird.

Die nachfolgenden Abschnitte werden sich mit der Frage auseinandersetzen, ob diese Sorgen tatsächlich ökonomisch begründet werden können. Es wird dabei auf vier ausgewählte, potentielle und häufig mit der öffentlichen Verschuldung in Verbindung gebrachte Auswirkungen einer steigenden Schuldenstandsquote eingegangen.[71]

Lastenausgleichs gemacht, allerdings nicht zum Zwecke der Staatsschuldenreduktion, sondern um eine Umverteilung zugunsten der durch den Krieg und die sich daran anschließende Währungsreform benachteiligten Bevölkerungsgruppen realisieren zu können. Siehe hierzu auch Kapitel 2.3.1 des zweiten Hauptteils und Spehl (2011), S. 1f.

[71] In der einschlägigen Literatur wird das Thema *Inflation* häufig auch als potentielle Auswirkung der Staatsverschuldung betrachtet. Da die vorliegende Arbeit

4.1 Verdrängung privatwirtschaftlicher Investitionen

4.1.1 Anpassungsmechanismus am Kapitalmarkt

Eine erste mögliche Folge der öffentlichen Verschuldung wird durch das sogenannte Crowding-out beschrieben. Hinter diesem Begriff verbirgt sich der Mechanismus, der zu einem Rückgang privatwirtschaftlicher Investitionen aufgrund staatlicher Kreditaufnahme führt.[72] Um die praktische Bedeutung dieses Verdrängungseffektes erläutern zu können, ist folgende, sich aus dem Wirtschaftskreislauf einer offenen Volkswirtschaft ergebende Gleichung von Relevanz:[73]

$$\underbrace{S}_{\substack{\text{Private} \\ \text{Esrparnis}}} = \underbrace{I}_{\substack{\text{Private} \\ \text{Investitionen}}} + \underbrace{(G-T)}_{\substack{\text{Staatliche} \\ \text{Nettoneuverschuldung}}} + \underbrace{(Ex-Im)}_{\substack{\text{Nettokapital-} \\ \text{exporte}}} \tag{9}$$

Erhöhen die öffentlichen Haushalte ihre Ausgaben und finanzieren sie diese ausschließlich durch die Aufnahme neuer Kredite, so steigt die staatliche Neuverschuldung $(G-T)$. Um die Erfüllung oben stehender Gleichung nicht zu verletzen, muss im gleichen Zuge eine Anpassung der übrigen Größen (private Ersparnis (S), private Investitionen (I), Nettokapitalexporte $(Ex-Im)$) erfolgen. Diese Änderungen können durch verschiedene Mechanismen ausgelöst werden, wobei hier insbesondere der Zins und das verfügbare Einkommen von Bedeutung sind. Im Rahmen eines herkömmlichen IS-LM-Modells[74] werden diese beiden Mechanismen miteinander verknüpft und gemeinsam betrachtet: Ein Anstieg der kreditfinanzierten Staatsausgaben führt zunächst zu einer Zunahme der Produktion und gegebenenfalls auch der Beschäftigung. Die dadurch ausgelöste Erhöhung des verfügbaren Einkommens wird zu einer Steigerung sowohl des Konsums als auch der privaten Ersparnis führen. Gleichzeitig wird es jedoch durch die höhere Kreditnachfrage zu einem Zinsanstieg kommen, sodass privatwirtschaftliche Investitionen zurückgedrängt werden.

---

diese Thematik im Rahmen von Kapitel eins des zweiten Hauptteils behandeln wird, bleibt sie im Verlauf der nachstehenden Betrachtungen zunächst unberücksichtigt.

[72] Vgl. Mankiw (2004), S. 628.

[73] Der Buchstabe G steht hier nicht nur für die staatlichen Primärausgaben, sondern für sämtliche Staatsausgaben im Laufe eines Jahres, inklusive der Zinszahlungen.

[74] Vgl. Blanchard, Illing (2006), S. 149ff.

Eine solche pauschale Betrachtung des Crowding-outs ist jedoch angesichts im Zeitverlauf eintretender, verschiedener konjunktureller Gegebenheiten kaum angebracht. Vielmehr hängt das Auftreten dieses Verdrängungseffektes stark von der gesamtwirtschaftlichen Situation ab, die wiederum die Dominanz des Zins- bzw. Einkommensmechanismus determiniert.[75] Es ist daher sinnvoll, nachfolgend gesonderte Betrachtungen für die kurze und die lange Frist anzustellen.

Zunächst werden die Auswirkungen einer staatlichen Neuverschuldung in der kurzen Frist, das heißt in Situationen der Unterbeschäftigung, in denen die tatsächliche Produktion das Produktionspotential unterschreitet, analysiert. Die Überlegungen gründen dabei auf der keynesianischen Sichtweise[76], wobei die Anpassung oben genannter Parameter hauptsächlich durch Änderungen im verfügbaren Einkommen dominiert wird. Der Zinsmechanismus, der nach Ansicht der (Neo)Klassiker eine ständige Anpassung der privaten Investitionen an die Höhe der privaten Ersparnis bewirkt, spielt hier eine untergeordnete Rolle.[77] Im Anschluss daran wird das Auftreten von Crowding-out in Situationen der Vollbeschäftigung, also der langen Frist, dargestellt, wobei sich dieser Ansatz vor allem an der (neo)klassischen Theorie orientiert. Der dominierende Anpassungsmechanismus wird hier durch den Zins beschrieben.[78]

4.1.1.1 Die kurze Frist

Ein erneuter Blick auf Gleichung (9) verdeutlicht, dass ein Anstieg der staatlichen Neuverschuldung $(G - T)$ zwingend eine Anpassung der privaten Ersparnis (S) und/oder der privaten Investitionen (I) und/oder der Nettokapitalexporte $(Ex - Im)$ impliziert. Folgt man dabei den Überlegungen von Keynes, so kann ein durch staatliche Kreditaufnahme ausgelöster Rückgang der privaten Investitionen dennoch ausbleiben. Ausgangspunkt dieses Ansatzes ist die Theorie, dass es im Konjunkturverlauf immer wieder Situationen der Unterbeschäftigung geben kann, in denen die Gleichgewichtsproduktion unter ihr Vollbeschäftigungsniveau fällt.

---

[75] Vgl. Scherf (1999), S. 3f. und (1998), S. 9f.

[76] Vgl. Samuelson, Nordhaus (2007), S. 995.

[77] Vgl. Scherf (1998), S. 3ff.; Keynes-Gesellschaft (2011a), S. 1.

[78] Vgl. Samuelson, Nordhaus (2007), S. 995; Scherf (1998), S. 3ff.

Einem Gleichgewicht auf dem Güter- und Geldmarkt steht dann ein Ungleichgewicht auf dem Arbeitsmarkt, das heißt unfreiwillige Arbeitslosigkeit, gegenüber. [79] Begründen lässt sich diese Sichtweise mit der
Überlegung, dass die private Investitionstätigkeit nicht nur durch den
Zinssatz, sondern auch maßgeblich durch die Zukunftserwartungen der
Unternehmer bestimmt wird. [80] Ähnliches gilt für die Spartätigkeit der
privaten Haushalte, die nach Keynes vor allem von der Höhe des verfügbaren Einkommens abhängt.

Eine Situation der Unterbeschäftigung kann nun beispielsweise durch
einen Rückgang der privaten Investitionstätigkeit aufgrund pessimistischer Zukunftserwartungen der Unternehmen ausgelöst werden. Durch
die verminderte Nachfrage nach Investitionsgütern wird die Produktion
zurückgehen, sodass es zu Arbeitslosigkeit oder einer Verringerung der
Einkommen, beispielsweise durch Kurzarbeit, kommt. Dies hat wiederum zur Folge, dass weniger Konsumgüter nachgefragt und, daraus resultierend, produziert werden, sodass ein weiterer Teil der Bevölkerung in
die Arbeitslosigkeit entlassen wird oder geringere Einkommen aufgrund
kürzerer Arbeitszeiten in Kauf nehmen muss. Aufgrund des gesamtwirtschaftlichen Einkommensrückgangs wird sich gleichzeitig die Sparneigung der privaten Haushalte verringern. Dieser Anpassungsmechanismus erfolgt so lange, bis sich die private Ersparnis auf dem Niveau der
verminderten Investitionstätigkeit der Unternehmen eingependelt hat. [81]
Letztlich ergibt sich somit eine neue Gleichgewichtsproduktion, die jedoch vom Produktionspotential abweicht und daher unter dem Vollbeschäftigungsniveau liegt. [82]

Erhöhen nun in einer Situation der Unterbeschäftigung die öffentlichen Haushalte ihre Kreditaufnahme, so kann eine durch Zinssteigerun-

---

[79] Vgl. Rittenbruch (2000), S. 326.

[80] Vgl. Keynes-Gesellschaft (2011a), S. 1.

[81] Vgl. Keynes-Gesellschaft (2011a), S. 1.

[82] Vgl. Samuelson, Nordhaus (2007), S. 995; Scherf (1999), S. 6. Aus (neo)klassi-
scher Sicht würde hier argumentiert werden, dass die Existenz flexibler Löhne (und
Preise) nicht zu einer Unterbeschäftigung auf dem Arbeitsmarkt führen kann (vgl.
Scherf (1999), S. 5). Geht man jedoch davon aus, dass Löhne und Preise in der
kurzen Frist fix sind, so kann dieser Aspekt vernachlässigt werden. An dieser Stelle
sei zudem erwähnt, dass nach Auffassung von Keynes selbst eine flexible Lohn-
politik keine Vollbeschäftigungssituation garantieren kann (vgl. Keynes-Gesellschaft
(2011a), S. 1f.).

gen ausgelöste Verdrängung der privatwirtschaftlichen Investitionen ausbleiben. Der Staat ist vielmehr als zusätzlicher Nachfrager auf dem Gütermarkt zu sehen, wodurch sich der eben beschriebene Anpassungsmechanismus in genau spiegelbildlicher Form vollzieht: Die staatliche Nachfrage wird zunächst zu einer Erhöhung der Produktion führen. Hierdurch wird ein Rückgang der Arbeitslosigkeit und somit eine Steigerung der verfügbaren Einkommen ausgelöst, sodass sowohl der Konsum als auch die Sparneigung der privaten Haushalte weiter angeregt werden. Letztendlich kommt es durch diesen Multiplikatorprozess zu einer Anpassung der privaten Ersparnis an die durch die Staatsverschuldung ausgelöste höhere Nachfrage nach Krediten. Eine Verdrängung privatwirtschaftlicher Investitionen bleibt dabei in einer Situation der Unterbeschäftigung aus. Vielmehr kann die zusätzliche Güternachfrage der öffentlichen Hand die Investitionstätigkeit der Unternehmen anregen und somit zu einem weiteren Beschäftigungs- und Einkommenszuwachs beitragen.[83]

Zu beachten ist, dass der Zinsmechanismus, wonach eine Erhöhung der staatlichen Kreditaufnahme zu einem Zinsanstieg führt und damit private Investitionen verdrängt, hier komplett vernachlässigt wurde. Eine vollständige Ausblendung dieser Komponente ist in der Realität sicherlich nicht zulässig. Dennoch kann davon ausgegangen werden, dass der Zinsmechanismus bei Erhöhung der staatlichen Neuverschuldung in einer Phase der Unterbeschäftigung von beschriebenem Einkommensmechanismus überlagert wird. Zum einen kann unterstellt werden, dass die privatwirtschaftliche Investitionstätigkeit bei Unterauslastung der Produktionskapazitäten relativ zinsunelastisch ist und die Unternehmen aufgrund pessimistischer Zukunftserwartungen daher selbst bei sehr niedrigem Zins nicht investieren. Kurbelt der Staat in solch einer Situation die Produktion durch zusätzliche kreditfinanzierte Ausgaben an, so kann sich diese Haltung in positive Zukunftserwartungen umkehren, sodass die Unternehmen ihre Investitionstätigkeit selbst bei einer Zinssteigerung beibehalten und eventuell sogar erhöhen. Zum anderen wird das Geldangebot der Zentralbank bei Unterbeschäftigung relativ elastisch sein, sodass der erhöhten Geldnachfrage entgegengekommen und die Finanzierung des höheren gesamtwirtschaftlichen Einkommens durchaus ohne Zinssteigerungen realisiert werden kann.[84]

---

[83] Vgl. Scherf (1999), S. 6f.

[84] Vgl. Scherf (1998), S. 9.

Bei Vorliegen einer Unterbeschäftigungssituation in der kurzen Frist führt ein Anstieg der staatlichen Verschuldung somit nicht zu einer Verdrängung privatwirtschaftlicher Investitionen. Vielmehr kommt es zu einer Anregung der Konjunktur, sodass sich die gesamtwirtschaftliche Produktion ihrem Potential nähert. Wie bereits in Kapitel 3.1.2 erwähnt wurde, kann vor diesem Hintergrund auch ein *deficit spending* im Rahmen einer antizyklischen Fiskalpolitik in der Rezession gerechtfertigt werden.

4.1.1.2 Die lange Frist

Im Gegensatz zur kurzen Frist gründen die nachfolgenden Überlegungen auf der Annahme, dass langfristig stets eine Vollbeschäftigungssituation erreicht wird und somit die tatsächliche Produktion mit dem Produktionspotential übereinstimmt.[85] Erhöhen die öffentlichen Haushalte in solch einer Situation ihre Kreditaufnahme, so kann es zu einer Verdrängung privatwirtschaftlicher Investitionen kommen.

Ausschlaggebend hierfür ist der durch den staatlich implizierten Nachfrageüberhang nach Krediten ausgelöste Zinsanstieg.[86] Dieser ((neo)klassische) Zinsmechanismus wird den zuvor beschriebenen Einkommensmechanismus dominieren, da in einer Vollbeschäftigungssituation bereits alle Kapazitäten ausgelastet sind und das gesamtwirtschaftliche Einkommen mit dem Produktionspotential übereinstimmt. Der Staat verursacht eine zusätzliche Nachfrage über dieses Niveau hinaus, sodass es zu zinsbedingten Verdrängungseffekten kommen kann. Der durch die höhere Kreditnachfrage ausgelöste Zinsanstieg wird dabei eventuell sogar zur Abwehr möglicher inflatorischer Entwicklungen durch eine restriktive Geldpolitik der Zentralbank verstärkt.[87]

Ein höheres Zinsniveau lässt nun die private Ersparnis (S) steigen und den Konsum zurückgehen, allerdings kann in der Praxis davon ausgegangen werden, dass eine Erhöhung der staatlichen Neuverschuldung eine Steigerung der privaten Ersparnis in geringerem Umfang zur Folge hat.[88]

---

[85] Vgl. Samuelson, Nordhaus (2007), S. 995.

[86] Vgl. Sachverständigenrat (2007), S. 37.

[87] Vgl. Scherf (1998), S. 9 und (1999), S. 20.

[88] Vgl. Blanchard, Illing (2006), S. 770f. Im Rahmen des Ricardianischen Äquivalenztheorems wird davon ausgegangen, dass aufgrund vollständig rationaler Erwartungen der privaten Haushalte eine Erhöhung der staatlichen Kreditaufnahme eine

Um die Erfüllung von Gleichung (9) (siehe Seite 52) zu gewährleisten, ist unter diesen Voraussetzungen eine Verringerung der privatwirtschaftlichen Investitionen (I) und/oder der Nettokapitalexporte ($Ex - Im$) von Nöten. Diese Anpassung erfolgt nun ebenfalls aufgrund des durch die staatliche Kreditnachfrage ausgelösten Zinsanstiegs, denn im Gegensatz zur privaten Ersparnis korrelieren sowohl die unternehmerischen Investitionen als auch die Nettokapitalexporte negativ mit den Entwicklungen des (Inlands)Zinssatzes.[89]

Durch einen höheren Zinssatz wird dem privaten Sektor der Zugang zum Kapitalangebot erschwert, sodass privatwirtschaftliche Investitionen verdrängt werden (Crowding-out). Ähnliches gilt für die Nettokapitalexporte. Durch den Zinsanstieg wird der Kauf inländischer Wertpapiere für das Ausland attraktiver. Zusätzliches Kapital wird also ins Inland gelenkt (wodurch der beschriebene Zinsanstieg wieder etwas gemindert wird). Gleichzeitig erfährt die Inlandswährung durch den Tausch der ausländischen Währung(en) gegen die inländische eine (nominale und, ceteris paribus, reale) Aufwertung. Damit werden inländische Güter im Vergleich zu ausländischen relativ teurer. Dies hat wiederum zur Folge, dass die Nachfrage nach inländischen Erzeugnissen sinkt, die Exporte daher zurückgehen und die Importe steigen. Durch die ebenfalls höhere Nachfrage nach ausländischen Devisen, die sich aufgrund der Zinszahlungen an das Ausland sowie höherer Importe ergibt, wird die Aufwertungstendenz letztlich wieder gedämpft.[90]

4.1.2 Entwicklungen in Deutschland

In einer offenen Volkswirtschaft ist es prinzipiell wahrscheinlich, dass eine im Zuge einer höheren staatlichen Nettoneuverschuldung ($G - T$) nur unterproportionale Erhöhung der privaten Ersparnis (S) durch eine Kombination aus Rückgang der privaten Investitionen (I) und Verminderung der Nettokapitalexporte ($Ex - Im$) ausgeglichen wird. Aktuell wird

---

Erhöhung der privaten Ersparnis in gleichem Umfang bewirkt. In der Praxis ist diese Theorie jedoch weniger relevant, sodass sie in der vorliegenden Arbeit nicht näher betrachtet wird.

[89] Vgl. Scherf (1999), S. 3.

[90] Vgl. Sachverständigenrat (2007), S. 37f.; Blanchard, Illing (2006), S. 586f.; Eidgenössische Technische Hochschule Zürich (2007), S. 16f.

dennoch vereinzelt die Meinung geäußert, dass in Deutschland die Gefahr eines zinsbedingten Crowding-outs fast vollständig auszuschließen ist.[91] Diese These stützt sich auf die Tatsache, dass die (realen) Zinssätze bereits seit längerem auf relativ niedrigem Niveau verharren.

Abbildung 7 zeigt diesen Verlauf beispielhaft für den Kapitalmarktzinssatz in Deutschland, der neben zahlreichen realwirtschaftlichen Einflussfaktoren auch von den Inflationserwartungen determiniert wird.[92] Der im Zeitverlauf sinkende Zinssatz ist zum einen auf die expansive Geldpolitik der Zentralbanken, vor allem der Federal Reserve, zurückzuführen.

Abbildung 7: Nominaler und realer Kapitalmarktzinssatz
(deflationiert mit dem Verbraucherpreisindex) in Deutschland
(ab 1994 gesamtdeutsches Ergebnis)

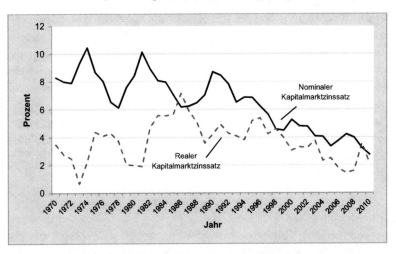

Quellen: Deutsche Bundesbank (2010b), Tabellen *16.2 Ausgewählte Zinssätze in wichtigen Ländern – Kapitalmarktzinsen* und *9. Preise;* z.T. eigene Berechnungen, eigene Grafik.

---

[91] Vgl. beispielsweise von Weizsäcker (2010), S. 12.

[92] Vgl. Deutsche Bundesbank (2010a), S. 28. Der Kapitalmarktzinssatz bezieht sich an vorliegender Stelle auf folgende Anleihen: „Ab 1993 nur an der Eurex lieferbare Bundeswertpapiere mit einer Restlaufzeit von über 9 bis einschließlich 10 Jahren; vorher inländische Inhaberschuldverschreibungen der öffentlichen Hand mit Restlaufzeiten von 7 bis unter 15 Jahren bzw. (1970) Anleihen der öffentlichen Hand insgesamt." (Deutsche Bundesbank (2010b), Tabelle *16.2 Ausgewählte Zinssätze in wichtigen Ländern – Kapitalmarktzinsen*).

Vereinzelt wird zum anderen auch das nicht unumstrittene Phänomen der sogenannten Sparschwemme (*savings glut*) angesprochen, wonach ein weltweit vorliegendes Überangebot an Ersparnis als Mitursache rückläufiger Zinssätze angesehen wird.[93] Zu diesem Sparüberhang tragen insbesondere Länder wie China, Japan und auch Deutschland bei. Seit Jahren weist die Bundesrepublik gegenüber dem Ausland einen Spar- und, damit verbunden, einen Leistungsbilanzüberschuss auf. Das private Sparangebot in Deutschland ist also größer als die Summe aus inländischen privaten Investitionen und inländischer staatlicher Neuverschuldung. Das existierende Überangebot findet im Inland keine Nachfrage und wird deshalb durch Exporte ins Ausland verlagert. Der Inlandszinssatz wird durch dieses Überangebot an privaten Ersparnissen ebenfalls gedrückt.

Trotz steigender Staatsverschuldung sind die Zinsen in den letzten Jahren daher relativ niedrig geblieben. Ein zinsbedingter Verdrängungseffekt der Unternehmensinvestitionen wird demnach für die Bundesrepublik als sehr gering eingeschätzt.[94] Eine Erhöhung der Staatsausgaben bei gleichzeitig unterproportionaler Steigerung der privaten Ersparnis würde in Deutschland daher, ceteris paribus, zum größten Teil durch einen Rückgang der Nettokapitalexporte ausgeglichen werden. In Anbetracht der aktuellen Diskussionen um globale Ungleichgewichte wäre diese Entwicklung aus internationaler Perspektive sogar wünschenswert.

4.2 Rückgang des Wirtschaftswachstums

4.2.1 Investitionen und Wachstum

Ein als unmittelbare Folge eines zinsbedingten Crowding-outs zu deklarierendes Risiko der staatlichen Verschuldung wird in der Einschränkung zukünftigen Wirtschaftswachstums gesehen. Unter der Annahme, dass es in der langen Frist bei Vorliegen einer Vollbeschäftigungssituation zu einer Ausweitung der staatlichen Neuverschuldung und, daraus resultierend, tatsächlich zu einem Zinsanstieg kommt, ändert sich zunächst nur die Nachfragestruktur.[95] So werden der private Konsum, die unternehme-

---

[93] Vgl. Bernanke (2005), S. 1ff. Zur Kritik an dieser Auffassung siehe beispielsweise Laibson, Mollerstrom (2010).

[94] Vgl. von Weizsäcker (2010), S. 12.

[95] Vgl. Scherf (1999), S. 4.

rischen Investitionen und/oder die Nettokapitalexporte zurückgehen, die private Ersparnis wird hingegen steigen. Die Größe des (realen) Volkseinkommens ändert sich zunächst nicht, allerdings wird ein Rückgang der privatwirtschaftlichen Investitionen die Basis für zukünftiges Wirtschaftswachstum schmälern. Langfristiges Wirtschaftswachstum ist allerdings notwendig, um einen fortwährenden Anstieg des Lebensstandards einer Nation, das heißt der Pro-Kopf-Produktion, gewährleisten zu können. Bleiben jedoch Investitionen, beispielsweise in neue Technologien, Infrastruktur oder Produktionsanlagen aus, so wird dies über kurz oder lang zu einem Rückgang bzw. einer Stagnation des gesamtwirtschaftlichen Einkommens führen. Übersteigt dabei das Bevölkerungswachstum die Zuwachsrate des (realen) Bruttoinlandsprodukts, so kommt es zu einer Verminderung des Pro-Kopf-Einkommens und damit zu einer Verringerung des Lebensstandards.

Die Gefahr, dass ein durch staatliche Neuverschuldung verursachter Rückgang der privatwirtschaftlichen Investitionen (Crowding-out) eine solche Verminderung zukünftigen Wirtschaftswachstums auslöst, kann durchaus gegeben sein. Eine Relativierung dieses Risikos muss dennoch vorgenommen werden, denn der Staat kann seine aufgenommenen Kreditmittel sowohl für konsumtive als auch investive Ausgaben verwenden. Werden die kreditfinanzierten Mittel für öffentliche Investitionen genutzt, so muss die staatliche Verschuldung nicht zwangsläufig zu einem Rückgang des langfristigen Wirtschaftswachstums führen, da sich lediglich eine Verschiebung von den privatwirtschaftlichen hin zu den staatlichen Investitionen vollzieht.[96] Öffentliche Investitionen sind dabei für zukünftiges Wachstum nicht minder relevant wie ihr privatwirtschaftliches Pendant. So muss der Staat beispielsweise für die Unterhaltung von Schulen und Straßen, oder auch für ein funktionierendes, stabiles Rechts- und Gesundheitssystem sorgen.[97] Allgemein kann daher keine eindeutige Aussage darüber getroffen werden, ob kreditfinanzierte Staatsausgaben das Wirtschaftswachstum tatsächlich verringern. Sogar eine durch öffentliche Kreditaufnahme ausgelöste Erhöhung des gesamtwirtschaftlichen Wachstums ist nicht auszuschließen.

---

[96] Von der Problematik der effizienten Mittelverwendung durch den Staat wird abgesehen.

[97] Vgl. Krugman, Wells (2010), S. 825.

4.2.2 Schuldenstandsquote und Wachstum

Unabhängig von oben genannten Zusammenhängen sei an dieser Stelle auf eine Studie von Reinhart und Rogoff hingewiesen, im Rahmen derer eine Relation zwischen der Wachstumsrate des realen Bruttoinlandsprodukts und der öffentlichen Schuldenstandsquote identifiziert werden konnte. Im Einzelnen wurden dabei Daten zur öffentlichen Verschuldung der vergangenen 200 Jahre in 20 entwickelten und 24 aufstrebenden Volkswirtschaften analysiert. Im Ergebnis stellten Reinhart und Rogoff fest, dass das durchschnittliche, reale Wirtschaftswachstum sowohl in entwickelten Ökonomien als auch in Schwellenländern ab einer durchschnittlichen öffentlichen Schuldenstandsquote von 90 Prozent signifikant zurückgeht. Für staatliche Schuldenquoten unterhalb dieses Schwellenwertes konnten keine ausschlaggebenden Zusammenhänge mit dem Wirtschaftswachstum ausgemacht werden.[98]

Die Fragen, weshalb solch ein Schwellenwert der Schuldenstandsquote ermittelt werden konnte und warum dieser gerade bei 90 Prozent liegt, lassen sich nur schwer beantworten. Vereinzelt wird die Existenz eines solch strikten Schuldenquoten-Grenzwertes von einigen Ökonomen sogar zurückgewiesen.[99] Es muss jedoch angemerkt werden, dass der genannte Wert von 90 Prozent als Durchschnittswert zu verstehen ist, der sich aus den Datenmassen der 44 untersuchten Länder ergibt. Für die einzelne Nation können daher durchaus stark davon abweichende Größen ausschlaggebend sein. Die Analysen von Reinhart und Rogoff zeigen, dass dies auch tatsächlich der Fall ist.[100]

Neben zahlreichen Einflussfaktoren vermuten Reinhart und Rogoff eine der Hauptursachen für die eigentliche Existenz einer kritischen Schuldenstandsquote hinsichtlich des Wirtschaftswachstums darin, dass mit einem Anstieg der Verschuldung langfristig immer höhere Risikoprämien gezahlt werden müssen.[101] Eine daraus resultierende Einschränkung der

---

[98] Vgl. Reinhart, Rogoff (2010a), S. 1ff. Ein signifikanter Rückgang des durchschnittlichen jährlichen realen Wirtschaftswachstums ist nach Reinhart und Rogoff definiert als eine Minderung um deutlich mehr als ein Prozent.

[99] Vgl. Priewe (2011), S. 11f.

[100] Vgl. Reinhart, Rogoff (2010a), S. 12 und S. 15.

[101] Dieser durch steigende Risikoprämien verursachte Zinsanstieg ist nicht mit dem durch Crowding-out verursachten Anstieg des Zinsniveaus zu verwechseln. Während letztgenannter durch eine erhöhte Kreditnachfrage der öffentlichen Haushalte aus-

staatlichen Handlungsfähigkeit kann letztlich zu einem Rückgang des Wirtschaftswachstums führen. Wie im weiteren Verlauf der vorliegenden Arbeit noch gezeigt werden wird, ist solch eine Zinsentwicklung jedoch häufig nicht ausschließlich auf eine übermäßige Verschuldung der öffentlichen Haushalte zurückzuführen. Vielmehr spielen hier neben den Staatsschulden auch die Auslandsschulden einer gesamten Nation, das heißt des öffentlichen und privaten Sektors, eine entscheidende Rolle.[102]

4.2.3 Entwicklungen in Deutschland

Abbildung 8 stellt die Entwicklung des realen Bruttoinlandsprodukts sowie der privaten und öffentlichen Investitionen in Deutschland dar.[103] Wie bereits Abbildung 6 (siehe Seite 46) zeigte, ist die staatliche Nettoinvestitionsquote seit geraumer Zeit deutlich rückläufig, obwohl die öffentliche Verschuldungsquote seit Jahren ansteigt. Die aufgenommenen Kreditmittel der öffentlichen Haushalte werden folglich nicht primär zur Finanzierung investiver Ausgaben genutzt.

Gemäß der Crowding-out-Theorie müsste eine dauerhafte Erhöhung der Staatsverschuldung langfristig zu einer zinsbedingten Verdrängung der privatwirtschaftlichen Investitionstätigkeit führen. In Kapitel 4.1 wurde diesbezüglich aufgezeigt, dass die Kapitalmarktzinsen in Deutschland trotz steigender Staatsschulden tendenziell rückläufig sind und ein Crowding-out daher in der Bundesrepublik zurzeit nicht zu befürchten ist. Abbildung 8 ist nun wiederum zu entnehmen, dass die private Nettoinvestitionsquote dennoch, das heißt trotz niedriger Zinssätze, trendmäßig abnimmt. Entgegen der dargelegten Theorie ist somit festzuhalten, dass in Deutschland zurzeit trotz steigender Staatsverschuldung ein zinsbedingtes Crowding-out ausgeschlossen werden kann, dass jedoch trotz Nichtvorliegens dieses Verdrängungseffektes neben der öffentlichen auch

gelöst wird, ist erstgenannter durch einen Vertrauensverlust potentieller Staatsschuldtitel-Investoren zu begründen.

[102] Vgl. Reinhart, Rogoff (2010a), S. 23f. und (2011), S. 207.

[103] Der von Reinhart und Rogoff beschriebene Zusammenhang zwischen Schuldenstandsquote und Wirtschaftswachstum wird nachstehend vernachlässigt, da die öffentliche Schuldenstandsquote in Deutschland seit Ende des Zweiten Weltkrieges keine Werte von bzw. über 90 Prozent angenommen hat (vgl. hierzu auch Konrad, Zschäpitz (2010), S. 39).

die private Investitionstätigkeit rückläufig ist. Diese Entwicklungen zeigen, dass die erwähnten zinsbedingten Zusammenhänge nur *einen* Ausschnitt des volkswirtschaftlichen Gefüges beschreiben, in dem neben den hier aufgezeigten Mechanismen noch zahlreiche weitere Einflussfaktoren, beispielsweise die Erwartungen, eine entscheidende Rolle spielen.

Abbildung 8: Entwicklung des realen Bruttoinlandsprodukts (Preise von 2005) sowie der öffentlichen und privaten Nettoinvestitionen in Relation zum nominalen Bruttoinlandsprodukt in Deutschland (ab 1991 gesamtdeutsches Ergebnis)

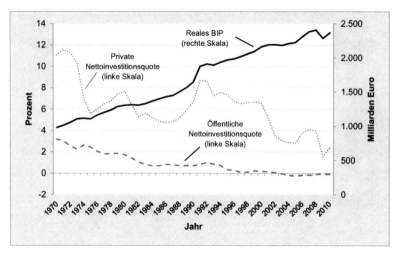

Quellen: Europäische Kommission (2011a), Tabellen *Net fixed capital formation at current prices: general government (UING), Net fixed capital formation at current prices: private sector (UINP), Gross domestic product at current market prices (UVGD)* und *Gross domestic product at constant prices (OVGD)*; z.T. eigene Berechnungen; eigene Grafik.

Ein Rückgang der staatlichen und (wenn in Deutschland auch nicht auf ein durch öffentliche Verschuldung ausgelöstes, zinsbedingtes Crowdingout zurückzuführen) der privatwirtschaftlichen Investitionen kann langfristig die Grundlage für zukünftiges Wirtschaftswachstum schmälern. Abbildung 9 zeigt vor diesem Hintergrund die Entwicklung der Wachstumsrate des realen Bruttoinlandsprodukts in Deutschland. Die eingezeichnete lineare Trendlinie verdeutlicht, dass das Wachstum des realen gesamtwirtschaftlichen Einkommens tendenziell tatsächlich rückläufig ist. Das Bruttoinlandsprodukt steigt zwar weiterhin an, die jährliche Zuwachsrate nimmt jedoch trendmäßig ab. Ein exponentieller Anstieg des realen gesamtwirtschaftlichen Einkommens, wie er bei im Trend konstanter jährlicher Wachstumsrate vorliegen würde, kann daher nicht festgestellt werden. Wie Abbildung 8 zeigt liegt eher nur ein (annähernd) lineares Wachstum der realen Produktion vor.[104] Die Wachstumsrate des (realen) gesamtwirtschaftlichen Einkommens hätte jedoch in den vergangenen Jahren größer ausfallen können, hätten Unternehmen und Staat mehr investiert.

Abbildung 9: Entwicklung der Wachstumsrate des realen Bruttoinlandsprodukts in Deutschland (ab 1991 gesamtdeutsches Ergebnis)

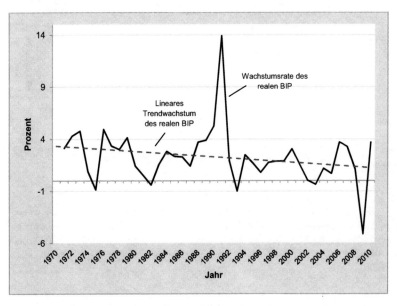

Quellen: Europäische Kommission (2011a), Tabelle *Gross domestic product at constant prices (OVGD)*; eigene Berechnungen; eigene Grafik.

[104] Insbesondere aufgrund einer seit Jahren stagnierenden Bevölkerungszahl können ähnliche Entwicklungen auch für das reale Pro-Kopf-Einkommen festgestellt werden. Siehe hierzu auch die Abbildungen A.2 und A.3 auf Seite 215f.

4.3 Einschränkung staatlicher Handlungsspielräume

4.3.1 Zinszahlungen und Schuldenspirale

Mit einer Kreditaufnahme sind im Allgemeinen neben den Tilgungs- auch Zinszahlungen verbunden. Dies trifft für den Staat ebenso zu wie für Privatpersonen oder Unternehmen. Im Rahmen der staatlichen Verschuldung werden die Zinszahlungen insbesondere im Hinblick auf die Handlungsfähigkeit der öffentlichen Haushalte als potentielles Risiko gesehen. Plausibel wird dieser Gedanke vor dem Hintergrund, dass mit steigender Staatsverschuldung tendenziell eine Erhöhung der zu zahlenden Zinslast einhergeht. Die Mittel, die der Staat dafür aufwenden muss, stehen den öffentlichen Haushalten jedoch nicht mehr zur Finanzierung von Primärausgaben, beispielsweise staatlicher Investitionen, zur Verfügung und grenzen dessen Handlungsfähigkeit somit ein. Um die Primärausgaben auf einem konstanten Niveau halten zu können, muss sich der Staat ceteris paribus immer weiter verschulden, wobei ein solches „Vorgehen" langfristig unter Umständen in einer Schuldenfalle enden kann. Die nachfolgenden Betrachtungen verdeutlichen diese Überlegungen.

Zunächst werden die vereinfachenden Annahmen getroffen, dass ein beliebiger Staat, ausgehend von einem schuldenfreien Haushalt, einen Kredit mit unendlicher Laufzeit zu einem bestimmten Zinssatz aufnimmt. Des Weiteren sollen stets ausgeglichene Primärsalden vorliegen, das heißt die Primäreinnahmen reichen lediglich zur Finanzierung der Primärausgaben aus, sodass eine Haushaltslücke in Höhe der Zinsbelastungen existiert.[105] Um diese zu schließen, können nun entweder die Primärausgaben gekürzt, die Steuern erhöht oder weitere Kredite aufgenommen werden. Die Anwendung der beiden erstgenannten Optionen kann eine Neuverschuldung der öffentlichen Haushalte verhindern. Zwar können durch Primärausgabenkürzungen und/oder Steuererhöhungen negative Wachstumseffekte auf die gesamtwirtschaftliche Produktion zumindest vorübergehend nicht ausgeschlossen werden, allerdings wird die Schuldenstandsquote langfristig dennoch gegen einen minimal kleinen Wert konvergieren.[106]

---

[105] Vgl. Sachverständigenrat (2007), S. 42.

[106] Um die Schuldenstandsquote zu verringern bzw. konstant zu halten kann bei Vorliegen von Primärüberschüssen sogar ein entsprechend positives Zins-Wachstums-Differential zugelassen werden. Siehe hierzu auch Gleichung (7) auf Seite 28.

Geht man umgekehrt von dem empirisch relevanten Fall aus, dass die öffentlichen Haushalte auf Primärausgabenkürzungen bzw. Steuererhöhungen verzichten, so müssen fortwährend neue Kredite zur Finanzierung der Zinslasten aufgenommen werden. Eine solche sogenannte *Ponzi-Finanzierung* der Zinszahlungen führt nun Jahr für Jahr zu einer ständigen Erhöhung der öffentlichen Verschuldung. [107] Bei Vorliegen eines positiven Zins-Wachstums-Differentials wird gleichzeitig die Schuldenstandsquote massiv ansteigen. [108] Wie Kapitel vier des zweiten Hauptteils noch zeigen wird, kann eine hinreichend hohe Staatsverschuldung in Relation zum nominalen Bruttoinlandsprodukt nun unter bestimmten Voraussetzungen (die insbesondere von der Verschuldungssituation einer gesamten Volkswirtschaft gegenüber dem Ausland abhängen) dazu führen, dass potentielle Kreditgeber ihr Vertrauen in die Rückzahlungsfähigkeit des Staates verlieren und die öffentlichen Haushalte somit in eine Schuldenfalle geraten: Um weiterhin Schuldtitel an den Finanzmärkten absetzen zu können, muss der Staat im Rahmen der Verzinsung immer höhere Risikoprämien gewähren. Wie aktuell das Beispiel Griechenland zeigt, kann sich letztlich ein Prozess der sich selbst erfüllenden Finanzkrise, bestehend aus ansteigenden Zinssätzen, steigender Schuldenstandsquote und weiteren Vertrauensverlusten der Kreditgeber entfalten. Im Extremfall können die öffentlichen Haushalte keine Schuldtitel mehr absetzen, sodass Ausgabenkürzungen und/oder Steuererhöhungen zwingend notwendig werden, um das Vertrauen der Investoren zurückzugewinnen und die Zahlungsfähigkeit zu wahren. [109] Ein aus dieser Einschränkung der staatlichen Handlungsspielräume resultierender Rückgang des Wirtschaftswachstums kann dabei zu einem weiteren Anstieg der Schuldenstandsquote führen, sodass die Schuldenspirale trotz staatlicher Konsolidierungsbemühungen weiter angeheizt wird und eventuell sogar die Zahlungsunfähigkeit droht. [110]

---

[107] Vgl. Sachverständigenrat (2007), S. 41ff.

[108] Demgegenüber wird, ein positiver/ausgeglichener Primärsaldo bzw. ein hinreichend geringes Primärdefizit vorausgesetzt, bei Vorliegen eines negativen Zins-Wachstums-Differentials die Schuldenstandsquote selbst bei einem Anstieg der absoluten Verschuldung zurückgehen. Siehe hierzu auch Gleichung (7) auf Seite 28.

[109] Reinhart und Rogoff vermuten, dass diese Situation im Durchschnitt ab einer Schuldenstandsquote von 90 Prozent erreicht wird (vgl. Reinhart, Rogoff (2010a), S. 23).

[110] Vgl. Krugman, Wells (2010), S. 946; Deutsche Bundesbank (2010a), S. 19.

4.3.2 Entwicklungen in Deutschland

In Kapitel 4.1 wurde bereits gezeigt, dass das allgemeine Zinsniveau in Deutschland trotz steigender Staatsverschuldung seit geraumer Zeit rückläufig ist. Abbildung 10 stellt vor diesem Hintergrund nun verschiedene Indikatoren zur Zinsbelastung der deutschen öffentlichen Haushalte dar. Zunächst ist festzustellen, dass die (absoluten) Zinszahlungen des Staates bis Mitte der 1990er Jahre von einem fast durchgängigen Anstieg geprägt waren, sie seit dieser Zeit jedoch auf relativ konstantem Niveau verharren. Diese Stagnation ist auf einen Anstieg des öffentlichen Schuldenstandes bei gleichzeitigem Rückgang der Zinssätze zurückzuführen.[111]

Abbildung 10: Entwicklung der staatlichen Zinszahlungen absolut sowie in Relation zu den Steuereinnahmen und den gesamten öffentlichen Ausgaben in Deutschland (ab 1991 gesamtdeutsches Ergebnis)

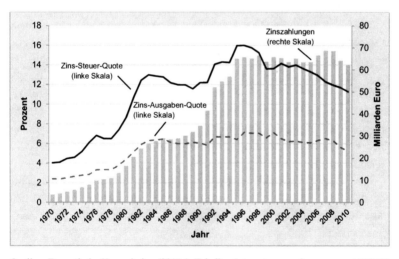

Quellen: Europäische Kommission (2011a), Tabellen *Interest: general government (UYIG), Taxes linked to imports and production (indirect taxes): general government (UTVG), Current taxes on income and wealth (direct taxes): general government (UTYG)* und *Total expenditure: general government (UUTG)*; z.T. eigene Berechnungen; eigene Grafik.

---

[111] Die absolute Zinsbelastung (in Euro) wird durch das Produkt aus Zinssatz und Schuldenstand beschrieben. Entwickeln sich beide Faktoren mehr oder weniger gleich stark in entgegengesetzte Richtungen, das heißt steigt beispielsweise der Schul-

Beachtet werden muss hier jedoch, dass sich Änderungen in den Zinssätzen erst zeitverzögert vollständig auf die staatlichen Zinsausgaben auswirken.[112] Des Weiteren ist auch die Höhe des Schuldenstandes von Bedeutung. Wenn dieser, wie beispielsweise in den Jahren nach der Wiedervereinigung, überdurchschnittlich stark zunimmt, so können auch abnehmende Zinssätze einem Anstieg der absoluten Zinslast kaum entgegenwirken. Die fortwährende Zunahme der öffentlichen Zinszahlungen endete daher erst Mitte der 1990er Jahre, obwohl das Zinsniveau bereits vor dieser Zeit rückläufig war.[113]

Während die öffentlichen Zinszahlungen seit Mitte der 1990er Jahre von einer gewissen Konstanz gezeichnet sind, unterliegen die Zinsausgaben sowohl im Verhältnis zu den Steuereinnahmen (Zins-Steuer-Quote) als auch in Relation zu den staatlichen Gesamtausgaben (Zins-Ausgaben-Quote) einer im Trend fallenden Entwicklung. Unter anderem ist dies auf durchweg (moderate) Anstiege der jährlichen, absoluten Steuereinnahmen bzw. Staatsausgaben zurückzuführen. Ein zunehmender Verlauf dieser beiden Größen konnte jedoch auch bereits zu Zeiten festgestellt werden, in denen die Zins-Steuer- und Zins-Ausgaben-Quoten anstiegen. Die Zinsausgaben im Zähler wuchsen dabei allerdings im Durchschnitt schneller als die Steuereinnahmen bzw. Staatsausgaben im Nenner. Seit Mitte der 1990er Jahre hat sich diese Entwicklung umgekehrt.[114] Einem (moderaten) Anstieg der absoluten Steuereinnahmen bzw. Staatsausgaben stehen nun aufgrund sinkender Zinssätze relativ konstante Zinsausgaben gegenüber, sodass die sich daraus ergebenden Quotienten im Zeitverlauf rückläufig sind.

Trotz dieser Entwicklungen ist dennoch festzuhalten, dass die deutschen öffentlichen Haushalte in den vergangenen Jahren erhebliche Beträge für Zinszahlungen aufwenden mussten. Beliefen sich diese Ausgaben im Jahr 1990 noch auf rund 34 Milliarden Euro, so waren es 2010 ungefähr 62 Milliarden Euro. Dies entsprach einem Anteil von etwa fünf Prozent der gesamten Staatsausgaben und elf Prozent der Steuereinnahmen. Ein nicht zu vernachlässigender Teil der staatlichen Primäreinnah-

denstand bei gleichzeitigem Rückgang des Zinssatzes, so ist das Produkt dieser Größen von einer relativen Konstanz geprägt.

[112] Vgl. Deutsche Bundesbank (2010a), S. 28.

[113] Siehe hierzu auch Abbildung 7 auf Seite 58.

[114] Siehe hierzu auch Abbildung A.4 auf Seite 217.

men wird somit jährlich für Zahlungen aufgebracht, die, zumindest unmittelbar, weder Produktivitäts- noch Einkommenszuwächse auslösen.[115] Im Durchschnitt der vergangenen Jahre erzielte der deutsche Staat zwar Primärüberschüsse, das heißt ein Teil der Steuereinnahmen wurde ohnehin nicht für Primärausgaben genutzt und konnte somit zur Mitfinanzierung der Zinsausgaben herangezogen werden. Vor dem Hintergrund eines im Durchschnitt positiven Zins-Wachstums-Differentials reichte dieser Überschuss jedoch nicht aus, um einen Anstieg der Schuldenstandsquote zu verhindern.[116]

In einer Schuldenspirale befinden sich die öffentlichen Haushalte dennoch nicht. Trotz steigender Schuldenquote ist das allgemeine Zinsniveau im Inland rückläufig und auch das Vertrauen potentieller Staatsanleihen-Investoren in die Rückzahlungsfähigkeit der öffentlichen Haushalte scheint weiterhin vorhanden zu sein. So wird die Bundesrepublik beispielsweise seit vielen Jahren von der Ratingagentur Standard & Poor's mit der Bestnote AAA als Top-Schuldner eingestuft, obwohl die Verschuldungsquote fortwährend angestiegen ist.[117]

Ein Blick nach Griechenland genügt jedoch, um die praktische Relevanz einer Schuldenfalle zu erfassen. Mit der Ratingnote CC (Stand: November 2011) für langläufige Staatsschuldpapiere ist die Kreditwürdigkeit der Hellenischen Republik im Vergleich zu Deutschland deutlich herabgestuft.[118] Bei einer Schuldenstandsquote von 144,9 Prozent (Stand: Jahresende 2010) musste die griechische Regierung im Durchschnitt des Jahres 2010 damit rund 9,09 Prozent Zinsen für festverzinsliche Staatsschuldpapiere mit einer Restlaufzeit von mindestens drei Jahren zahlen. Im Gegensatz dazu beliefen sich die durchschnittlichen Renditezahlungen der Bundesrepublik auf nur etwa 2,74 Prozent.[119]

---

[115] Mittelbar können aus den Zinszahlungen dennoch gesamtwirtschaftliche Produktivitäts- und Einkommenszuwächse resultieren, und zwar genau dann, wenn die Zinsempfänger die erhaltenen Zahlungen für investive Zwecke (im Inland) verwenden.

[116] Vgl. Deutsche Bundesbank (2010a), S. 18.

[117] Vgl. Standard & Poor's (2011), Tabelle *Germany (Federal Republic of)*.

[118] Vgl. Standard & Poor's (2011), Tabelle *Hellenic Republic*.

[119] Vgl. Sachverständigenrat (2011b), Tabelle *Langfristige Zinssätze in der Europäischen Union und in ausgewählten Ländern (ZR016)*; Europäische Kommission (2011a), Tabelle *Gross public debt (UDGG)*.

An dieser Stelle soll dennoch nicht der pauschale Eindruck geweckt werden, Staaten mit relativ hohen öffentlichen Schuldenstandsquoten würden früher oder später immer in einer Schuldenfalle enden. So beliefen sich beispielsweise die durchschnittlichen Zinszahlungen auf japanische Staatsschuldtitel im Jahr 2010 nominal auf lediglich 1,18 Prozent, und das bei einer öffentlichen Schuldenstandsquote von 197,6 Prozent.[120] Diese international differenzierenden Entwicklungen zeigen, dass nicht nur die öffentliche Schuldenhöhe in Relation zum gesamtwirtschaftlichen Einkommen, sondern auch weitere makroökonomische Zusammenhänge einen Einfluss ausüben. So kommt es bei der Beurteilung der Schuldentragfähigkeit einer Nation in entscheidendem Maße auf die Komposition der Verbindlichkeiten hinsichtlich einer Verschuldung gegenüber dem In- oder Ausland sowie in Eigen- oder Fremdwährung an. Die Probleme, die mit einer Nettoverschuldung gegenüber dem Ausland sowie mit einer Verschuldung in fremder Währung einhergehen, lassen sich wie folgt beschreiben: Ein Land, das gegenüber dem Rest der Welt im Saldo Verbindlichkeiten innehält, also mehr Kapital importiert als exportiert, gerät durch diese Nettoschuldnerposition unausweichlich in die Abhängigkeit der internationalen Kapitalmärkte.[121] Ein Vertrauensverlust der Investoren, beispielsweise aufgrund politischer Instabilitäten, hoher Staatsschuldenquoten oder schlichtweg von Spekulationen genügt, um eine Kapitalfluchtwelle aus dem Inland mit entsprechenden gesamtwirtschaftlichen Folgen auszulösen.[122]

Häufig, aber nicht immer, geht eine Verschuldung im Ausland mit einer Verschuldung in fremder Währung einher. Die beschriebenen Vertrauensverluste können sich dabei sowohl ereignen, wenn eine Nation gegenüber dem Ausland in eigener Währung verschuldet ist, als auch dann, wenn die Verbindlichkeiten in Fremdwährung bestehen. Dennoch muss angemerkt werden, dass dieses Szenario durchaus wahrscheinlicher ist, wenn ein Großteil der Schulden in Fremdwährung denominiert ist. Sieht man vom Spezialfall der Europäischen Währungsunion ab, so hat ein Land, das gegenüber dem Rest der Welt Nettoverbindlichkeiten in

---

[120] Vgl. Sachverständigenrat (2011b), *Tabelle Langfristige Zinssätze in der Europäischen Union und in ausgewählten Ländern (ZR016)*; Europäische Kommission (2011a), Tabelle *Gross public debt (UDGG)*.

[121] Vgl. Krämer (2010), S. 380.

[122] Vgl. Mankiw, Ball (2010), S. 566f.

seiner eigenen Währung innehält, rein theoretisch die Möglichkeit, über die Geldschöpfung der Zentralbank seine Schulden zu begleichen. Wie im weiteren Verlauf der vorliegenden Arbeit noch gezeigt werden wird, können damit zweifelsohne inflatorische Entwicklungen einhergehen, doch prinzipiell ist mit auf Eigenwährung lautenden Verbindlichkeiten kein Liquiditätsproblem verbunden.[123] Eine andere Situation liegt hingegen vor, wenn ein Großteil der Schulden in Fremdwährung(en) denominiert ist, da Zins- und Tilgungszahlungen in Devisen erbracht werden müssen. Devisen können jedoch im Inland nicht geschaffen werden, da die inländische Zentralbank nicht befugt ist, ausländisches Geld zu drucken.[124] Um die Zahlungsfähigkeit dennoch aufrechterhalten zu können, müssen daher über Exporte die entsprechenden Fremdwährungsmittel eingenommen werden. Kann ein Land solche Exporte nicht in ausreichendem Maße erbringen, da es beispielsweise international nicht wettbewerbsfähig ist, so können schnell Zweifel an der Zahlungsfähigkeit der Nation entstehen und Kapitalabflüsse folgen.

Es muss hier klargestellt werden, dass die beschriebenen Probleme „der Auslandsverschuldung […] die gesamte Volkswirtschaft […] [betreffen]. Von […] [diesen Problemen] ist nur ein Teil der Staatsverschuldung zuzurechnen, während der andere Teil […] durch die private Wirtschaft bedingt ist."[125] Dass dabei häufig nur die Staatsschulden als problematisch angesehen werden mag daran liegen, dass sich in Schuldenkrisen insbesondere die expliziten Verbindlichkeiten des öffentlichen Sektors erhöhen. Unter anderem kann dies jedoch darauf zurückgeführt werden, dass der Staat in Krisenzeiten mehr oder weniger gezwungen ist, einen Teil der Auslandsschulden der (nicht mehr zahlungsfähigen) Privatwirtschaft zu übernehmen, um eine noch stärkere Rezession zu vermeiden.[126] So schreiben auch Reinhart und Rogoff: „Combined public and private sector debt is of interest because in the case of crisis, the distinction between public and private often becomes blurred in a maze of bailouts, [and] guarantees […]."[127] „[…] It often happens that external debt that

---

[123] Vgl. Lang, Koch (1980), S. 146f.; Spahn (2011), S. 4.

[124] Vgl. Lang, Koch (1980), S. 145f.

[125] Lang, Koch (1980), S. 146.

[126] Vgl. Brecht, Tober, van Treeck, Truger (2010), S. 7f.

[127] Reinhart, Rogoff (2010a), S. 16.

was private before a crisis becomes public after the fact."[128] Um daher
eine fundierte Aussage hinsichtlich der Schuldentragfähigkeit eines Landes treffen zu können, müssen neben dem Staat auch der Privatsektor
einer Volkswirtschaft und damit zwingend die Beziehungen zum Ausland in die Überlegungen mit einbezogen werden.[129] Das Fallbeispiel
Argentinien in Kapitel vier des zweiten Hauptteils wird diese Thematik
nochmals aufgreifen.

4.4 Belastung zukünftiger Generationen

Im Rahmen von Kapitel 3.2 wurde bereits aufgezeigt, dass die Finanzierung investiver Ausgaben durchaus mit einer öffentlichen Kreditaufnahme verbunden werden sollte, um nicht nur den Nutzen, sondern in
gleichem Maße auch die Kosten der Investitionen intertemporal verteilen
zu können. Die Meinung, eine staatliche Kreditaufnahme belaste zukünftige Generationen in unverantwortlicher Weise, ist in Politik und Öffentlichkeit dennoch weit verbreitet. So wurde aufgezeigt, dass die staatlichen Kreditmittel in Deutschland vor dem Hintergrund einer seit Jahren
ansteigenden Schuldenstandsquote bei gleichzeitigem Rückgang der
öffentlichen Investitionsquote primär nicht für investive, sondern vielmehr für konsumtive Zwecke verwendet werden. Häufig wird daher argumentiert, die öffentlichen Haushalte würden auf Kosten der nachfolgenden Generationen leben und diesen nichts als Schulden hinterlassen. Ob
diese Überlegungen tatsächlich ökonomisch fundiert sind, werden die
nachfolgenden Abschnitte zeigen.

4.4.1 Intergenerative Umverteilung

Der augenscheinliche Widerspruch zwischen Staatsverschuldung und
Generationengerechtigkeit existiert in der Realität nur bedingt. Finanziert
der Staat einen Teil seiner Ausgaben nicht über Steuereinnahmen, sondern durch die Aufnahme von Krediten, so verschuldet er sich gegenüber

---

[128] Reinhart, Rogoff, Savastano (2003), S. 21. Siehe hierzu auch Reinhart, Rogoff
(2010b).
[129] Dieser Aspekt wird auch im Rahmen von Kapitel 4.4 (siehe Seite 72ff.) vor dem
Hintergrund der intergenerativen Lastenverteilung relevant sein.

Inländern und/oder Ausländern. Wird zunächst davon ausgegangen, dass die staatlichen Schuldtitel ausschließlich von Inländern besessen werden, so impliziert eine Verschuldung der öffentlichen Haushalte keineswegs, dass die gegenwärtige auf Kosten der zukünftigen Generation lebt.[130] Diese Aussage kann vor dem Hintergrund getroffen werden, dass jedem Schuldner ein Gläubiger gegenübersteht, denn jede Verbindlichkeit muss schließlich mit einer Forderung verbunden sein.[131] Dieses Prinzip trifft nicht nur für das unternehmerische Rechnungswesen zu, sondern gilt in gleichem Maße auch für den Staatshaushalt.

Vereinfacht dargestellt vollzieht sich eine staatliche Inlandsverschuldung wie folgt: Die privaten Haushalte sparen einen Teil ihres Einkommens und legen diese Ersparnis zum Beispiel in Form von Staatsanleihen an. Durch den Verkauf dieser Anleihen an die privaten Haushalte können sich die öffentlichen Haushalte verschulden. Im Gegenzug gewährt der Staat Zinsen. Mit steigender Staatsverschuldung nehmen nun zwar die Verbindlichkeiten der öffentlichen Hand und damit der zukünftigen Steuerzahler zu, in exakt gleichem Umfang erhöhen sich jedoch auch die Forderungen des privaten Sektors gegenüber dem Staat. Durch Vererbung werden nach dem Ableben der gegenwärtigen Generation neben den öffentlichen Schulden auch die dazugehörigen Forderungen in Form von verbrieften Staatsanleihen an die nachfolgende Generation weitergereicht.[132] „[...] [Der] Staat ist [also] immer bei der aktuellen Generation verschuldet und gleichzeitig ist die jeweils aktuelle Generation [auch] Gläubiger des Staates."[133] Von einer durch Staatsverschuldung ausgelösten Lastenverschiebung zwischen den Generationen kann daher nicht gesprochen werden. Eine intragenerative Umverteilung, auf die Kapitel 4.4.2 noch genauer eingehen wird, ist hingegen möglich.

Eine veränderte Situation liegt vor, wenn die öffentlichen Haushalte netto im Ausland verschuldet sind. Forderungen und Verbindlichkeiten im Rahmen der Staatsverschuldung liegen zwar auch dann stets bei ein und derselben Generation, allerdings gehört (netto) die Gläubigergeneration dem Ausland an, die Schuldnergeneration hingegen dem Inland. Werden nun zukünftig Zins- sowie eventuell Tilgungszahlungen fällig

---

[130] Vgl. John (2011), S. 372f.

[131] Vgl. Krämer (2009), S. 24.

[132] Vgl. Krämer (2009), S. 24.

[133] Reuter (2009), S. 1.

und werden diese durch Steuern finanziert, so muss ein Teil der inländischen Primäreinnahmen aufgebracht werden, um diese Zahlungen an die ausländischen Staatsanleihenbesitzer tätigen zu können. Die hierfür aufzuwendenden Mittel werden dem inländischen Wirtschaftskreislauf entzogen und stehen dem Inland somit nicht mehr zur Verfügung.[134] Eine intertemporale Lastenverteilung ist in diesem Fall gegeben.

4.4.2 Intragenerative Umverteilung

Vollzieht sich die Verschuldung der öffentlichen Haushalte netto im Inland, so kann eine intergenerative Lastenverteilung ausgeschlossen werden. Intragenerative Umverteilungen, das heißt Verteilungseffekte innerhalb einer Generation, sind allerdings dennoch möglich. Wie bereits im vorangehenden Abschnitt erläutert wurde, gewährt der Staat den privaten Haushalten, die im Besitz von Staatsanleihen sind, entsprechende Zinsen. Werden diese Zins- und eventuelle Tilgungszahlungen durch Steuern beglichen, so kommt es zu besagten intratemporalen Lastenverschiebungen. Im Allgemeinen sind hierbei drei „Gruppen" privater Haushalte von Relevanz:

Zum einen gibt es private Haushalte, die (Einkommen)Steuern zahlen und parallel dazu staatliche Wertpapiere besitzen. In diesem Fall beteiligt sich der private Haushalt an den Zinszahlungen für die Staatsanleihenbesitzer, gleichzeitig fließen ihm jedoch auch selbst Zinsen zu. Höhe und Vorzeichen des sich daraus ergebenden Saldos hängen letztlich vom individuellen Betrag der Steuerzahlungen und Zinseinnahmen ab.

Zum anderen gibt es auch jene Haushalte, die keine direkten Steuern zahlen (zum Beispiel Arbeitslose oder Rentner), jedoch Staatsanleihen besitzen. Sie beziehen folglich Zinsen, ohne selbst an den dafür notwendigen Zahlungen beteiligt zu sein und profitieren daher ausschließlich durch die Zinseinnahmen.

Zuletzt sind noch solche privaten Haushalte zu nennen, die (direkte) Steuern zahlen, allerdings nicht im Besitz staatlicher Wertpapiere sind und daher die Nettozahler verkörpern.[135]

---

[134] Vgl. John (2011), S. 374.
[135] Vgl. Krämer (2009), S. 24.

Wie letztlich die intragenerativen Umverteilungseffekte zwischen den einzelnen privaten Haushalten ausfallen, hängt vom individuellen Einzelfall ab. Aus gesamtwirtschaftlicher Sicht gilt jedoch, dass die von den privaten Haushalten zur Leistung des Schuldendienstes zu tätigenden Steuerzahlungen betragsmäßig exakt mit der Höhe der privaten Zins- und Tilgungseinnahmen übereinstimmen.[136]

4.4.3 Entwicklungen in Deutschland

Wie bereits dargelegt wurde, ist das Auftreten intergenerativer Verteilungswirkungen im Rahmen der Staatsverschuldung primär davon abhängig, inwieweit eine Nettoverschuldung im Ausland vorliegt.[137] Abbildung 11 zeigt in diesem Zusammenhang die Verschuldungssituation der deutschen öffentlichen Haushalte gegenüber dem Ausland. Es ist deutlich zu erkennen, dass ein erheblicher Betrag der Staatsverschuldung in ausländischer Hand liegt. Am Jahresende 2010 belief sich die öffentliche Bruttoauslandsverschuldung auf rund 1,1 Billionen Euro. Dies entsprach einem Anteil von rund 53,0 Prozent der gesamten staatlichen Verschuldung.[138] Wertmäßig lag damit mehr als die Hälfte der deutschen Staatsschuldtitel bei ausländischen Investoren.

Betrachtet man dagegen das Bruttoauslandsvermögen der deutschen öffentlichen Haushalte, das heißt die Forderungen des Staates gegenüber dem Ausland, so kann festgehalten werden, dass dieser Betrag verhältnismäßig gering ausfällt. Am 31. Dezember 2010 stand einer staatlichen Bruttoauslandsverschuldung von 1,1 Billionen Euro ein Bruttoauslandsvermögen von lediglich 229,8 Milliarden Euro gegenüber. Der Saldo der beiden Größen, sprich das Nettoauslandsvermögen der deutschen öffentlichen Haushalte, lag damit im deutlich negativen Bereich. Diese Entwicklung hat jedoch nicht nur für das Jahr 2010 Gültigkeit. Abbildung 11 ist vielmehr zu entnehmen, dass der deutsche Staat im dargestellten Zeitraum bereits seit Mitte der 1970er Jahre netto gegenüber dem Ausland verschuldet ist. Unter ausschließlicher Berücksichtigung der öffentlichen

---

[136] Unter der Annahme, dass die fälligen Zins- und Tilgungszahlungen ausschließlich durch staatliche Primäreinnahmen und nicht durch die Aufnahme neuer Kredite finanziert werden.

[137] Intragenerative Verteilungseffekte werden nachstehend vernachlässigt.

[138] Siehe hierzu auch Abbildung A.5 auf Seite 218.

Verschuldung liegt demnach in Deutschland eine Situation vor, in der intergenerative Lastenverteilungen durchaus existieren können.

Um jedoch die gesamtwirtschaftlichen Umverteilungswirkungen zwischen den Generationen einer Nation erfassen zu können, muss neben dem Wirtschaftssubjekt Staat auch der privatwirtschaftliche Sektor berücksichtigt werden. Schließlich können sich neben den öffentlichen auch die privaten Haushalte und die Unternehmen im Ausland verschulden bzw. Forderungen gegenüber selbigem aufbauen. Eine ausschließliche Betrachtung des Staates ist demnach im Rahmen der Überlegungen zu einer intergenerativen Lastenverteilung nicht angebracht.[139] Analysiert man daher die Verschuldungssituation der deutschen Volkswirtschaft als Ganzes, so ergibt sich ein völlig anderes Bild.

Abbildung 11: Entwicklung der Auslandsvermögensposition des deutschen Staates (ab 1992 gesamtdeutsches Ergebnis)

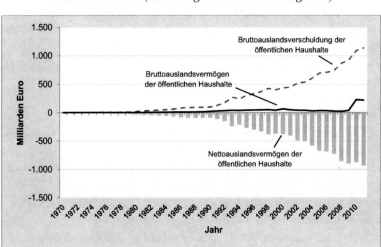

Quellen: Deutsche Bundesbank (2011a), *Vermögensstatus der Bundesrepublik Deutschland gegenüber dem Ausland, Gesamtübersicht, Zeitreihen Auslandsvermögensstatus, Alle Länder, Aktiva Öffentliche Haushalte, Insgesamt (EG1060), Auslandsvermögensstatus, Alle Länder, Passiva Öffentliche Haushalte, Insgesamt (EG1160)* und Tabelle *Vermögensstatus der Bundesrepublik Deutschland gegenüber dem Ausland, Gesamtübersicht*; Prognosen der Deutschen Bundesbank für 2011; z.T. eigene Berechnungen; eigene Grafik.

[139] Vgl. John (2011), S. 376.

Abbildung 12: Entwicklung der Auslandsvermögensposition der gesamten deutschen Volkswirtschaft (ab 1992 gesamtdeutsches Ergebnis)

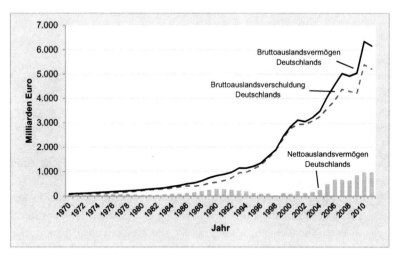

Quellen: Deutsche Bundesbank (2011a), *Vermögensstatus der Bundesrepublik Deutschland gegenüber dem Ausland, Gesamtübersicht,* Zeitreihen *Auslandsvermögensstatus, Alle Länder, Aktiva Insgesamt (bis 1997) (EG1099), Auslandsvermögensstatus, Alle Länder, Aktiva Insgesamt (ab Ende 1997) (EG1098), Auslandsvermögensstatus, Alle Länder, Passiva Insgesamt (bis 1997) (EG1199), Auslandsvermögensstatus, Alle Länder, Passiva Insgesamt (ab Ende 1997) (EG1198)* und Tabelle *Vermögensstatus der Bundesrepublik Deutschland gegenüber dem Ausland, Gesamtübersicht;* Prognosen der Deutschen Bundesbank für 2011; z.T. eigene Berechnungen; eigene Grafik.

Abbildung 12 ist zu entnehmen, dass das Nettoauslandsvermögen Deutschlands bereits seit Jahren mit einem positiven Vorzeichen versehen ist, das heißt die Bundesrepublik hat netto Forderungen gegenüber dem Ausland. Am Jahresende 2010 beliefen sich diese auf rund 951,2 Milliarden Euro.

Diese Entwicklung ist in Einklang mit den fortwährenden Ersparnis- und Exportüberschüssen zu sehen. Die private Ersparnis in Deutschland ist bereits seit längerer Zeit wertmäßig größer als die Summe aus den inländischen Investitionsausgaben der Unternehmen und den Staatsausgaben, die nicht über Steuereinnahmen und Gebühren gedeckt werden können. Der Teil der Ersparnis, der im Inland keine Nachfrage erfährt, wird daher durch Exporte ins Ausland geleitet. Der sich daraus ergebende fortwährende Exportüberschuss Deutschlands zeigt sich in einer bereits seit Jahren positiven Saldensumme aus Leistungs- und Vermögensübertragungsbilanz.[140] Netto hat die Bundesrepublik folglich in den vergangenen Jahren Forderungen gegenüber dem Ausland aufgebaut. Von einer intergenerativen Lastenverteilung kann daher nicht die Rede sein.

5 Zwischenfazit

Vor dem Hintergrund der bisher behandelten Sachverhalte kann kein pauschales Urteil über die Thematik der Staatsverschuldung gefällt werden. Weder kann behauptet werden, dass eine Verschuldung der öffentlichen Haushalte von Natur aus negative, noch positive Auswirkungen hat. Dies gilt sowohl im Hinblick auf die Ursachen der Staatsverschuldung als auch deren Folgen.

Trotz nahezu weltweit steigender Schuldenstandsquoten wurde angemerkt, dass es durchaus ökonomisch relevante Gründe für eine öffentliche Kreditaufnahme gibt. Zum Zwecke der Konjunkturglättung sowie einer bewussten, intertemporalen Lastenverteilung hinsichtlich der Finanzierung investiver Ausgaben und bestimmter, epochaler Ereignisse ist eine staatliche Verschuldung sinnvoll. Insbesondere den staatlichen (Netto)-Investitionen kommt hier eine besondere Rolle zu, da sie zusammen mit den privatwirtschaftlichen Investitionen die Basis für zukünftiges Wirtschaftswachstum bilden. Über das Zins-Wachstums-Differential üben sie somit zugleich einen erheblichen Einfluss auf die Entwicklung der öffentlichen Schuldenstandsquote aus.

In der volkswirtschaftlichen Praxis unterscheiden sich die Ursachen der Staatsverschuldung häufig dennoch von der ökonomisch fundierten Theorie. So können beispielsweise in Deutschland weder die Konjunkturglättung, noch vor dem Hintergrund einer tendenziell sinkenden öffentlichen Investitionsquote die intertemporale Lastenverteilung als ursächlich für die seit Jahren zunehmende staatliche Verschuldung angeführt werden. Vielmehr sind die Hauptgründe im politischen Prozess zu suchen.

Ebenso wie nicht geurteilt werden kann, dass die Ursachen der öffentlichen Verschuldung ökonomisch generell nicht tragbar sind, so kann auch keine pauschale Einordnung der Auswirkungen der Staatsverschuldung erfolgen. Kapitel vier zeigte auf, dass das Auftreten der theoretisch

---

[140] Vgl. Deutsche Bundesbank (2011a), *Kapitalverkehr mit dem Ausland – Insgesamt*, Zeitreihe *Saldo der Kapitalbilanz (EU4740)*.

möglichen Folgen einer staatlichen Kreditaufnahme häufig stark von zahlreichen gesamtwirtschaftlichen Zusammenhängen abhängig ist. Ein zinsbedingtes Crowding-out privater Investitionen ist beispielsweise nur in einer Vollbeschäftigungssituation zu befürchten. Auch ist ein potentieller Rückgang des Wirtschaftswachstums aufgrund einer Verdrängung privatwirtschaftlicher Investitionen nur zu erwarten, wenn der Staat seine aufgenommenen Kreditmittel überwiegend konsumtiv einsetzt.

Hinsichtlich der mit einer staatlichen Verschuldung einhergehenden Zinszahlungen kann festgehalten werden, dass diese zwar mit steigendem Schuldenstand tendenziell zunehmen und somit die staatliche Handlungsfähigkeit einschränken, die Entstehung einer Schuldenfalle jedoch nicht unmittelbar folgen muss. Die Entwicklungen des japanischen Staatshaushaltes können hier als Paradebeispiel vorgetragen werden.

Für die häufig mit einer öffentlichen Verschuldung in Verbindung gebrachte Belastung zukünftiger Generationen gilt schließlich, dass eine intertemporale Lastenverschiebung nur dann gegeben ist, wenn die Gesamtheit der inländischen Wirtschaftssubjekte netto gegenüber dem Ausland verschuldet ist.

Diese Zusammenhänge machen deutlich, dass eine Verschuldung der öffentlichen Haushalte sinnvoll sein kann und keineswegs zwingend negative, makroökonomische Konsequenzen zu befürchten sind. Dies bedeutet allerdings nicht, dass die beschriebenen Auswirkungen auf die Gesamtwirtschaft grundsätzlich auszuschließen sind. Allein die potentielle Möglichkeit eines tatsächlichen Auftretens der dargelegten Effekte rechtfertigt es daher, über Auswege aus der Staatsverschuldung nachzudenken. Mit diesem Aspekt wird sich der zweite Hauptteil der vorliegenden Arbeit auseinandersetzen.

Teil II
Auswege aus der Staatsverschuldung

Die Thematik der Staatsverschuldung ist kein Phänomen, welches erst in den vergangenen Jahren im Rahmen der jüngsten Finanz- und Wirtschaftskrise zum Vorschein kam. Deutlich wird dies unter anderem vor dem Hintergrund, dass Reinhart und Rogoff in ihrem Werk *Dieses Mal ist alles anders* eine allgemeine Analyse von Schuldenkrisen präsentieren, die einen Zeitraum von acht Jahrhunderten umfasst. Allein in den Jahren seit 1800 konnten sie dabei insgesamt 320 Staatsschuldenkrisen ausfindig machen.[1] Konrad und Zschäpitz erwähnen sogar Staatsverschuldungen, die sich auf das fünfte Jahrhundert vor Christus datieren lassen.[2]

Weltweit unterlagen die öffentlichen Schuldenstandsquoten bereits in der Vergangenheit keinem kontinuierlichen Anstieg. So zeigt Abbildung 13, dass die staatlichen Verschuldungszyklen einiger ausgewählter Länder auch im Zeitraum 1900 bis 2010 einem recht volatilen Verlauf folgten. Zahlreichen enormen Zunahmen folgten teilweise ebenso drastische Rückführungen der Staatsschuldenquoten.

Vor dem Hintergrund dieser Entwicklungen bietet sich im Rahmen des Themenschwerpunktes *Auswege aus der Staatsverschuldung* eine Analyse einiger derjenigen Phasen an, in denen es gelang, die öffentlichen Schuldenstände deutlich zu reduzieren. Wie schaffte man es damals, die Schuldenquoten zurückzuführen? Können die vergangenen Entschuldungsmethoden eventuell auch gegenwärtig angewandt werden? Die nachfolgenden Abschnitte werden die entsprechenden Antworten auf diese Fragen herausarbeiten.

---

[1] Vgl. Reinhart, Rogoff (2011), S. 182.
[2] Vgl. Konrad, Zschäpitz (2010), S. 102f.

Abbildung 13: Entwicklung der Staatsverschuldung in Relation zum
nominalen Bruttoinlandsprodukt in ausgewählten Ländern
(Deutschland: ab 1991 gesamtdeutsches Ergebnis)

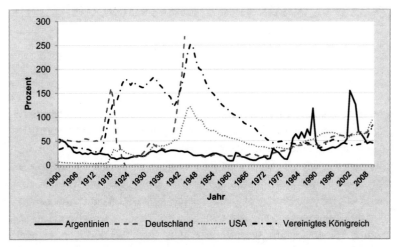

Quellen: Argentinien 1900-2010: Reinhart (2011), Tabelle *Debt-to-GDP Ratios, Debt-to-GDP Part I, Argentina*; Deutschland 1900-1944: Sylla (2011), Tabelle 8; Deutschland 1945-1975 und 1977-1990, USA 1900-1939: Internationaler Währungsfonds (2011a); Deutschland 1976: Deutsche Bundesbank (2010b), Tabelle 12; USA 1940-2009: Office of Management and Budget (2011), S. 139f.; Vereinigtes Königreich 1900-2002: United Kingdom Debt Management Office (2008), S. 2f.; alle übrigen Daten: Europäische Kommission (2011a), Tabelle *Gross public debt (UDGG)*; eigene Grafik.

Eine Analyse sämtlicher weltweiter Schuldenreduktionsepisoden der Vergangenheit kann dabei selbstverständlich nicht erfolgen. Vielmehr muss eine Begrenzung auf einige beispielhaft ausgewählte Länder und Zeiträume vorgenommen werden, die allerdings dennoch einen recht breitgefächerten Einblick in mögliche Auswege aus der Staatsverschuldung bietet. Wie bereits in der Einleitung der vorliegenden Arbeit angedeutet, erwähnen Reinhart und Sbrancia (2011), dass vergangene Reduktionen der öffentlichen Schuldenstandsquoten im Grunde stets auf eine bzw. eine Kombination aus mehreren der folgenden fünf Entwicklungen zurückzuführen waren: Inflation, Wirtschaftswachstum, Finanzrepression, Haushaltskonsolidierung und Zahlungsausfälle auf Inlands- und/oder Auslandsstaatsschulden.[3] Um jede dieser Entschuldungsmaßnahmen in der vorliegenden Arbeit berücksichtigen zu können, wurden entsprechende „Paradebeispiele" ausgewählt, welche die jeweiligen Auswege aus der Staatsverschuldung recht deutlich illustrieren. In aufsteigender, chronologischer Reihenfolge wird dabei nachstehend zunächst auf die Verschuldungssituation des Deutschen Reiches zur Zeit der beiden Weltkriege eingegangen. Danach erfolgt eine Betrachtung der öffentlichen Schuldenentwicklung in den Vereinigten Staaten von Amerika sowie im Vereinigten Königreich während und nach dem Zweiten Weltkrieg. Die argentinische Schuldenkrise zu Beginn des 21. Jahrhunderts wird im Anschluss daran behandelt. Die aktuellen Diskussionen um eine Konsolidierung der deutschen öffentlichen Haushalte vor dem Hintergrund der Schuldenbremse werden den zweiten Hauptteil letztendlich abschließen.

Im Rahmen jeder länderspezifischen Betrachtung werden jeweils die entsprechenden Ursachen aufgezeigt, die zunächst zu einem Anstieg und letztlich zu einer Verringerung der Schuldenstandsquote führten. Im Anschluss daran wird stets eine Analyse erfolgen, wobei auf die makroökonomischen Auswirkungen der jeweiligen Entschuldungsmethode(n) sowie die aktuelle Relevanz der damaligen Entwicklungen eingegangen wird.

1 Deutsches Reich nach dem Ersten Weltkrieg

Die öffentliche Schuldenstandsquote des Deutschen Reiches stieg während des Ersten Weltkrieges drastisch an. Abbildung 14 ist zu entnehmen, dass die staatliche Verschuldung in Relation zur gesamten Wirtschaftsleistung im Jahr 1918 einen Wert von rund 160 Prozent erreichte. Im Laufe der vier Kriegsjahre kam es damit zu einer Erhöhung um rund 112 Prozentpunkte.

Dieser enormen Zunahme folgte jedoch, wie die Grafik erkennen lässt, auch eine deutliche Rückführung der öffentlichen Schuldenquote. So ging die Verschuldung innerhalb kürzester Zeit auf Werte nahe null Prozent des nominalen Bruttoinlandsprodukts zurück. Die Ursachen und Auswirkungen dieser Entwicklungen werden nachstehend aufgezeigt.

---

[3] Vgl. Reinhart, Sbrancia (2011), S. 1f.

*Abbildung 14: Entwicklung der Staatsverschuldung in Relation zum
nominalen Bruttoinlandsprodukt in Deutschland
(ab 1991 gesamtdeutsches Ergebnis)*

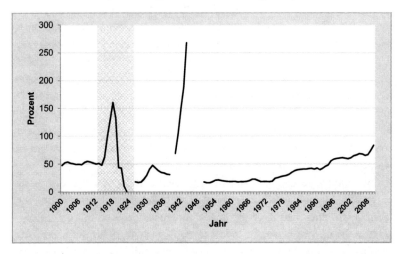

Quellen: 1900-1944: Sylla (2011), Tabelle 8; 1945-1975 und 1977-1990: Internationaler
Währungsfonds (2011a); 1976: Deutsche Bundesbank (2010b), Tabelle 12; 1991-2010:
Europäische Kommission (2011a), Tabelle *Gross public debt (UDGG)*; eigene Grafik.

1.1 Entwicklung der Staatsfinanzen: 1914 bis 1918

Zur Finanzierung außergewöhnlich hoher Staatsausgaben, wie sie im
Rahmen eines Krieges in der Regel zu erwarten sind, bedarf es einer entsprechenden Höhe an öffentlichen Einnahmen. Geht man von dem empirisch relevanten Fall aus, dass die im Laufe eines Krieges zu leistenden
Zahlungen nicht vollständig durch staatliche Primäreinnahmen vom Ausmaß eines Friedenszeiten-Steueraufkommens gedeckt werden können, so
muss der Staat im Kriegsfall zusätzliche Einnahmen generieren. Prinzipiell stehen ihm dabei die Wege einer Steuererhöhung und/oder einer
Kreditaufnahme offen.

Auch das Deutsche Reich sah sich bereits bei Ausbruch des Ersten
Weltkrieges im Jahr 1914 mit der Problematik der Kriegsfinanzierung
konfrontiert. Auf eine Steuererhöhung wurde dabei zunächst verzichtet,
allerdings nicht primär aus bereits in Kapitel 3.2.2 erwähnten intergenerativen Verteilungsgründen, sondern vielmehr aufgrund zu erwartender

technischer Schwierigkeiten, die mit einer Umstrukturierung des Steuersystems einhergegangen wären.[4] Anders als beispielsweise das englische, „[...] war das [deutsche] Steuersystem denkbar ungeeignet, um dem Reich durch Zuschläge zu den ihm bereits zustehenden Steuern schnell Mehreinnahmen zu verschaffen."[5]

Ein vorübergehender Verzicht auf zusätzliche Steuereinnahmen erforderte, dass auf öffentliche Kreditaufnahme zurückgegriffen werden musste. Im bisherigen Verlauf der vorliegenden Arbeit wurde davon ausgegangen, dass eine solche Kreditaufnahme mit der Emission entsprechender (langfristiger) Staatsschuldtitel einhergeht, wobei der Kauf dieser Anleihen durch den privaten Sektor eine öffentliche Neuverschuldung ermöglicht. Ab September 1914 begann das Deutsche Reich zwar, solche Anleihebegebungen zur Finanzierung heranzuziehen, allerdings wurden mit Ausbruch des Krieges Anfang August 1914 sofort finanzielle Mittel benötigt. Der Prozess einer Anleiheemission hätte unter diesen Umständen schlicht und ergreifend zu lange gedauert.[6] Im Rahmen verschiedener Kriegsgesetze, die am 04. August 1914 verabschiedet wurden, verschaffte sich die öffentliche Hand daher vielmehr einen nahezu unbeschränkten Zugang zum Zentralbankkredit.[7] Vor dem Hintergrund zahlreicher Neuregelungen, welche die bis dato gültigen Geldausgaberestriktionen der Reichsbank erheblich lockerten, war es der Regierung fortan unter anderem erlaubt, Reichsschatzanweisungen mit sehr kurzer Laufzeit ($\leq$ drei Monate) und auch Reichsschatzwechsel zur Diskontierung direkt an die Notenbank zu reichen.[8]

Der Verlauf der staatlichen Verschuldung während des Krieges sowie deren Struktur ist in Abbildung 15 dargestellt, wobei zu erkennen ist, dass neben der öffentlichen Schuldenquote sowohl die langfristigen als auch die kurzfristigen, absoluten Reichsschulden stark anstiegen. Zur langfristigen, sogenannten fundierten Schuld zählten hier insbesondere

---

[4] Vgl. Haller (1976), S. 120.

[5] Holtfrerich (1980), S. 107f.

[6] Vgl. Haller (1976), S. 121.

[7] Vgl. Holtfrerich (1980), S. 111.

[8] Vgl. Haller (1976), S. 121. Reichsschatzwechsel waren vom Reich ausgestellte Wechsel von dreimonatiger Laufzeit, mit denen sich das Reich gegen sich selbst verpflichtete. Es handelte sich dabei folglich um sogenannte Eigen- bzw. Solawechsel (vgl. Gabler Verlag (2011), Stichwort *Reichsschatzwechsel*).

öffentliche Anleihen. Die kurzfristigen, schwebenden Verbindlichkeiten der Regierung setzten sich vor allem aus diskontierten Reichsschatzanweisungen und -wechseln zusammen und umfassten somit auch die von der Zentralbank ausgegebenen Kredite an das Reich.[9]

Abbildung 15: Entwicklung der deutschen Reichsverschuldung absolut sowie in Relation zum nominalen Bruttoinlandsprodukt vor und während dem Ersten Weltkrieg (Stand jeweils am 31. März)

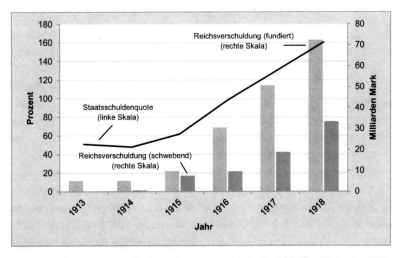

Quellen: Sylla (2011), Tabelle 8; Haller (1976), S. 154; Deutsche Bundesbank (1976), S. 313; eigene Grafik.

[9] Vgl. Deutsche Bundesbank (1976), S. 313. Unter *schwebenden Schulden* versteht man von den öffentlichen Haushalten aufgenommene kurzfristige Kredite, die nur der Überbrückung eines vorübergehenden Kassenfehlbestandes dienen und noch nicht endgültig am Kapitalmarkt platziert sind. Im Gegensatz dazu bezeichnen *fundierte Verbindlichkeiten* langfristig am Kapitalmarkt platzierte Schuldtitel der öffentlichen Hand, in der Regel mit einer Laufzeit von mindestens 10 Jahren. Die Deutsche Bundesbank gibt an, dass unter dem Begriff der fundierten Schuld bis in das Jahr 1923 hinein hauptsächlich Anleihen und langfristige Schatzanweisungen zusammengefasst wurden (vgl. Lang, Koch (1980), S. 24; Gabler Verlag (2011), Stichworte *Schwebende Schulden* und *Fundierte Schulden*; Deutsche Bundesbank (1976), S. 313).

Die Grafik sowie Tabelle B.1 (siehe Seite 219) zeigen den kontinuierlichen Anstieg der absoluten kurzfristigen Gesamtverschuldung während
des Krieges. Insbesondere im ersten Kriegsjahr war der prozentuale Zuwachs enorm. Dennoch muss festgehalten werden, dass die langfristige
Reichsschuld stets die schwebenden Verbindlichkeiten überstieg. Dies
kann darauf zurückgeführt werden, dass die Regierung wenige Monate
nach Kriegsanfang begann, die Emission langfristiger Anleihen als zusätzliches Finanzierungsmittel zu nutzen.[10] Insgesamt wurde dabei im Laufe
des Krieges ein Zeichnungserlös von rund 98 Milliarden Mark generiert.
Die Mittel aus der Anleihebegebung konnten gleichzeitig zur vorübergehenden Tilgung bzw. Reduktion der kurzfristigen Reichsschuld genutzt
werden, sodass der Anstieg der schwebenden Verschuldung während des
Krieges abgebremst wurde. Verhindert werden konnte eine kurzfristige
Kreditaufnahme allerdings nicht, sodass zwischen 1914 und 1918 sowohl
die fundierte als auch die schwebende Reichsschuld recht stark anstiegen.[11]

Mit einer Zunahme der Gesamtverschuldung ging zugleich eine Erhöhung der zu leistenden Zinszahlungen einher. Beliefen sich diese im
Jahr 1914 auf rund 0,47 Milliarden Mark, so erreichten sie vier Jahre später, kurz vor Kriegsende, einen Betrag von 6,77 Milliarden Mark. Dies entsprach rund 89,7 Prozent der ordentlichen Reichsausgaben.[12] Um wenigs-
tens den Schuldendienst nicht durch weitere Kreditaufnahme finanzieren
zu müssen, wurden zwischen 1916 und 1918 mehrere Steuererhöhungen
und einmalig zu leistende Kriegsabgaben beschlossen. Diese Maßnahmen bewirkten letztendlich, dass die staatlichen Zinszahlungen durch Primäreinnahmen gedeckt werden konnten. Ein Mehrerlös darüber hinaus
war allerdings kaum zu verzeichnen, sodass die Kriegsausgaben weiterhin durch Kreditaufnahme finanziert werden mussten.[13] Die Gesamtver-

---

[10] Die erste Anleihe wurde bereits im September 1914 emittiert, bis Kriegsende
sollten noch acht weitere folgen (vgl. Holtfrerich (1980), S. 112).

[11] Vgl. Haller (1976), S. 126f.

[12] Vgl. Holtfrerich (1980), S. 110. Zum Vergleich: Die Zinszahlungen machten im
Jahr 1914 rund 26,5 Prozent der ordentlichen Reichsausgaben aus (vgl. Holtfrerich
(1980), S. 110).

[13] Vgl. Holtfrerich (1980), S. 113f. und Haller (1976), S. 134. Es sei hier angemerkt,
dass die siegessichere deutsche Reichsregierung mit Beginn des Ersten Weltkrieges
davon überzeugt war, die eingegangenen Reichsschulden samt Zinsen mit Hilfe der
erwarteten Kriegsbeute zurückzahlen zu können. Diese Haltung stützte sich insbe-

schuldung des Reiches erreichte damit im März 1919, wenige Monate nach Kriegsende, einen Wert von rund 156,10 Milliarden Mark. Im Vergleich dazu belief sich die Verschuldung im Frühjahr 1914 auf lediglich 5,20 Milliarden Mark.[14] Der gesamte öffentliche Schuldenstand erhöhte sich somit im Laufe des Krieges von 47,92 Prozent auf 160,39 Prozent der gesamtwirtschaftlichen Produktion.[15]

Inwieweit nahm nun jedoch die Reichsregierung den direkten Notenbankkredit in Anspruch? Eine Beachtung dieses Sachverhalts ist deshalb von Relevanz, da eine unmittelbare Finanzierung der Staatsausgaben über die Zentralbank ceteris paribus eine Ausweitung der Geldmenge bewirkt und damit je nach gesamtwirtschaftlicher Situation inflatorische Entwicklungen hervorgerufen werden können.[16] Es wurde bereits angemerkt, dass die schwebende Reichsschuld, zu der auch die von der Zentralbank ausgegebenen Kredite an die Regierung zählten, während des Krieges deutlich anstieg. Der von der Reichsbank gehaltene Anteil der kurzfristigen Schuld ging allerdings im Kriegsverlauf zurück, das heißt ein zunehmender Teil der schwebenden Reichsverbindlichkeiten konnte außerhalb der Zentralbank platziert werden.[17] Dies bedeutete jedoch keineswegs, dass die absolute Kreditaufnahme des Reiches bei der Notenbank ebenfalls rückläufig war. Wie Tabelle B.1 (siehe Seite 219) zeigt, erhöhte sich die Verschuldung gegenüber der Zentralbank fast durchweg, sodass die Regierung im März 1918 rund 15,70 Milliarden Mark und kurz nach Kriegsende im Dezember 1918 rund 27,21 Milliarden Mark kurzfristige Verbindlichkeiten gegenüber der Reichsbank aufgebaut hatte.[18] Im Laufe des Krieges musste es damit nahezu unausweichlich zu einer Ausweitung der Geldmenge kommen. Tabelle B.2 (siehe Seite 220) bestätigt, dass sich die Geldbasis und insbesondere der darin enthaltene

sondere auf die Erfahrungen aus dem deutsch-französischen Krieg von 1870/1871 (vgl. Holtfrerich (1980), S. 109). So äußerte beispielsweise der Staatssekretär im Reichsschatzamt Karl Helfferich im August 1915: „Das Bleigewicht der Milliarden haben die Anstifter dieses Krieges verdient; sie mögen es durch die Jahrzehnte schleppen, nicht wir." (Haller (1976), S. 116).

[14] Vgl. Deutsche Bundesbank (1976), S. 313.

[15] Vgl. Sylla (2011), Tabelle 8.

[16] Vgl. Lang, Koch (1980), S. 97f.

[17] Vgl. Haller (1976), S. 129.

[18] Eigene Berechnungen auf Basis von: Holtfrerich (1980), S. 64.

Bargeldumlauf zwischen 1914 und 1918 beträchtlich erhöhten. Dies verwundert nicht, konnte sich doch das Reich unmittelbar über die Notenbank finanzieren und damit zu einer direkten Erhöhung des Bargeldumlaufs beitragen.

Des Weiteren ist festzuhalten, dass der wertmäßige Anstieg der monetären Basis zugleich mit einer Erhöhung der Einlagen bei Kreditinstituten einherging. Diese Zunahme der Bankeinlagen lässt sich darauf zurückführen, dass zum einen die Geldschöpfungsmöglichkeiten der Geschäftsbanken im Krieg deutlich ausgeweitet wurden, da ihnen zwangsläufig Teile des enormen staatlichen Notenbankguthabens zuflossen, wollte die Regierung dieses beispielsweise für Überweisungen nutzen.[19] Zum anderen lässt Tabelle B.2 erkennen, dass diesem Kreditangebot auch eine entsprechende Kreditnachfrage gegenüberstand, wodurch der Geldschöpfungsprozess ebenfalls vorangetrieben wurde. Die Kreditnachfrage sowohl des Reiches als auch der Privatwirtschaft wurde dabei nicht zuletzt durch die Zinspolitik der Zentralbank begünstigt. So lag der Diskontsatz der Reichsbank von Kriegsbeginn bis in das Jahr 1922 hinein bei verhältnismäßig niedrigen fünf Prozent.[20]

Mit einer Ausweitung der Geldmenge mussten in der damaligen Situation zwangsläufig inflatorische Entwicklungen einhergehen. Neben einer erhöhten Staatsnachfrage nach (Rüstungs)Gütern kam es im Laufe des Krieges unausweichlich zu einer Rationierung des Konsumgüterangebots. Gleichzeitig blieb jedoch eine entsprechende Verdrängung privater Kaufkraft aus, zum einen mangels ausreichender Steuererhöhungen, zum anderen auch aufgrund einer nur mäßigen Ausgabe öffentlicher Anleihen an das Publikum. Die Anleiheemission wurde zwar zur Kriegsfinanzierung herangezogen, allerdings reichte ihr Umfang nicht aus, um die geplante Ersparnis der privaten Haushalte in einem entsprechenden Maße zu erhöhen. Das verfügbare Einkommen konnte letztendlich nicht so weit gesenkt werden, um eine deutliche Konsumverringerung herbeizuführen. Eine Übernachfrage am Gütermarkt konnte somit kaum verhindert werden. Von besonderer Bedeutung war auch die Tatsache, dass die Zeichnung von Staatsanleihen sogar mit der Ausgabe neuen Geldes einherging, da staatliche Schuldtitel bei der Reichsbank (bzw. den ihr untergeordne-

---

[19] Vgl. Haller (1976), S. 127.
[20] Vgl. Holtfrerich (1980), S. 171 und S. 70; Deutsche Bundesbank (1976), S. 278.

ten Darlehenskassen) verpfändet werden konnten.[21] Genährt von einer
ständigen Ausweitung der Geldmenge konnten eine gesamtwirtschaftliche Übernachfrage nach Gütern und damit einhergehende inflatorische
Wirkungen daher kaum verhindert werden. Während des Krieges zeigten
sich allgemeine Preissteigerungstendenzen dennoch nur unzureichend, da
die deutsche Regierung insbesondere im Bereich der Lebensmittelpro-
duktion Höchstpreisgrenzen festlegte, die erst nach Beendigung des Krieges aufgehoben wurden. Zwischen 1914 und 1918 lag somit eine *zurückgestaute Inflation* vor.[22]

Tabelle B.3 (siehe Seite 220) zeigt, dass es vielmehr die Jahre nach
Kriegsende waren, in denen die Inflation im Deutschen Reich vollständig
zum Ausbruch kam und sich die Preisentwicklungen im Vergleich zu anderen Ländern deutlich zu unterscheiden begannen. Wie es dabei innerhalb weniger Jahre zu einer deutlichen Reduktion der Schuldenstandsquote kommen konnte, wird nachstehend aufgezeigt.

1.2 Reduktion der Staatsschuld: 1919 bis 1923

Dem spektakulären Anstieg der öffentlichen Schuldenstandsquote um
rund 112 Prozentpunkte während des Ersten Weltkrieges folgte ein
ebenso enormer Rückgang dieser Größe in der Zeit zwischen 1919 und
1923. Abbildung 16 stellt diese Entwicklung grafisch dar. Belief sich die
Verschuldung in Relation zur nominalen Wirtschaftsleistung im Jahr
1919 auf 133,13 Prozent, so wurde vier Jahre später ein Wert von rund
null Prozent ausgewiesen.[23] Während jedoch die staatliche Schuldenquote deutlich rückläufig war, erhöhte sich die absolute Reichsverschuldung im gleichen Zeitraum mehr denn je. Die langfristigen Verbindlichkeiten der Regierung gingen zwar leicht zurück, allerdings stiegen die
kurzfristigen Reichsschulden gleichzeitig überproportional an. Erreichte
der schwebende Schuldenstand im März 1923 eine Höhe von rund 6,60
Billionen Mark, so belief sich dieser Wert Ende des Jahres 1923 auf etwa
191,60 Trillionen Mark.[24]

---

[21] Vgl. Holtfrerich (1980), S. 111f.

[22] Vgl. Holtfrerich (1980), S. 76ff.; Haller (1976), S. 130.

[23] Vgl. Sylla (2011), Tabelle 8.

[24] Vgl. Haller (1976), S. 154.

Abbildung 16: Entwicklung der deutschen Reichsverschuldung absolut sowie in Relation zum nominalen Bruttoinlandsprodukt nach dem Ersten Weltkrieg (Stand jeweils am 31. März)

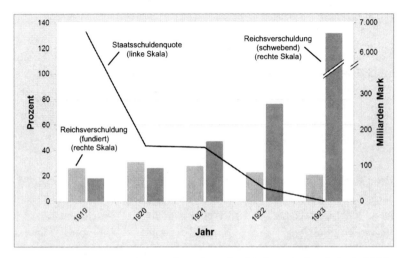

Quellen: Sylla (2011), Tabelle 8; Haller (1976), S. 154; Deutsche Bundesbank (1976), S. 313; eigene Grafik.

Wie lässt sich nun jedoch ein Rückgang der staatlichen Schuldenstandsquote bei simultanem Anstieg der absoluten Reichsschuld erklären?

Ein Blick zurück auf Gleichung (7) (siehe Seite 28) verdeutlicht, dass eine solche Entwicklung bei Vorliegen von Primärdefiziten nur infolge einer negativen Differenz zwischen Nominalzinssatz (i_t) und Wachstumsrate des nominalen Bruttoinlandsprodukts (m_t) hervorgerufen werden konnte. Bereits die Tatsache, dass der Reichsschuldenstand wenige Jahre nach Kriegsende zuletzt Werte in Trillionenhöhe annahm, deutet jedoch darauf hin, dass die drastische Rückführung der deutschen Staatsschuldenquote nicht alleine auf eine ausschließliche Erhöhung realer Größen, sondern auch auf deutliche Preissteigerungsraten zurückzuführen war. Die Zusammenhänge zwischen realen und nominalen Größen sowie deren Einfluss auf die Schuldenstandsquote können durch eine Variation von Gleichung (7) (siehe Seite 28) dargestellt werden, indem die Wachstumsrate des nominalen Bruttoinlandsprodukts (m_t) mit Hilfe des Ausdrucks $(m_t + 1) = (g_t + 1)(\pi_t + 1)$ durch (g_t) und (π_t) ersetzt wird.

$$\underbrace{\frac{B_t}{P_t Y_t} - \frac{B_{t-1}}{P_{t-1} Y_{t-1}}}_{\substack{\text{Veränderung der} \\ \text{Schuldenstands-} \\ \text{quote im Jahr t}}} \approx (i_t - \underbrace{(g_t + \pi_t + g_t \pi_t)}_{m_t}) \frac{B_{t-1}}{P_{t-1} Y_{t-1}} - \left(\frac{T_t - G_t}{P_t Y_t}\right) \quad (10)$$

Näherungsweise kann für kleine Werte von (g_t) und (π_t) auch wie folgt geschrieben werden:

$$\underbrace{\frac{B_t}{P_t Y_t} - \frac{B_{t-1}}{P_{t-1} Y_{t-1}}}_{\substack{\text{Veränderung der Schulden-} \\ \text{standsquote im Jahr t}}} \approx (i_t - g_t - \pi_t) \frac{B_{t-1}}{P_{t-1} Y_{t-1}} - \left(\frac{T_t - G_t}{P_t Y_t}\right) \quad (11)$$

Die Gleichungen (10) und (11) zeigen, dass bei gegebenem Nominalzinssatz (i_t) ein negatives Zins-Wachstums-Differential durch eine recht hohe Inflationsrate (π_t) und/oder eine beträchtliche Wachstumsrate des realen Bruttoinlandsprodukts (g_t) hervorgerufen werden kann. Für das Deutsche Reich lässt sich festhalten, dass das reale Bruttoinlandsprodukt während des Ersten Weltkrieges stagnierte bzw. leicht zurückging, wohingegen ab 1920 bis 1922 durchweg positive Zuwächse ausgewiesen wurden.[25] Obwohl diese Steigerungen der gesamtwirtschaftlichen Produktion teilweise nicht unerheblich waren, im Jahr 1921 war beispielsweise eine Zuwachsrate von rund 11,32 Prozent festzustellen, konnten diese realen Veränderungen bei einem letztendlichen Staatsschuldenstand im Trillionenbereich jedoch keineswegs alleine zu einer so drastischen Reduktion der Schuldenquote führen. Selbst bei niedrigem (jedoch zwingend positivem oder nullwertigem) Nominalzins hätte das Zins-Wachstums-Differential ohne deutliche Preissteigerungen sicherlich keine ausreichend negativen Werte annehmen können. Zudem kann davon ausgegangen werden, dass die Regierung bei Nichtvorliegen allgemeiner Preiserhöhungen nach Kriegsende keinen nominalen Kreditbedarf in solch immens hohem Maße gehabt hätte. Vielmehr spielte in den Nachkriegsjahren tatsächlich eine erhebliche Steigerung des gesamtwirtschaftlichen Preisniveaus, das heißt Inflation, eine bedeutende Rolle. Wie in Kapitel 1.1 erwähnt wurde, zeichneten sich die Vorläufer einer solchen Entwicklung bereits während des Krieges ab.

[25] Vgl. Maddison (1989), S. 120.

Doch weshalb kamen solch beträchtliche inflatorische Wirkungen, wie Tabelle B.3 (siehe Seite 220) sie ausweist, erst nach Kriegsende zum Vorschein? Zum einen ist hier anzuführen, dass mit Ende der Feindseligkeiten die von der Regierung gesetzten Höchstpreisgrenzen weitestgehend aufgehoben wurden, sodass sich eine existierende Übernachfrage am Gütermarkt nun in entsprechend steigenden Preisen äußern konnte. Zum anderen muss angemerkt werden, dass die Reichsregierung auch nach Kriegsende weiterhin in erheblichem Maße auf eine Kreditaufnahme angewiesen war, insbesondere bei der Zentralbank. Zwar entfielen nun Ausgaben für Militär- und Rüstungszwecke, allerdings musste das Deutsche Reich auch Mittel für neu entstandene Zahlungsverpflichtungen aufbringen. Ein Hauptfaktor stellten hier die Reparationszahlungen dar, die das Reich aufgrund der Niederlage im Krieg an die Siegermächte abführen musste.[26] „After World War I, Germany owed staggering reparations to the allied countries. This fact dominated Germany's public finance from 1919 until 1923, and was a most important force for hyperinflation."[27] Haller geht davon aus, dass zur Deckung aller Reichsausgaben nach Kriegsende bei gleichzeitigem Verzicht auf eine staatliche Neuverschuldung ein Steueraufkommen von rund 35 Prozent des damaligen Volkseinkommens von Nöten gewesen wäre.[28] Nach dem verlorenen Krieg musste eine solche Belastung der Bürger jedoch faktisch ausgeschlossen werden. „Neue, hohe Steuerlasten hätte man der Bevölkerung gar nicht aufbürden können; die Regierung konnte so etwas nicht wagen, wollte sie einigermaßen Herr der Lage bleiben, es nicht zum Chaos kommen lassen und das politische Leben langsam in ein ruhigeres Fahrwasser hinüberleiten."[29] In der Folge musste das Reich weiterhin auf den Kredit zurückgreifen, wobei die Regierung nun mehr denn je auf eine kurzfristige Verschuldung angewiesen war. Abbildung 16 (siehe Seite 91) zeigte diese Entwicklung bereits, Tabelle B.1 (siehe Seite 219) liefert die entsprechend detaillierten Zahlenwerte. Die ansteigende Reichsverschuldung, die insbesondere ab Sommer 1921 in zunehmendem Maße gegenüber der

---

[26] Vgl. Tober, van Treeck (2010), S. 11; Haller (1976), S. 137ff.

[27] Sargent (1981), S. 20.

[28] Vgl. Haller (1976), S. 139. Zum Vergleich: Die Steuerquote vor dem Ersten Weltkrieg lag bei etwa 12 Prozent des Volkseinkommens (vgl. Haller (1976), S. 139).

[29] Vgl. Haller (1976), S. 141.

Reichsbank bestand und damit zu einer verstärkten Ausweitung der Geldmenge führte, heizte den Inflationsprozess dabei immer weiter an.

Getragen von einem erheblichen Geldschöpfungspotential, steigenden
Inflationserwartungen, einem weiterhin niedrigen Nominalzinsniveau,
einer immensen Überschussnachfrage und einer Preis-Lohn-Spirale
spitzte sich die Situation schließlich ab Herbst 1922 drastisch zu.[30] Selbst
wenn sich die realen Reichsausgaben auf relativ konstantem Niveau be-
wegt hätten, wäre die Regierung im Zuge der sich ständig beschleunigenden Inflation dennoch gezwungen gewesen, sich immer mehr zu verschulden. Mit der Ruhr-Besetzung durch Frankreich und Belgien Anfang
1923 mussten darüber hinaus immense Beträge zur Leistung eines passi-
ven Widerstandes aufgewendet werden.[31] Die Umlaufgeschwindigkeit
des Geldes und mit ihr die Inflation, die sich nun zur Hyperinflation entwickelt hatte, erreichten letztendlich „den höchstmöglichen Grad".[32] Betrug die Preissteigerungsrate im Jahr 1920 rund 113 Prozent, so wurde
zwei Jahre später bereits ein Wert von 1.025 Prozent, im Jahr 1923
schließlich von 106 Milliarden Prozent verzeichnet.[33] Der Weg aus der
Hyperinflation hin zu einer stabilen Währung, der die Bürger wieder vertrauen konnten, wurde schließlich mit einer Währungsumstellung bestrit-
ten, die Ende November 1923 mit Schaffung einer Übergangswährung,
der Rentenmark, begann. Die Mark wurde dabei im festen Umtauschverhältnis eine Billion Mark zu einer Rentenmark eingewechselt.[34] Gleichzeitig stellte die Zentralbank der Regierung einen Überbrückungskredit
von 1,2 Milliarden Rentenmark zur Verfügung und beendete fortan jegliche weitere Kreditvergabe an den Staat.[35] Im August 1924 löste die
Reichsmark schließlich die Rentenmark ab, wobei eine Rentenmark
gegen eine Reichsmark eingetauscht werden konnte.[36]

Vor dem Hintergrund dieser monetären Entwicklungen kann der in
Abbildung 16 (siehe Seite 91) dargestellte Rückgang der öffentlichen
Schuldenstandsquote nun nachvollzogen werden. Die absolute Reichs-

---

[30] Vgl. Tober, van Treeck (2010), S. 11f.

[31] Vgl. Sturm (1993), S. 30.

[32] Haller (1976), S. 150.

[33] Vgl. Tober, van Treeck (2010), S. 12

[34] Vgl. Pfleiderer (1976), S. 190.

[35] Vgl. Sargent (1981), S. 22f.; Theurl (1998), S. 187.

[36] Vgl. Haberler (1976), S. 251.

schuld erhöhte sich zwar nach Kriegsende mehr denn je, allerdings ermöglichte der fortwährende Anstieg des allgemeinen Preisniveaus zugleich eine Reduktion dieser Größe in Relation zur nominalen Wirtschaftsleistung. Deutlich wird dies, wenn die Auswirkungen der nach Kriegsende einsetzenden offenen (Hyper)Inflation auf die in Gleichung (7) (siehe Seite 28) eingebundenen Parameter vorgeführt werden. Zunächst unterlag die Wachstumsrate des nominalen Bruttoinlandsprodukts (m_t) einem beträchtlichen Anstieg. Dies war insbesondere auf die enormen Inflationsraten zurückzuführen, die sich zeitweise im Milliarden- oder gar Trillionenbereich bewegten. Eine im Vergleich dazu eher untergeordnete, aber dennoch erwähnenswerte Rolle spielte die Tatsache, dass auch die reale Wirtschaftsleistung nach Kriegsende bis in das Jahr 1922 hinein durchweg anstieg. Erst im Jahr 1923 wurde eine negative Wachstumsrate der realen Produktion von recht beträchtlichen 16,91 Prozent verzeichnet, allerdings war zu jenem Zeitpunkt die Inflation bereits so stark vorangeschritten, dass das nominale Bruttoinlandsprodukt weiterhin kräftig anstieg.[37] Daneben verharrte das allgemeine Zinsniveau (i_t) auch in den Nachkriegsjahren auf einem recht niedrigen Stand. Trotz sich ständig beschleunigender Inflation erhöhte die Reichsbank ihre Leitzinssätze nicht, sodass der Geldschöpfungsprozess fortwährend begünstigt wurde. Von 1915 bis 1921 wurde der Diskontsatz der Zentralbank bei konstanten fünf Prozent, der Lombardsatz bei konstanten sechs Prozent gehalten. Erst im Jahr 1922 folgte eine (zunächst moderate) Erhöhung auf 6,31 Prozent bzw. 7,31 Prozent.[38] Im Oktober 1923 wurde schließlich ein Anstieg des Diskontsatzes auf 90 Prozent vorgenommen, allerdings war die Inflation zu diesem Zeitpunkt bereits so immens, dass die Realzinsen im negativen Bereich verharrten.[39] Eine deutlich positive Zuwachsrate der nominalen Wirtschaftsleistung (m_t) bei gleichzeitig niedrigem Zinsniveau (i_t) impliziert, dass das Zins-Wachstums-Differential ($i_t - m_t$) zwischen 1919 und 1923 mit einem negativen Vorzeichen versehen sein musste. Die bestehenden Reichsschulden wuchsen damit langsamer als die nominale gesamtwirtschaftliche Produktion. Gleichung (7) (siehe Seite 28) verdeutlicht, dass unter dieser Voraussetzung alle bereits angehäuften

---

[37] Vgl. Maddison (1989), S. 120.

[38] Vgl. Deutsche Bundesbank (1976), S. 278.

[39] Vgl. Tober, van Treeck (2010), S. 12.

Reichsschulden (B_{t-1}) in Relation zum nominalen Bruttoinlandsprodukt einer automatischen Reduktion unterlagen.

Nun bleibt noch die Frage zu klären, wie sich die Primärsaldoquote in den Hochinflationsjahren entwickelte. In Kapitel 1.2 des ersten Hauptteils wurde bereits darauf aufmerksam gemacht, dass bei Vorliegen eines negativen Zins-Wachstums-Differentials sogar ein entsprechend negativer Primärsaldo ($T_t - G_t$) ausgewiesen werden kann, um einen Anstieg der Schuldenstandsquote zu verhindern bzw. eine Rückführung dieser Größe zu bewirken. Ein deutlich negativer Primärsaldo muss in der Nachkriegszeit vorgelegen haben, da nach Angaben von Haller, Pfleiderer und Sargent die Steuereinnahmen in keinster Weise mit der sich ständig beschleunigenden Inflation und den damit einhergehenden höheren nominalen Staatsausgaben Schritt halten konnten.[40] Ab 1920 kam es zwar zu Steuerreformen, im Rahmen derer zahlreiche Steuererhöhungen und zu leistende Einmalabgaben beschlossen wurden, wodurch letztlich ein sehr zweckmäßiges Steuersystem etabliert werden konnte.[41] Daneben implizierte auch die Zunahme des nominalen Bruttoinlandsprodukts aufgrund der Inflation eine Erhöhung der Steuerbasis und damit der Steuereinnahmen. Diesen Effekten kam jedoch eine recht geringe Bedeutung zu, da die Regierung nach Kriegsende gleichzeitig ihre nominalen Ausgaben (überproportional) erhöhte. So schreibt Haller: „Die erwarteten [Steuer]Erträge wurden nicht erreicht [...], vor allem aber gingen sie so spät ein, daß sie „real" nur sehr wenig bedeuteten. Die Inflation hatte die Staatsausgaben inzwischen um ein Mehrfaches, ja Vielfaches ausgeweitet. [...] Es war völlig ausgeschlossen, daß irgendwann die Steuereinnahmen die immer schneller davoneilenden Staatsausgaben einholen konnten."[42] So kann davon ausgegangen werden, dass sich das Primärdefizit mit voranschreitender Inflation sogar vergrößerte. Hinsichtlich der Primärsaldo*quote* muss jedoch festgehalten werden, dass aufgrund der enormen Preissteige-

---

[40] Vgl. Haller (1976), S : 144ff.; Pfleiderer (1976), S. 169; Sargent (1981), S. 21.

[41] Vgl. Haller (1976), S. 144ff.

[42] Haller (1976), S. 145f. Eine andere Situation lag beispielsweise im Vereinigten Königreich und den Vereinigten Staaten von Amerika nach Ende des Zweiten Weltkrieges vor. Eine Erhöhung der Steuereinnahmen aufgrund eines recht kräftigen Wachstums des nominalen Bruttoinlandsprodukts wurde dort von im Vergleich zum Krieg geringeren staatlichen Primärausgaben begleitet, sodass durch eine Kombination dieser beiden Effekte Primärüberschüsse ausgewiesen werden konnten. Mehr dazu in Kapitel 3.2.

rungen und der dadurch ausgelösten Erhöhung des nominalen Bruttoinlandsprodukts gleichzeitig die Bezugsbasis des Primärsaldos im Nenner fortwährend anstieg. Nicht nur der Wert im Zähler, sondern auch der zugehörige Divisor erhöhte sich daher. Aufgrund der Tatsache, dass die öffentliche Schuldenquote des Deutschen Reiches im Zeitraum 1919 bis 1923 kontinuierlich zurückging, kann daher die Aussage getroffen werden, dass die Primärsaldoquote, obwohl sie im negativen Bereich verharrte, gering genug war, um in Kombination mit deutlich negativen Zins-Wachstums-Differentialen zu einer Reduktion des gesamten Schuldenstands in Relation zur nominalen Wirtschaftsleistung beizutragen.

1.3 Folgen und Lehren

1.3.1 Makroökonomische Auswirkungen

Die Entwicklung der Staatsfinanzen im Deutschen Reich nach dem Ersten Weltkrieg zeigt, dass die Inflation einen potentiellen Ausweg aus der Staatsverschuldung bietet. Wie kann jedoch eine Steigerung des allgemeinen Preisniveaus als Schuldenreduktionsmaßnahme eingeordnet werden? Ist die Inflation das Allheilmittel, mit der sich jede Regierung auf recht mühelosem Wege entschulden kann und sollte? Ein Blick auf die makroökonomischen Auswirkungen lässt die uneingeschränkte Eignung der Inflation als Entschuldungskonzept in einem kritischen Licht erscheinen.

Im bisherigen Verlauf der vorliegenden Arbeit wurde nur der Zusammenhang zwischen einer Steigerung des allgemeinen Preisniveaus und der staatlichen Schuldenstandsquote näher beleuchtet. Die Entwicklungen im Deutschen Reich nach dem Ersten Weltkrieg zeigten dabei eindeutig, dass öffentliche Schulden in Relation zum nominalen Bruttoinlandsprodukt mit Ausbruch einer mehr oder weniger starken Inflation deutlich reduziert werden können. Eine Steigerung des allgemeinen Preisniveaus beeinflusst jedoch auch stets die absoluten Schulden, und zwar sowohl die staatlichen als auch die privatwirtschaftlichen. Nominal betrachtet verringern sich zwar bestehende Verbindlichkeiten mit voranschreitender Inflation nicht, allerdings geht mit einem Wertverlust der entsprechenden Währung ein realer Verfall der Schuld einher. Veranschaulicht ausgedrückt sind im Laufe eines Inflationsprozesses Verbindlichkeiten, die in Periode t eingegangen werden, zum Zeitpunkt $t + 1$

real, das heißt ausgedrückt in Gütern, weniger wert. Je größer dabei die Inflationsrate, desto stärker fällt dieser Effekt aus. Vor dem Hintergrund der deutschen Hyperinflation, im Laufe derer es im Jahr 1923 zu Preissteigerungsraten im dreistelligen Milliarden-Prozentbereich kam, fiel die reale Entwertung der absoluten Schulden daher in entsprechend beträchtlichem Maße aus. Ein einfaches Beispiel kann diese Aussage durch Betrachtung der Reichsschuld veranschaulichen: Ende Dezember 1922 belief sich die kurzfristige Verschuldung des Reiches auf rund 1.495,2 Milliarden Mark, der Preis für ein Kilogramm Roggenbrot hingegen auf etwa 163 Mark.[43] Zu diesem Zeitpunkt hatte die schwebende Staatsschuld daher einen realen Wert von rund 9,17 Milliarden Kilogramm Brot. Elf Monate später war die kurzfristige Reichsschuld bereits auf 6.907.511.102,8 Milliarden Mark angestiegen, der Preis für ein Kilogramm Roggenbrot belief sich demgegenüber auf 233 Milliarden Mark.[44] Die schwebende Staatsschuld war daher im November 1923 nur noch rund 8,63 Millionen Kilogramm Brot wert. Bei steigender nominaler Verschuldung verringerte sich die kurzfristige Reichsschuld somit innerhalb weniger Monate real um etwa 9,16 Milliarden Kilogramm Brot. Diese Zusammenhänge können letztendlich auch den beträchtlichen Anstieg der absoluten Reichsschuld erklären, insbesondere nach Kriegsende. Je stärker die Mark an Wert verlor, desto mehr Kredite musste die Regierung bei gegebenem realem Ausgabenniveau aufnehmen. Mit voranschreitendem Inflationsprozess ging damit jedoch gleichzeitig eine enorme reale Entschuldung der bestehenden Reichsverbindlichkeiten einher.

In gleichem Maße, wie eine (unerwartete) Steigerung des allgemeinen Preisniveaus die Schuldner begünstigt, benachteiligt sie jedoch die Gläubiger und Geldvermögensbesitzer, da sich deren Forderungen bzw. Geldvermögen real im Wert ebenso vermindern.[45] Problematisch ist hierbei, wenn die allgemeine Inflationserwartung geringer als die tatsächlich eintretende Preissteigerungsrate ausfällt. Der Kreditgeber erhält so real weniger Zinsen als ursprünglich geplant, da sich die letztendlich realisierte Inflationsrate nur unzureichend im bei Vertragsabschluss festgelegten Nominalzinssatz widerspiegelt.[46] Niedrige Nominalzinsen konnten

---

[43] Vgl. Holtfrerich (1980), S. 65; Braun (2010), S. 3.

[44] Vgl. Holtfrerich (1980), S. 65; Braun (2010), S. 3.

[45] Vgl. Mankiw (2004), S. 721f.

[46] Vgl. Keynes (1924), S. 21.

auch nach Ende des Ersten Weltkrieges im Deutschen Reich vorgefunden werden, insbesondere durch die Zinspolitik der Reichsbank bedingt. So erhöhte die Zentralbank ihren Diskontsatz lange Zeit nicht, sodass im Allgemeinen eine negative Realverzinsung vorlag.[47] Selbst als der Leitzinssatz letztlich im Oktober 1923 auf 90 Prozent angehoben wurde, verharrten die Realzinsen weiterhin im negativen Bereich.[48] Keynes schreibt hierzu, dass „[…] jeder, der sich Mark borgen und sie in Sachwerte umwandeln konnte, am Ende einer gewissen Zeit […] [feststellte], daß die Wertsteigerung seiner Sachwerte in Mark weit größer war als der Zins, den er für den Kredit zu zahlen hatte. Durch dieses Mittel wurden große Vermögen aus der allgemeinen Not herausgerafft; und diejenigen verdienten am meisten, die zuerst gesehen hatten, daß es der richtige Weg war, zu borgen und zu borgen und zu borgen, um so die Differenz zwischen dem Realzinssatz und dem Geldsatz einzustreichen."[49] In Gütern betrachtet waren damit Verbindlichkeiten zuzüglich der entsprechenden Zinszahlungen am Ende der Kreditlaufzeit weniger wert als der ursprünglich entliehene Betrag, sodass die Schuldner profitierten, die Gläubiger sich hingegen real entwerteten Forderungen gegenübersahen. Auch die zur Inflationsbekämpfung durchgeführte Währungsumstellung, die ein einheitliches Umtauschverhältnis von Mark zu Rentenmark vorsah, konnte diese ungleichen Verteilungswirkungen nicht beseitigen. So erhielt ein Gläubiger, der beispielsweise im Jahr 1913 einen Kredit von einer Billion Mark vergeben hatte, hierfür (sofern der Schuldner die Forderung nicht bereits im Laufe der Hochinflationsjahre mit real entwertetem Geld beglichen hatte) nach der Währungsreform nur noch eine Renten- bzw. Reichsmark. Um solchen Verteilungswirkungen zwischen Schuldnern und Gläubigern zumindest in Teilen entgegenzuwirken, wurden nach 1923 diverse Aufwertungsmaßnahmen beschlossen, wobei das sogenannte *Gesetz über die Ablösung öffentlicher Anleihen* die Richtlinien für die Erbringung der Reichsschuld festlegte. Für einen Teil der öffentlichen Staatsschuldtitel wurden dabei Umrechnungsverhältnisse des auf Mark lautenden Nennbetrags in Reichsmark festgesetzt, die über dem eigentlichen Umtauschverhältnis von einer Billion Mark zu einer Reichsmark lagen. So wurde beispielsweise für Anleihen zum Nennwert von 1.000

---

[47] Vgl. Deutsche Bundesbank (1976), S. 278; Tober, van Treeck (2010), S. 12.

[48] Vgl. Tober, van Treeck (2010), S. 12.

[49] Keynes (1924), S. 22f.

Mark eine Rückzahlung von 25 Reichsmark festgelegt.[50] Trotz dieser
Aufwertungsmaßnahmen betrugen die bis 1923 eingegangenen Reichsverbindlichkeiten jedoch im März 1926 nur noch 6,2 Milliarden Renten-
bzw. Reichsmark.[51] Entschulden konnten sich sowohl die Regierung als
auch private Kreditnehmer letztendlich nicht durch die Währungsumstellung, sondern durch die ihr vorangegangene Hyperinflation. Die Steigerung des allgemeinen Preisniveaus war bis Ende 1923 so weit vorangeschritten, dass die bis dato angehäuften Schulden real kaum noch Wert
besaßen. Die Währungsreform, im Rahmen derer jegliche monetäre Größen einheitlich im Verhältnis eine Billion Mark zu einer Rentenmark umgetauscht wurden, kann prinzipiell als reine Formsache angesehen werden,
die notwendig war, um das Vertrauen in die Währung wieder herzustellen
und eine tragbare Recheneinheit fernab von Milliarden- oder Billionen-
beträgen zu erhalten. An den realen Vermögensverteilungen änderte die
Einführung der Rentenmark faktisch nichts.[52]

Auch wenn die Inflation nach Ende des Ersten Weltkrieges zu einem
deutlichen Rückgang der staatlichen Schuldenquote führte, sie (zunächst)
das Wirtschaftswachstum förderte und somit vor dem Hintergrund der
(kurzfristigen) Phillips-Kurve zu einer geringen Arbeitslosenquote bei-
trug, so müssen im Rahmen einer Gesamtbeurteilung dieser Entschuldungsmethode dennoch die Umverteilungseffekte innerhalb der Bevölkerung beachtet werden.[53] Aus einer (unerwarteten) Inflation gehen letztendlich alle Nettoschuldner und Sachwertbesitzer als Profiteure hervor,
sodass im Rahmen der Staatsverschuldung auch die Regierung als Inflationsgewinner zu sehen ist.[54] Nettogläubiger und Sparer, die ihre Erspar-
nisse in Form von Geldvermögen halten, werden hingegen reale Verluste
erleiden. Eine solche pauschale Einordnung in Inflationsgewinner und
-verlierer ist dabei zwar nur bedingt möglich, da beispielsweise selbst
Wirtschaftssubjekte, die per Saldo eine Nettoschuldnerposition inne-
halten, auch als Nachfrager bzw. Anbieter auf dem Güter- und Arbeitsmarkt auftreten. Werden hier zum Beispiel insbesondere Güter nachgefragt, die im Laufe eines Inflationsprozesses einer überproportionalen

---

[50] Vgl. Aldcroft et al. (1973), S. 32f.

[51] Vgl. Deutsche Bundesbank (1976), S. 313.

[52] Vgl. Theurl (1998), S. 187.

[53] Vgl. Holtfrerich (1980), S. 198f. und S. 329; Krugman, Wells (2010), S. 1038ff.

[54] Vgl. Keynes (1924), S. 30.

Preissteigerung unterliegen, so relativiert sich der Inflationsgewinn.[55] Als optimaler Ausweg aus der Staatsverschuldung kann die Inflation dennoch nicht hervorgehen.

1.3.2 Beurteilung aus heutiger Sicht

Nach Umfragen der Europäischen Kommission ist die Angst vor einer steigenden Inflation bei den Bürgern der Europäischen Union weit verbreitet.[56] Wie ist jedoch das aktuelle Risiko einer Steigerung des allgemeinen Preisniveaus tatsächlich einzuschätzen, insbesondere innerhalb der Europäischen Währungsunion? Führen etwa steigende Staatsschuldenstände früher oder später immer zu Inflation? Nachfolgend werden hierzu zwei verschiedene Aspekte behandelt. Zum einen wird analysiert, ob zunehmende öffentliche Verschuldungsquoten als unmittelbare Auslöser einer Steigerung des allgemeinen Preisniveaus gesehen werden können. Zum anderen wird darauf eingegangen, inwieweit gegenwärtig die Möglichkeit für Regierungen besteht, höhere Inflationsraten bewusst herbeizuführen, um einen bestehenden Staatsschuldenstand in Relation zur nominalen Wirtschaftsleistung reduzieren zu können.

Eine zunehmende Verschuldung der öffentlichen Haushalte muss nicht zwingend eine Steigerung des allgemeinen Preisniveaus auslösen. Ceteris paribus kann eine Erhöhung der Staatsverschuldung zum einen nur dann inflatorische Entwicklungen hervorrufen, wenn das Güterangebot begrenzt ist, das heißt eine Situation der vollausgelasteten Ressourcen vorliegt. Eine zusätzliche staatliche Nachfrage nach Gütern, ermöglicht durch eine öffentliche Kreditaufnahme, kann dann zu einer Übernachfrage beitragen, die sich mangels Möglichkeiten einer entsprechenden Ausdehnung des Güterangebots nur in Preissteigerungen äußern kann. Zum anderen kommt es jedoch gleichzeitig in entscheidendem Maße darauf an, wie diese zusätzliche Kreditaufnahme des Staates finanziert wird, da eine Überschussnachfrage am Gütermarkt alleine nicht aus-

---

[55] Vgl. Lang, Koch (1980), S. 121ff. Dies gilt mitunter auch für die öffentlichen Haushalte. Im Rahmen der vorliegenden Arbeit wird dieser Aspekt jedoch vernachlässigt. Unter ausschließlicher Berücksichtigung der Staatsverschuldung geht die Regierung somit als Inflationsgewinner hervor (vgl. Lang, Koch (1980), S. 121ff.).

[56] Vgl. Europäische Kommission (2011d), S. 13.

reicht, um eine Steigerung des allgemeinen Preisniveaus zu bewirken.[57] Vielmehr muss es im gleichen Zuge zu einer Ausweitung der Geldmenge (und/oder einer Erhöhung der Umlaufgeschwindigkeit des Geldes) kommen, um eine solche Nachfrage nach Gütern auf Dauer etablieren und aufrechterhalten zu können.[58] Eine Ausdehnung der Geldmenge kann durch eine staatliche Verschuldung zum einen dann ausgelöst werden, wenn sich die öffentlichen Haushalte des direkten Zentralbankkredits bedienen. Zum anderen kann auch eine Kreditaufnahme im Geschäftsbankensystem zu einer Geldmengenerhöhung führen, und zwar genau dann, wenn die privatwirtschaftlichen Kreditaufnahmemöglichkeiten nicht durch entsprechende Zinssteigerungen zurückgedrängt werden, sprich, wenn eine entsprechend expansive Geldpolitik vorliegt. Eine weitere Möglichkeit, eine Ausweitung der Geldmenge aufgrund staatlicher Verschuldung hervorzurufen, besteht in einer fortwährenden öffentlichen Kreditaufnahme im Ausland, da auch hier die Kreditaufnahmemöglichkeiten der inländischen Privatwirtschaft nicht durch Zinssteigerungen zurückgedrängt werden, sofern im Inland keine restriktiven geldpolitischen Maßnahmen ergriffen werden.[59] Kommt es aufgrund dieser Entwicklungen zu Geldschöpfung und kann das Güterangebot gleichzeitig nicht in entsprechendem Maße ausgedehnt werden, so können daraus inflatorische Wirkungen hervorgehen.[60]

Überträgt man diese theoretischen Zusammenhänge auf die Zeit im Deutschen Reich nach dem Ersten Weltkrieg, so lässt sich zweifellos festhalten, dass die Voraussetzungen für erhebliche Preissteigerungen nahezu bilderbuchhaft vorlagen. Im Laufe des Krieges kam es fraglos zu Nachfrageüberhängen, die sich aufgrund einer Rationierung des (Konsum)-Güterangebots in steigenden Preisen äußern mussten. Eine *gesamtwirtschaftliche* Übernachfrage konnte jedoch langfristig nur durch eine entsprechend expansive Geldpolitik der Reichsbank entstehen und aufrecht-

---

[57] Vgl. Lang, Koch (1980), S. 116f.

[58] Vgl. Keynes-Gesellschaft (2011b), S. 1.

[59] Vgl. Lang, Koch (1980), S. 97ff.

[60] Neben der hier erwähnten Verbraucherpreisinflation am Gütermarkt besteht auch die Möglichkeit einer Vermögenspreisinflation. Im Laufe der nachfolgenden Betrachtungen wird die Vermögenspreisinflation jedoch nicht näher betrachtet.

erhalten werden.[61] Aufgrund der Tatsache, dass sich die Regierung nach dem Ersten Weltkrieg zunehmend unmittelbar bei der Zentralbank verschuldete, erhöhte sich zum einen die umlaufende Zentralbankgeldmenge direkt, zum anderen wurde auch ein erhebliches Geldschöpfungspotential im Bankensektor geschaffen. Mitunter durch die Niedrigzinspolitik der Reichsbank gefördert, stieß das entsprechende Kreditangebot auch auf eine Kreditnachfrage, die sich letztlich wiederum in einer Nachfrage nach Gütern äußerte. Nur durch diese monetären Entwicklungen konnte der Nachfrageüberhang am gesamten Gütermarkt immer weiter angeheizt werden, somit zu ständig steigenden Preisen und letztlich zur Hyperinflation führen. Das Problem der Nachkriegsfinanzierung bestand daher primär nicht darin, dass sich der Staat verschuldete, sondern in der Art, wie er dies tat.

Die damaligen geldpolitischen Rahmenbedingungen lassen sich allerdings kaum auf die heutige Zeit übertragen. So besitzt die Europäische Währungsunion mit der Europäischen Zentralbank ein von der Politik unabhängiges Organ, dessen primäre Aufgabe in der Sicherung der Preisstabilität besteht.[62] Insbesondere die Unabhängigkeit der Reichsbank war während des Krieges faktisch nicht gegeben, sodass eine nahezu unbegrenzte Zentralbankkreditaufnahme des Staates vorprogrammiert war. Der Europäischen Zentralbank ist eine solche direkte Darlehensvergabe an die Regierungen bzw. ein unmittelbarer Erwerb von Staatsschuldtiteln jedoch untersagt.[63] Es mag nun argumentiert werden, dass im Rahmen der jüngsten Finanz- und Wirtschaftskrise mit Beschluss vom 10. Mai 2010 von dieser Regelung abgewichen[64] und daher der Weg für ähnliche inflatorische Entwicklungen wie nach dem Ersten Weltkrieg geebnet wurde. Diese Aussage lässt sich jedoch in keinster Weise bestätigen. Im Laufe der Krise agierte die Europäische Zentralbank mit einer überaus

---

[61] Vgl. Keynes-Gesellschaft (2011b), S. 1. Ein dauerhafter Anstieg der Konsumgüternachfrage setzt insbesondere steigende Löhne voraus (Lohn-Preis-Spirale), ein Anstieg der *gesamtwirtschaftlichen* Güternachfrage hingegen auch eine Ausweitung der Geldmenge (vgl. Keynes-Gesellschaft (2011b), S. 1) und/oder eine Erhöhung der Umlaufgeschwindigkeit des Geldes.

[62] Vgl. Europäische Zentralbank (2011a), Stichworte *Aufgaben* und *Unabhängigkeit.*

[63] Vgl. Europäische Zentralbank (2011a), Stichwort *Unabhängigkeit;* Europäische Union (2008), S. C 115/99, Artikel 123.

[64] Vgl. Europäische Zentralbank (2010), S. 1.

expansiven Geldpolitik. Sie senkte den Leitzins auf ein Prozent, stattete das Bankensystem mit viel Liquidität aus, erwarb Staatsschuldtitel auf direktem Wege – und trotzdem blieben übermäßige Steigerungen des allgemeinen Preisniveaus aus.[65] Zwar brachte die Europäische Zentralbank durch einen unmittelbaren Ankauf staatlicher Wertpapiere zusätzliche Liquidität in Umlauf, allerdings wurde diese an anderer Stelle abgeschöpft (Sterilisierung).[66] Zum anderen kam es auch nicht durch die erhöhte Liquiditätsausstattung des Bankensektors zu einem deutlichen Anstieg der Geldmenge M3. Eher folgte diese sogar teilweise einem leicht rückläufigen Verlauf, das heißt die Liquidität wurde schlichtweg nicht im Rahmen einer zunehmenden Kreditvergabe durch das Geschäftsbankensystem weitergereicht.[67] Möglicherweise aufgrund pessimistischer Zukunftserwartungen blieb eine steigende Kreditnachfrage des privaten Sektors aus, sodass der Geldschöpfungsprozess nicht weitergetragen wurde. Selbst wenn es zu einer stärkeren Ausweitung der Geldmenge gekommen wäre, so befand sich die Wirtschaft dennoch in einer Rezession und damit weit entfernt von einer potentiellen, für die Entstehung einer Inflation notwendigen Überschussnachfrage nach Gütern. Monetaristen werden dieser Aussage widersprechen, da nach der rein monetären Inflationstheorie vor dem Hintergrund der Annahmen einer relativ konstanten Umlaufgeschwindigkeit des Geldes sowie der Vollbeschäftigung aller Ressourcen allein eine Ausweitung der Geldmenge genügt, um eine (proportionale) Steigerung des allgemeinen Preisniveaus hervorzurufen. In der langen Frist mag die Quantitätstheorie Gültigkeit haben, in der kurzen Frist kommt ihr hingegen eine recht geringe Bedeutung zu. So kam es im Rahmen der jüngsten Finanz- und Wirtschaftskrise vielmehr zu einem Rückgang der Umlaufgeschwindigkeit des Geldes (beispielsweise aufgrund von Liquiditätshortung) und damit zu keinem nennenswerten Anstieg des Preisniveaus, während für die Zeit nach dem Ersten Weltkrieg im Deutschen Reich die Aussage getroffen werden kann, dass sich die Umlaufgeschwindigkeit deutlich erhöhte und es so zu einem überproportionalen Anstieg des Preisniveaus kam.[68] Ein Vergleich mit der gesamtwirtschaftlichen Situation zur Zeit des Krieges ist daher kaum möglich.

---

[65] Vgl. Hans-Böckler-Stiftung (2010), S. 4.

[66] Vgl. Europäische Zentralbank (2010), S. 1f.

[67] Vgl. Tober, van Treeck (2010), S. 5.

[68] Vgl. Keynes (1924), S. 82f.; Samuelson, Nordhaus (2007), S. 968ff.

Während damals eine Übernachfrage am Gütermarkt, eine hohe Nachfrage am Kreditmarkt und eine erhöhte Umlaufgeschwindigkeit des Geldes vorlagen, waren im Rahmen der jüngsten Finanz- und Wirtschaftskrise genau gegenteilige Entwicklungen zu beobachten.

Dennoch kann an dieser Stelle die Aussage getroffen werden, dass die Europäische Zentralbank (ganz im Gegensatz zur Handlungsweise der Reichsbank) im Falle zu befürchtender inflationärer Entwicklungen, die sich beispielsweise bei unveränderter Geldpolitik bei Eintritt eines Aufschwungs abzeichnen können, mit einer restriktiven Geldpolitik reagiert.[69] So erhöhte sie beispielsweise im Jahr 2011 zwei Mal den Leitzins, nachdem er im Laufe der Finanz- und Wirtschaftskrise fast zwei Jahre konstant bei einem Prozent gehalten wurde. Im April 2011 wurde er auf 1,25 Prozent angehoben, im Juli 2011 schließlich auf 1,50 Prozent.[70] Neben der Festlegung der Leitzinssätze stehen der Europäischen Zentralbank zahlreiche weitere Instrumente zur Verfügung, mit der sie die Sicherung der Preisstabilität gewährleisten kann. Ihr Inflationsziel definiert sie dabei als eine jährliche Steigerung des allgemeinen Preisniveaus im Durchschnitt der Euro-Mitgliedsstaaten um weniger (aber nahe bei) zwei Prozent.[71] Seit Einführung der Gemeinschaftswährung konnte sie dieses Ziel weitestgehend erreichen, wobei jedoch anzumerken ist, dass national divergierende Inflationsraten vorliegen. Abbildung 17 zeigt dies beispielhaft für einige Länder des Euro-Raums.

Die Zielpreissteigerungsrate versteht sich wie bereits angemerkt lediglich als Durchschnittswert für die Währungsunion als Ganzes. Weisen einige Mitgliedsstaaten Inflationsraten über dieser Zielvorgabe auf (beispielsweise Griechenland), andere hingegen unterdurchschnittliche Werte (beispielsweise Deutschland), so kann sich für den gesamten Euro-Raum dennoch die von der Zentralbank angestrebte Inflationsrate ergeben. Differenzen in den nationalen Preissteigerungsraten sind hier jedoch nicht auf unterschiedlich hohe Staatsschuldenquoten zurückzuführen, sondern vielmehr auf unterschiedliche Entwicklungen der Lohnstückkosten (das heißt eine Kostendruck- und keine nachfrageinduzierte Inflation).[72] Sofern die Europäische Zentralbank weiterhin an ihrem Ziel der Preisstabili-

---

[69] Vgl. Hans-Böckler-Stiftung (2010), S. 4.

[70] Vgl. Europäische Zentralbank (2011b), S. 1.

[71] Vgl. Europäische Zentralbank (2011a), Stichworte *Aufgaben* und *Geldpolitik*.

[72] Vgl. Flassbeck, Spiecker (2010), S. 4f.

Abbildung 17: Veränderung der Bruttoinlandsprodukt-Deflatoren im
Vergleich zum Vorjahr in einigen ausgewählten Ländern der
Europäischen Währungsunion

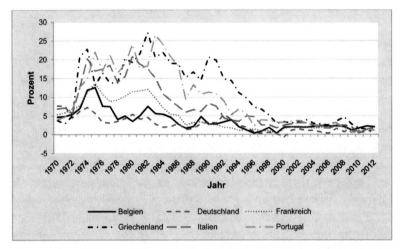

Quellen: Europäische Kommission (2011a), Tabelle *Gross Domestic Price Deflator*
(PVGD); Prognosen der Europäischen Kommission ab 2011; eigene Berechnungen;
eigene Grafik.

tät festhält, scheint demgegenüber die Gefahr, dass sich gegenwärtig vor
dem Hintergrund der kapiteleingangs aufgezeigten Zusammenhänge zwischen öffentlicher Kreditaufnahme und Inflation eine Steigerung des allgemeinen Preisniveaus aufgrund zunehmender Staatsverschuldung etabliert, nicht gegeben. Vielmehr ist davon auszugehen, dass die Zentralbank
bei Abzeichnung solcher Entwicklungen unmittelbar mit einer restriktiven Geldpolitik reagieren würde.

Das Risiko, dass die Staatsverschuldung selbst als expliziter Inflations-
auslöser hervorgeht, kann somit aktuell als eher gering eingestuft werden.
Wie ist jedoch demgegenüber die Wahrscheinlichkeit zu sehen, dass einzelne Regierungen vor dem Hintergrund hoher öffentlicher Schuldenquoten bewusst allgemeine Preissteigerungen hervorrufen (möchten), um
die Schuldenlast zu reduzieren? In der jüngsten Vergangenheit sprachen
sich selbst einige renommierte Ökonomen wie Blanchard, Mankiw,
Rogoff oder Krugman für höhere Inflationsziele der Zentralbanken aus.[73]

[73] Vgl. The Economist (2010a), S. 1ff.

Dabei standen zwar nicht die reduzierenden Wirkungen solcher Entwicklungen auf die staatliche Schuldenquote im Vordergrund, allerdings erwähnt beispielsweise Rogoff dennoch, dass eine Entschuldung über höhere Inflationsraten ein recht „schmerzfreier" Ausweg aus der Verschuldung sei.[74] Es muss angemerkt werden, dass hier nicht von allgemeinen Preissteigerungen die Rede ist, die jenen im Nachkriegsdeutschland gleichen. Vielmehr geht es hier um jährliche Inflationsraten zwischen zwei und sechs Prozent.

Sind solche Szenarien gegenwärtig überhaupt denkbar, insbesondere innerhalb der Europäischen Währungsunion? Zunächst muss erwähnt werden, dass eine Inflation nur die reale Last der Schulden reduzieren kann, die in inländischer Währung denominiert sind. Der reale Wert von auf Fremdwährung lautenden Schuldtiteln wird durch eine Steigerung des allgemeinen (inländischen) Preisniveaus nicht tangiert.[75] Für die Europäische Währungsunion kann hier die Aussage getroffen werden, dass ein Großteil der staatlichen Schulden tatsächlich in Euro denominiert ist.[76] Wollten nun einzelne Staaten der Eurozone einen Anstieg der Inflationsraten herbeiführen, um ihre Schuldenlast zu reduzieren, so sehen Tober und van Treeck die Voraussetzung darin, „[…] dass hinreichend viele Regierungen des Euroraums eine inflationäre Geldpolitik wünschen und dass die […] Europäische Zentralbank sich entweder nötigen lässt oder [entgegen ihrer Leitlinie] selbst zu der Auffassung gelangt, dass eine Phase höherer Inflation positiv zu bewerten ist."[77] Die Erfüllung beider Voraussetzungen scheint dabei aktuell eher weniger wahrscheinlich zu sein. Zum einen ist es kaum vorstellbar, dass sich die Notenbank zu einer

---

[74] Vgl. The Economist (2010a), S. 1f. Die von einigen Ökonomen geforderten höheren Inflationsziele der Zentralbanken gründen primär auf der Überlegung, dass höhere Zielinflationsraten mit höheren nominalen „Start-Leitzinssätzen" einhergehen müssten und somit insbesondere im Falle einer Rezession ein größerer geldpolitischer Spielraum für Zinssenkungen bestünde. Aufgrund der Tatsache, dass Nominalzinssätze nicht unter null Prozent fallen können, fielen die Zinssenkungsmöglichkeiten der Notenbanken beispielsweise im Rahmen der jüngsten Finanz- und Wirtschaftskrise teilweise recht gering aus, sodass die Wirksamkeit der Geldpolitik und damit einhergehend die Stimulierung der Volkswirtschaft an ihre Grenzen stieß (Liquiditätsfalle) (vgl. The Economist (2010a), S. 1).

[75] Vgl. Reinhart, Sbrancia (2011), S. 2.

[76] Vgl. Gilson, Gérard (2002), S. 303.

[77] Tober, van Treeck (2010), S. 7.

Geldpolitik bekennt, die ihr gegenwärtiges Ziel der Preisstabilität von etwa zwei Prozent gefährdet. So weist beispielsweise auch der Präsident des US-amerikanischen Zentralbankensystems, Ben Bernanke, darauf hin, dass eine Erhöhung des Inflationsziels, selbst wenn dieses nur vorübergehend gelten sollte, mit erheblichen Glaubwürdigkeitsproblemen behaftet sei, sodass sich letztendlich zu hohe Inflationserwartungen herausbilden könnten.[78] Des Weiteren wäre ein erheblicher Anstieg des Zinsniveaus notwendig, um eine zeitweilige Phase höherer Inflationsraten beenden zu können. Dieser würde wiederum die Konjunktur schwächen, somit zu einem Rückgang der Staatseinnahmen und einem erneuten Anstieg der öffentlichen Verschuldung führen.[79] Soweit dies an vorliegender Stelle beurteilt werden kann scheint die Wahrscheinlichkeit, dass einzelne Zentralbanken höhere Zielinflationsraten tolerieren, somit nicht sehr groß zu sein.

Unabhängig davon wird die Inflation jedoch auch nicht für alle Staaten mit recht hohen öffentlichen Schuldenquoten eine attraktive Entschuldungsmethode darstellen. Nach jüngsten Forschungsergebnissen zweier Volkswirte der DekaBank, Junius und Tödtmann, wirkt sich eine moderate Erhöhung der Preissteigerungsrate auf beispielsweise vier oder (vorübergehend) sechs Prozent nur in begrenztem Maße reduzierend auf die Staatsschuldenquote aus. Dies geht aus verschiedenen Simulationen hervor, die einen Zeitraum von 25 Jahren betrachten, allerdings auch auf recht restriktiven Annahmen beruhen.[80] Um darüber hinaus realitätsnähere Aussagen hinsichtlich der Wirkungsintensität einer steigenden Inflationsrate treffen zu können, ist insbesondere die gesamtwirtschaftliche Ausgangssituation eines Staates von Relevanz. Hierbei lässt sich festhalten, dass eine zunehmende Steigerung des allgemeinen Preisniveaus über die Jahre eine stärkere reduzierende Wirkung auf die Schuldenstandsquote ausübt, je höher die anfängliche Verschuldungsquote, je höher der (Real)Zinssatz, je niedriger das Wirtschaftswachstum und je länger die Restlaufzeit der bestehenden Schuldtitel ist.[81] Es kann daher nicht pauschal geäußert werden, dass grundsätzlich jede Nation mit einer entsprechenden öffentlichen Schuldenquote einen Anreiz zur Entschuldung durch Herbeifüh-

[78] Vgl. The Economist (2010a), S. 3.

[79] Vgl. Hans-Böckler-Stiftung (2010), S. 5.

[80] Vgl. Junius, Tödtmann (2010), S. 17ff.

[81] Vgl. Junius, Tödtmann (2010), S. 21f.

rung einer höheren Inflationsrate aufweist. Deutlich wird dies beispielsweise durch Betrachtung des Aspekts der unterschiedlichen Schulden-Restlaufzeit. Je kürzer diese ist, desto zeitnäher müssen neue Schuldpapiere an den Märkten abgesetzt werden. Erfolgt eine solche Anleiheemission vor dem Hintergrund einer steigenden Inflation, so werden potentielle Käufer eine höhere Verzinsung als bisher verlangen, um weiterhin einen entsprechend positiven Realzins beziehen zu können. Eine Steigerung des allgemeinen Preisniveaus wird sich unter diesen Voraussetzungen nur begrenzt in einer Reduktion der Schuldenstandsquote widerspiegeln. Um eine gewünschte Reduktion der realen Schuldenlast erreichen zu können, müsste der Staat somit eine entsprechend stärkere Inflation auslösen.[82] Weisen die bestehenden (nicht-inflationsindexierten) Staatsschuldtitel demgegenüber im Durchschnitt recht lange Restlaufzeiten auf und unterliegen sie einer fixen Verzinsung, so wird sich eine steigende Inflation zunächst (das heißt bis zum Zeitpunkt der nächsten Anleihezeichnung) ungebremst rückläufig auf die reale staatliche Schuldenlast auswirken.[83] In Deutschland hatten Ende März 2011 rund 22 Prozent der umlaufenden Bundeswertpapiere eine Restlaufzeit von unter einem Jahr, 31 Prozent zwischen einem und vier Jahren und 47 Prozent von über vier Jahren.[84] Die durchschnittliche Restlaufzeit aller deutschen Staatsschuldtitel belief sich im Februar 2010 auf rund 5,8 Jahre.[85] Der Inflationsanreiz zum Zwecke einer staatlichen Entschuldung dürfte damit nach Tober und van Treeck in der Bundesrepublik eher weniger ausgeprägt sein.[86] Zum Vergleich: Englische Staatsschuldtitel wiesen Mitte Februar 2010 eine durchschnittliche Restlaufzeit von 13,7 Jahren auf. Innerhalb der Europäischen Währungsunion konnten Griechenland mit 7,7 Jahren, Italien mit 7,2 Jahren und Österreich mit 7,0 Jahren die höchsten durchschnittlichen Restlaufzeiten vorweisen.[87]

---

[82] Vgl. Reinhart, Rogoff (2011), S. 184.

[83] Vgl. Hans-Böckler-Stiftung (2010), S. 5; Tober, van Treeck (2010), S. 7; Konrad, Zschäpitz (2010), S. 168ff.

[84] Eigene Berechnungen auf Basis von: Bundesministerium der Finanzen (2011b), S. 93.

[85] Vgl. Junius, Tödtmann (2010), S. 23.

[86] Vgl. Tober, van Treeck (2010), S. 7f.; Hans-Böckler-Stiftung (2010), S. 5.

[87] Vgl. Junius, Tödtmann (2010), S. 23.

Die Anreize, sich anlässlich der staatlichen Entschuldung der Inflation zu bedienen, sind demnach international stark differenziert ausgeprägt. Aufgrund dieser Tatsache und vor dem Hintergrund, dass sich einzelne Zentralbanken kaum zu steigenden Inflationszielen bekennen werden, ist daher trotz nahezu weltweit zunehmender Staatsschuldenstände nicht mit einer globalen Inflationswelle zum Zwecke der Rückführung der Schuldenlast zu rechnen. Die Herbeiführung einer Steigerung des allgemeinen Preisniveaus stellt jedoch nicht die einzige Möglichkeit dar, um eine Reduktion der öffentlichen Schuldenstandsquote zu erreichen. Auf welchem Wege sich das Deutsche Reich nach Ende des Zweiten Weltkrieges seiner Schulden entledigte, wird nachstehend aufgezeigt.

2 Deutsches Reich nach dem Zweiten Weltkrieg

Abbildung 18 lässt erkennen, dass ähnliche Schuldenentwicklungen wie im Zeitraum 1914 bis 1923 im Deutschen Reich auch während des Zweiten

Abbildung 18: Entwicklung der Staatsverschuldung in Relation zum nominalen Bruttoinlandsprodukt in Deutschland (ab 1991: gesamtdeutsches Ergebnis)

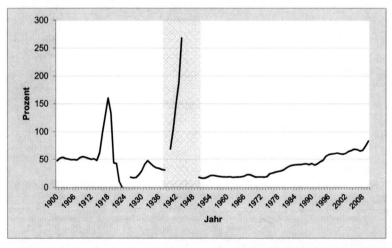

Quellen: 1900-1944: Sylla (2011), Tabelle 8; 1945-1975 und 1977-1990: Internationaler Währungsfonds (2011a); 1976: Deutsche Bundesbank (2010b), Tabelle 12; 1991-2010: Europäische Kommission (2011a), Tabelle *Gross public debt (UDGG)*; eigene Grafik.

Weltkrieges festzustellen waren. Betrugen die expliziten Verbindlichkeiten des Staates im Jahr 1938 noch 31,0 Prozent der nominalen Wirtschaftsleistung, so wurde einige Monate vor Ende des Krieges eine öffentliche Verschuldungsquote von über 250 Prozent ausgewiesen. Die deutsche Staatsschuldenquote erhöhte sich damit im Laufe des Zweiten Weltkrieges sogar noch stärker, als dies in den Jahren 1914 bis 1918 der Fall gewesen war.

Dennoch gelang es, diesen Wert in relativ kurzer Zeit deutlich zurückzuführen, sodass die staatlichen Schulden wenige Jahre nach 1945 nur noch etwa 17 Prozent in Relation zur nominalen Wirtschaftsleistung ausmachten. Was sich während und nach dem Zweiten Weltkrieg ereignete, sodass es zu diesen Entwicklungen kommen konnte, werden die folgenden Seiten aufzeigen.

2.1 Entwicklung der Staatsfinanzen: 1933 bis 1945

Nach der erfolgten Währungsreform von 1923/1924 gelang es zunächst, die jährliche staatliche Neuverschuldung durch Ausgabenkürzungen und Etablierung eines soliden Steuersystems, dessen Schaffung bereits zur Zeit der Inflation im Jahr 1920 begann, auf vergleichsweise niedrigem Niveau zu halten.[88] Selbst auf die im Jahr 1929 beginnende Weltwirtschaftskrise „[...] reagierte die Regierung [...] [entgegen jeglicher fiskalpolitischer Antizyklik-Theorie] mit einer Spar- und Deflationspolitik, die den [absoluten] Schuldenanstieg aller öffentlichen Haushalte drastisch abbremste."[89] Zumindest für den Reichshaushalt änderte sich diese Situation jedoch mit der Machtergreifung der Nationalsozialisten im Jahr 1933 in zunehmendem Maße.[90] Zur Bekämpfung infolge der Wirtschaftskrise entstandener Massenarbeitslosigkeit, die auch durch die staatliche Spartätigkeit inmitten der Rezession begünstigt wurde, etablierte die Regierung ab 1933 Arbeitsbeschaffungsmaßnahmen. Sowohl hierfür als auch zur Finanzierung der beginnenden Wiederaufrüstung benötigte das Reich zusätzliche Mittel.[91] Zum Teil konnten diese Ausgaben zwar durch Steuer-

---

[88] Vgl. Sturm (1993), S. 30; Sargent (1981), S. 23; Haller (1976), S. 145f.

[89] Sturm (1993), S. 31.

[90] Vgl. Sturm (1993), S. 31; Hansmeyer, Caesar (1976), S. 390.

[91] Vgl. Albers (1976), S. 342; Hansmeyer, Caesar (1976), S. 390ff.

einnahmen gedeckt werden, dennoch musste sich die Regierung auch verschulden.[92] Abbildung 19 zeigt vor diesem Hintergrund, dass sowohl die langfristige als auch die kurzfristige Reichsverschuldung bereits vor Ausbruch des Krieges anstieg. Der Grafik ist dies nur schwer zu entnehmen, die zugehörigen Zahlenangaben sind jedoch in Tabelle B.4 (siehe Seite 221) dokumentiert. Belief sich die fundierte Schuld im Jahr 1933 noch auf 4,6 Milliarden Reichsmark, so wurde 1939 ein Wert von rund 19,9 Milliarden Reichsmark ausgewiesen, hauptsächlich bedingt durch die Emission öffentlicher Anleihen. Die schwebende Schuld erhöhte sich im gleichen Zeitraum von 2,7 Milliarden Reichsmark auf 7,5 Milliarden Reichsmark.[93]

Der Hauptanstieg der Reichsschuld ist selbstverständlich dennoch der Zeit *während* des Zweiten Weltkrieges zuzuschreiben. Zwar konnte im Vergleich zum Ersten Weltkrieg in stärkerem Maße auf Steuereinnahmen zurückgegriffen werden, sodass letztendlich rund 33 Prozent der Reichsausgaben zwischen 1939 und 1945 durch staatliche Primäreinnahmen gedeckt wurden.[94] Dennoch musste der überwiegende Teil der Kriegskosten durch Kreditaufnahme finanziert werden. Abbildung 19 lässt dabei erkennen, dass sich insbesondere die schwebende Verschuldung in den Kriegsjahren enorm erhöhte. Im Jahr 1941 und ab 1943 überstieg sie sogar durchweg die langfristige Staatsschuld. Hier besteht zugleich ein deutlicher Unterschied zur Finanzierung des Ersten Weltkrieges. Ein Blick zurück auf Abbildung 15 (siehe Seite 86) zeigt, dass im Zeitraum 1914 bis 1918 zwar auch die kurzfristige Reichsschuld anstieg, allerdings war der Großteil der Gesamtverschuldung *während* des Krieges den fundierten Verbindlichkeiten zuzuschreiben. Zur Erinnerung sei an dieser Stelle erwähnt, dass diese Entwicklung insbesondere auf die Begebung von insgesamt neun öffentlichen Anleihen zurückzuführen war, deren Zeichnungserlös den Anstieg der schwebenden Staatsschuld während des Krieges teilweise abbremsen konnte. Erst nach Ende des Ersten Weltkrieges kehrte sich das Verhältnis von langfristiger zu kurzfristiger Verschuldung um.

---

[92] Vgl. Hansmeyer, Caesar (1976), S. 391ff.

[93] Vgl. Deutsche Bundesbank (1976), S. 313.

[94] Vgl. Hansmeyer, Caesar (1976), S. 402.

Abbildung 19: Entwicklung der deutschen Reichsverschuldung absolut
sowie in Relation zum nominalen Bruttoinlandsprodukt vor und während
dem Zweiten Weltkrieg (Stand jeweils am 31. März)

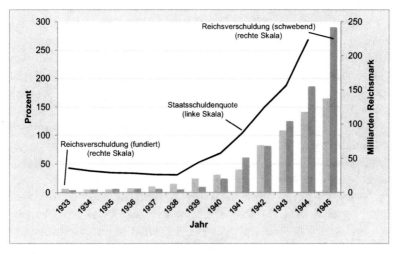

Quelle: Sylla (2011), Tabelle 8; Deutsche Bundesbank (1976), S. 313; eigene Grafik.

Während des Zweiten Weltkrieges wurde die Anleiheemission gegenüber
dem Publikum hingegen vollständig unterlassen. „Die Reichsregierung
verzichtete damit bewußt darauf, die Einkommen der Bevölkerung direkt
abzuschöpfen; dies geschah zum einen, weil der Zwang zur Zeichnung
von Anleihen als psychologisch störend angesehen wurde, zum anderen,
weil man erkannte, daß es finanzierungstechnisch ziemlich gleichgültig
sei, ob Geldbeträge unmittelbar in Reichspapieren angelegt würden oder
mittelbar bei den Kreditinstituten, denen sie infolge der durch die Rationierung aller Güter beschränkten Ausgabemöglichkeiten – und wegen der
Strafandrohung für das Horten von Geld – ohnehin zufließen mußten."[95]
Dieser Aussage muss allerdings in Teilen widersprochen werden, da es
hinsichtlich der Veränderung der Geldmenge mitunter nicht gleichgültig
ist, ob die privaten Haushalte oder das Bankensystem dem Staat Kredit
gewähren. Während es in erstgenanntem Fall, sofern die privaten Haushalte die Staatstitel mittels ihrer Ersparnis erwerben, nicht zu Geldschöpfung kommt, kann eine Ausweitung der Geldmenge im zweitgenannten

---

[95] Hansmeyer, Caesar (1976), S. 404.

Fall hingegen gegeben sein, und zwar genau dann, wenn die Banken diese Kreditvergabe nicht an anderer Stelle sterilisieren. Nach Lang und Koch kann hierbei auch eine unzureichende Zurückdrängung der privaten Kreditnachfrage durch Ausbleiben eines Zinsniveauanstiegs zu einer Geldmengenexpansion führen.[96] Während des Zweiten Weltkrieges lag genau diese Situation vor. So senkte etwa die Zentralbank im Laufe des Krieges sogar ihren Leitzinssatz, sodass dieser fast durchweg einen Wert von vergleichsweise niedrigen 3,50 Prozent annahm. Vor Kriegsausbruch betrug er beispielsweise im Jahr 1932 noch 5,21 Prozent.[97] Dennoch nahm das Deutsche Reich in den Kriegsjahren kaum Kredite bei der allgemeinen Bevölkerung auf. Die Mehrheit der langfristigen und ein Teil der kurzfristigen Staatsschuldtitel wurde bei den Banken platziert, ein weiterer Anteil auch bei Versicherungen. Teilweise wurden diese Institutionen auch zum Ankauf von Schuldtiteln gezwungen, sodass das Reich am Ende des Krieges Verbindlichkeiten in Höhe von rund 189 Milliarden Mark gegenüber Geschäftsbanken, Sparkassen und Versicherungen aufgebaut hatte.[98] Gleichzeitig griff die Regierung auch in erheblichem Maße auf den direkten Zentralbankkredit zurück. Bereits im Ersten Weltkrieg wurde dem Staat diese Finanzierungsmethode im Rahmen der Kriegsgesetze vom 04. August 1914 nahezu uneingeschränkt gewährt. Mit dem *Gesetz über die Deutsche Reichsbank* vom 15. Juni 1939 wurde zu Beginn des Zweiten Weltkrieges Ähnliches erreicht. Die Reichsbank war der Regierung fortan direkt unterstellt und verlor damit ihre Unabhängigkeit, die ihr noch im August 1924 gesetzlich zugesagt wurde.[99] Gleichzeitig konnte die Regierung ab dato selbst bestimmen, in welcher Höhe sie sich des kurzfristigen Zentralbankkredits (Laufzeit $\leq$ drei Monate) bediente. So bestanden beispielsweise im März 1943 rund 28 Prozent der kurzfristigen Reichsverbindlichkeiten direkt gegenüber der Reichsbank.[100] Insgesamt erhöhte sich die Reichsverschuldung im Laufe

---

[96] Vgl. Lang, Koch (1980), S. 101f.

[97] Vgl. Deutsche Bundesbank (1976), S. 278.

[98] Vgl. Hansmeyer, Caesar (1976), S. 405.

[99] Vgl. Österreichische Nationalbibliothek (2003), Deutsches Reichsgesetzblatt Teil II 1924, S. 235. („Die Reichsbank ist eine von der Reichsregierung unabhängige Bank […].")

[100] Eigene Berechnungen auf Basis von: Bank für Internationalen Zahlungsausgleich (1943), S. 192; Deutsche Bundesbank (1976), S. 313.

des Zweiten Weltkrieges von 27,4 Milliarden Reichsmark im Jahr 1939 auf 377,7 Milliarden Reichsmark im Jahr 1945. Rund 63,8 Prozent des letztgenannten Wertes entfielen dabei auf kurzfristige Verbindlichkeiten, insbesondere gegenüber der Zentralbank und anderen Kreditinstituten.[101] Im Jahr 1944 erreichte die öffentliche Schuldenstandsquote letztendlich einen Wert von 267,8 Prozent der gesamtwirtschaftlichen Produktion, obwohl das reale Wirtschaftswachstum selbst während des Krieges fast durchweg moderat positive Werte annahm.[102] Was sich nach Beendigung des Zweiten Weltkrieges ereignete, sodass die in Abbildung 18 (siehe Seite 110) dargestellte Reduktion der Schuldenquote dennoch realisiert werden konnte, wird nachstehend aufgezeigt.

2.2 Reduktion der Staatsschuld: 1948

Die Art der Kriegsfinanzierung zwischen 1939 und 1945 lässt einige Parallelen zur Situation im Deutschen Reich nach dem Ersten Weltkrieg erkennen. Bereits damals bediente sich die Regierung in übermäßigem Maße des Zentralbankkredits, sodass sich letztendlich eine (Hyper)Inflation entwickelte, die die Schuldenstandsquote innerhalb weniger Jahre deutlich reduzierte. Es liegt nun nahe zu vermuten, dass es nach Ende des Zweiten Weltkrieges ebenfalls zu einer staatlichen Entschuldung durch Kombination aus Inflation und anschließender Währungsreform kommen musste, weist doch die Art der beiden Kriegsfinanzierungen deutliche Gemeinsamkeiten auf. Auch wenn diese Aussage in Teilen zutrifft, so zeigen die nachfolgenden Betrachtungen dennoch, dass die Reichsregierung bereits während des Zweiten Weltkrieges Maßnahmen ergriff, um einer erneuten (Hyper)Inflation und den damit einhergehenden gesamtwirtschaftlichen Konsequenzen entgegenzuwirken.[103]

Während im Ersten Weltkrieg zumindest versucht wurde, die kurzfristige Verschuldung, zu der auch die Kreditaufnahme bei der Reichsbank zählte, durch öffentliche Anleihebegebungen temporär zu reduzie-

---

[101] Vgl. Deutsche Bundesbank (1976), S. 313.

[102] Vgl. Sylla (2011), Tabelle 8; Maddison (1989), S. 120.

[103] An dieser Stelle sei darauf hingewiesen, dass für den Zeitraum 1946 bis 1950 keine Daten zur öffentlichen Verschuldung in Deutschland vorliegen, sodass nachfolgend keine grafische Darstellung der Schuldensituation in den Jahren nach Kriegsende erfolgen kann.

ren, blieben solche Anstrengungen im Laufe des Zweiten Weltkrieges komplett aus. Der überwiegende Teil der Reichsverbindlichkeiten wurde vielmehr von Beginn an gegenüber der Reichsbank und den Kreditinstituten aufgebaut. Auch vor dem Hintergrund eines niedrigen Zinsniveaus ging damit letztlich eine deutliche Ausweitung der Geldmenge einher. Tabelle B.5 (siehe Seite 221) bestätigt diese Aussage. Alleine der Bargeldumlauf erhöhte sich zwischen 1939 und Kriegsende um rund 58,48 Milliarden Reichsmark.

Angesichts der Ereignisse während und nach dem Ersten Weltkrieg hätten solche Entwicklungen früher oder später in einer Inflation enden müssen, insbesondere als im Jahr 1936 Vollbeschäftigung erreicht wurde und somit eine Ausweitung des Güterangebots eng begrenzt war.[104] Eine aufgrund eines Nachfrageüberhangs bestehende inflatorische Lücke hätte demnach nur über Preissteigerungen geschlossen werden können.[105] Betrachtet man jedoch die in Tabelle B.6 (siehe Seite 222) dargestellten Preisentwicklungen während des Krieges, so lassen sich zwar Steigerungen erkennen, allerdings spiegeln diese in keiner Weise den enormen Anstieg der Geldmenge wider. Während der Bargeldumlauf zwischen 1939 und 1945 um etwa 403 Prozent zunahm, erhöhten sich die Großhandelspreise im gleichen Zeitraum um lediglich 10 Prozent, die Lebenshaltungskosten um rund 12 Prozent. Wie bereits während des Ersten Weltkrieges lag demnach eine *zurückgestaute Inflation* vor, deren Ausmaß jedoch im Vergleich zu den Jahren zwischen 1914 und 1918 nochmals deutlich stärker war.[106] Erreicht wurde dies durch die Verordnung von Preis- und, damit einhergehend, Lohnstopps, die auch nach Beendigung des Krieges von allen vier alliierten Besatzungsmächten fortgeführt wurden.[107]

Mit Verhängung dieser Preis- und Lohnhöchstgrenzen wurden jedoch nicht die Ursachen einer aufkeimenden Lücke zwischen Güterangebot und (durch Ausweitung der Geldmenge angeregter) Güternachfrage beseitigt. Vielmehr wurden nur die Symptome, das heißt Preis- und Lohn-

---

[104] Vgl. Hansmeyer, Caesar (1976), S. 377.

[105] Vgl. Stark (2008), S. 1.

[106] Zum Vergleich: In den Jahren 1914 bis 1918 erhöhte sich der Bargeldumlauf um rund 280 Prozent, die Großhandelspreise stiegen im gleichen Zeitraum immerhin um 105 Prozent an (eigene Berechnungen auf Basis von: Deutsche Bundesbank (1976), S. 14; Holtfrerich (1980), S. 48f.; Keynes (1924), S. 3).

[107] Vgl. Abelshauser (1983), S. 48.

erhöhungen, unterdrückt.[108] „Mit Hilfe [...] [dieser] Instrumente konnten Preis- und Lohnsteigerungen größeren Ausmaßes bis etwa zum Sommer 1944 im Wesentlichen verhindert werden, das heißt so lange, bis das Ungleichgewicht von Gütermenge und Geldumlauf auch der Bevölkerung in vollem Umfang bewußt wurde."[109] Als das Vertrauen in die Währung zu schwinden begann, entwickelten sich schließlich in zunehmendem Maße schwarze und auch graue Märkte, auf denen Ware gegen Ware getauscht wurde. Zahlreiche Güter verschwanden aus den Regalen der Geschäfte und waren fortan nur noch auf diesen Märkten verfügbar, da die offiziell gesetzten Preise in keinem Verhältnis zur Geldmenge und der Güternachfrage standen.[110] Auch wenn die Inflation nie offen zum Ausbruch kam, sondern immer in zurückgestauter Form vorlag, so führte die Beseitigung dieser Ungleichgewichte letztendlich nicht an einer erneuten Währungsreform vorbei, die am 20. Juni 1948 in den drei westdeutschen Besatzungsgebieten erfolgte.[111]

Im Rahmen des Währungsschnitts in den amerikanisch, britisch und französisch besetzten Gebieten wurde die Reichsmark gegen die Deutsche Mark eingetauscht. Generell wurde bei gegebenen Preisen ein Umtauschverhältnis von einer Reichsmark zu einer Deutschen Mark festgelegt, im Gegensatz zur Währungsreform von 1923/1924 wurden hier jedoch zahlreiche abweichende Regelungen getroffen. Bankeinlagen und Bargeld wurden beispielsweise im Verhältnis 100 Reichsmark zu 6,50 Deutsche Mark eingetauscht.[112] Regelmäßig wiederkehrende Verbindlichkeiten wie Löhne, Gehälter, Miet- und Pachtzinsen, Pensionen und Renten konnten im Verhältnis eins zu eins eingewechselt werden, alle anderen Schuldverhältnisse wurden in der Relation zehn Reichsmark zu einer Deutschen Mark abgewertet. Diese Umtauschrelation hatte jedoch nur für Unternehmen und private Haushalte Gültigkeit. Die innere Reichsschuld wurde hingegen nicht in Deutsche Mark eingewechselt und somit wert-

---

[108] Vgl. Hansmeyer, Caesar (1986), S. 409.

[109] Hansmeyer, Caesar (1976), S. 414.

[110] Vgl. Deutsche Bundesbank (2007), S. 1; Hansmeyer, Caesar (1976), S. 423.

[111] Vgl. Deutsche Bundesbank (2007), S. 1; Hansmeyer, Caesar (1976), S. 423. Vernachlässigt wird an dieser Stelle die wenige Tage später in der sowjetischen Besatzungszone durchgeführte separate Währungsreform.

[112] Vgl. Theurl (1998), S. 190f.; Abelshauser (1983), S. 50; Tober, van Treeck (2010), S. 12.

los.[113] Den Hauptgläubigern des Reiches, das heißt den Kreditinstituten, Versicherungen und der Bank deutscher Länder (als Nachfolgerin der Reichsbank und Vorreiterin der Deutschen Bundesbank) wurden allerdings zum Ersatz sogenannte Ausgleichsforderungen in Form neuer, langfristiger Staatsschuldtitel zugestanden.[114] Diese Forderungen waren notwendig, da in den Bilanzen der Reichsgläubiger nach der erfolgten Währungsreform einer Umrechnung der Verbindlichkeiten in Deutsche Mark auf der Passivseite wertlose Forderungen gegenüber dem Reich auf der Aktivseite gegenüberstanden. Die Summen der Aktiva waren somit geringer als die der Passiva, sodass Bilanzlücken vorlagen. Zur Schließung dieser Lücken wurden die genannten Ausgleichsforderungen herangezogen, deren Bestand sich im Jahr 1955 auf insgesamt 20,69 Milliarden Deutsche Mark belief.[115] Letztendlich kann daher nicht von einer vollständigen Annullierung der Reichsschuld gesprochen werden. Eher unterlag die staatliche Verschuldung im Rahmen dieser Ausgleichsforderungen einer deutlichen Abwertung, sodass es sich letztendlich um einen partiellen Zahlungsausfall auf alle in Reichsmark denominierte Schulden handelte.

2.3 Folgen und Lehren

2.3.1 Makroökonomische Auswirkungen

Auch wenn sich der deutsche Staat nach dem Zweiten Weltkrieg nicht durch den Ausbruch einer offenen (Hyper)Inflation, sondern mit Hilfe eines Währungsschnitts entschulden konnte, so weisen die gesamtwirtschaftlichen Folgen dieser Ereignisse dennoch starke Parallelen auf. Im Gegensatz zur Währungsreform von 1923, vor deren Hintergrund jegliche monetäre Größen in einem einheitlichen Verhältnis von Mark zu Renten- bzw. Reichsmark eingewechselt wurden, war der Währungsschnitt von 1948 von deutlich asymmetrischen Umtauschrelationen geprägt. Umverteilungswirkungen zugunsten der Schuldner und Sachwertbesitzer gingen daher mit Einführung der Deutschen Mark unausweich-

---

[113] Vgl. Abelshauser (1983), S. 50; Möller (1976), S. 460 und S. 465; Deutsche Bundesbank (1998), S. 130f.; Theurl (1998), S. 191.

[114] Vgl. Möller (1976), S. 453f. und S. 466f.; Deutsche Bundesbank (1998), S. 125; Gabler (2009), S. 39.

[115] Vgl. Gabler (2009), S. 39; Deutsche Bundesbank (1976), S. 314.

lich einher. Was nach Ende des Ersten Weltkrieges auf den Ausbruch der (Hyper)Inflation zurückzuführen war, ereignete sich somit rund 25 Jahre später auf ganz ähnliche Weise im Rahmen der Währungsreform. So führte die Abwertung privater Schuldverhältnisse in der Relation zehn Reichsmark zu einer Deutschen Mark bei gegebenen Preisen zu einer realen Entschuldung der Kreditnehmer um 90 Prozent. Gleichzeitig erhielten jedoch auch die Gläubiger real nur noch ein Zehntel des ursprünglichen Forderungswertes zurück. Bankeinlagen und Bargeldbestände wurden, wie bereits erwähnt, ebenfalls deutlich abgewertet und verloren demnach gleichermaßen real an Wert. Auch wenn sich der Staat im Laufe des Zweiten Weltkrieges kaum bei der allgemeinen Bevölkerung verschuldet hatte, so muss dennoch angemerkt werden, dass sich die privaten Staatsanleihenbesitzer nach erfolgter Währungsreform völlig entwerteten Forderungen an die Regierung gegenübersahen, da die erwähnten Ausgleichsforderungen nur den Hauptgläubigern (Zentralbank, Kreditinstitute, Versicherungen) gewährt wurden. Im Endergebnis konnten somit trotz erfolgreicher Unterdrückung der Inflation ungleiche Verteilungswirkungen zwischen Schuldnern bzw. Sachwertbesitzern und Gläubigern bzw. Geldvermögensbesitzern nicht verhindert werden.

Um diese Umverteilungen zumindest partiell zu beseitigen, wurden vier Jahre nach der Währungsreform sogenannte *Lastenausgleichsregelungen* festgelegt. „[…] Zur Milderung dringender sozialer Notstände […]" trat dabei 1949 vorab das *Soforthilfegesetz* in Kraft, welches letztendlich im Jahr 1952 Bestandteil des eigentlichen Lastenausgleichsgesetzes wurde.[116] Ziel dieser gesetzlichen Regelungen war eine Umverteilung von Vermögen zugunsten der durch den Krieg und/oder die Währungsreform besonders Geschädigten. Ein Lastenausgleich konnte dabei beispielsweise infolge von Vertreibungs-, Kriegs- oder Sparerschäden gewährt werden.[117] Zur Finanzierung dieser Leistungen wurden insbesondere von durch die Währungsreform Begünstigten sogenannte *Ausgleichsabgaben* erhoben, die sich aus Hypothekengewinnabgaben, Kreditgewinnabgaben sowie einmaligen Vermögensabgaben zusammensetzten. Die jeweiligen Leistungen konnten dabei ratenweise innerhalb von 30 Jahren erbracht werden.[118]

---

[116] Möller (1976), S. 478.

[117] Vgl. Bundesministerium der Justiz (2011), §228 Schadenstatbestände, Absatz 1.

[118] Vgl. Spehl (2011), S. 2; Bundesministerium der Justiz (2011), § 3 Ausgleichsabgaben; Abelshauser (1983), S. 50.

Auch wenn durch diese Maßnahmen den Umverteilungseffekten zumindest teilweise entgegengewirkt werden konnte, so hat der „[…] endgültige Lastenausgleich […] die mit der Währungsreform verbundene Sonderbelastung der Geldvermögensbesitzer […] [dennoch] nicht [vollständig] ausgeglichen."[119]

Trotz dieser ungleichen Verteilungswirkungen muss allerdings darauf hingewiesen werden, dass die Währungsreform von 1948 letztendlich die Missverhältnisse zwischen Geldumlauf und Gütermenge beseitigte. Auch wurde die Einführung der Deutschen Mark gleichzeitig von einer Wirtschaftsreform begleitet, mit deren Umsetzung der Übergang zur freien Marktwirtschaft realisiert werden konnte. Insbesondere durch das Bestreben Ludwig Erhards kam es somit zu einer Aufhebung der Bewirtschaftungsmaßnahmen und Preisreglementierungen in den britischen und US-amerikanischen Besatzungszonen.[120] Die Kombination aus Währungs- und Wirtschaftsreform bildete daher die entscheidende Grundlage für das deutsche Wirtschaftswunder, „das nach […] einer kurzen Phase […] [der] Anpassungsinflation im zweiten Halbjahr 1948 und einer kurzen Stabilisierungskrise 1949 begann […]."[121]

2.3.2 Beurteilung aus heutiger Sicht

Drei Jahre nach Ende des Zweiten Weltkrieges konnte sich der deutsche Staat im Rahmen der beschriebenen Währungsreform von einem Großteil seiner auf Reichsmark lautenden Schulden befreien, indem er seine expliziten Verbindlichkeiten schlichtweg nicht in Deutsche Mark umwandelte. Doch könnte eine solche Entschuldungsmethode auch heute noch uneingeschränkt Wirkung entfalten? Die Beantwortung dieser Frage interessiert insbesondere für die Mitgliedsstaaten der Eurozone, da sich hier aufgrund des gemeinschaftlichen Währungsraumes 17 verschiedener Nationen eine völlig andere Ausgangssituation ergibt als für Deutschland nach dem Zweiten Weltkrieg.

Innerhalb der Europäischen Währungsunion würde eine Währungsreform zunächst den Austritt aus dem gemeinsamen Währungsraum

---

[119] Möller (1976), S. 480.
[120] Vgl. Möller (1976), S. 458f.; Theurl (1998), S. 191.
[121] Theurl (1998), S. 191.

zwingend voraussetzen. Ob und wie dies rechtlich möglich ist, kann an dieser Stelle nicht beurteilt werden. Der Vertrag von Lissabon sieht jedenfalls das Ausscheiden eines Landes aus der Europäischen Währungsunion nicht vor. Vielmehr ist nur ein freiwilliger Austritt aus der Europäischen Union geregelt. [122] Geht man davon aus, dass ein Ausschluss aus der Währungsgemeinschaft potentiell möglich ist, so könnte eine bloße Währungsreform staatsschuldentechnisch dennoch nur bedingt Wirkung entfalten. Zur Veranschaulichung soll nachfolgend davon ausgegangen werden, dass ein Mitgliedsstaat der Europäischen Währungsunion, beispielsweise Deutschland, den Austritt aus der Währungsgemeinschaft durch Rückkehr zur früheren nationalen Währung beschließt. Ceteris paribus soll zudem die Annahme gelten, dass alle anderen Mitglieder kein Ausscheiden aus der Währungsunion erwägen. Der Euro würde also, im Gegensatz zur Reichsmark nach 1948, weiterhin als Währung existieren. Eine Wiedereinführung der Deutschen Mark in der Bundesrepublik würde nun unter diesen Voraussetzungen wahrscheinlich automatisch zu einer Abwertung der bestehenden Euro-Staatsverbindlichkeiten führen, da die Mark gegenüber dem Euro voraussichtlich unmittelbar aufwerten würde. [123] Anders sähe dies jedoch beispielsweise bei einer Währungsreform in Griechenland aus. Würde die Hellenische Republik gegenwärtig zur Drachme zurückkehren, so würde diese gegenüber dem Euro sofort stark abwerten, sodass die in Euro denominierten Staatsschulden spiegelbildlich einer Aufwertung unterliegen würden. [124] Die Schulden der öffentlichen Haushalte Griechenlands würden somit im Zuge einer Währungsreform (in Drachmen gemessen) ansteigen. Um die Schuldenlast tatsächlich reduzieren zu können, wäre hier vielmehr ein expliziter (partieller) Schuldenschnitt erforderlich. [125]

[122] Vgl. Europäische Union (2010), S. C 83/43, Artikel 50; Sachverständigenrat (2010), S. 99f.

[123] Vgl. Eichengreen (2010), S. 1f.; Bofinger (2009), S. 1; Bofinger (2010), S. 25

[124] Vgl. Sachverständigenrat (2010), S. 99f.

[125] Wie später noch das Fallbeispiel Argentinien zeigen wird, müsste hier eigentlich bereits eine Abgrenzung zwischen Inlands- und Auslandsstaatsschulden erfolgen, da die Regierung prinzipiell eine Währungs-Zwangsumwandlung von unter inländische Rechtsprechung fallenden Staatsschuldtiteln anordnen kann. Würde Griechenland beispielsweise zur Drachme zurückkehren, so könnte nicht ausgeschlossen werden, dass alle auf Euro lautenden und unter griechisches Recht fallenden Staatsschulden durch Verordnung der Regierung in Drachmen umgewandelt werden wür-

Implizit geschah dies auch 1948 in Deutschland, das heißt die Währungsreform kam prinzipiell einem Zahlungsausfall auf staatliche Schuldtitel gleich. Die bis dato angehäufte Reichsschuld wurde dabei schlichtweg nicht in Deutsche Mark umgetauscht und lediglich in Form der erwähnten Ausgleichsforderungen aufrechterhalten. Die partielle Beseitigung der Reichsschuld konnte somit einfach im Rahmen der Währungsreform abgewickelt werden. Möglich war dies unter anderem deshalb, weil die Reichsmark eine rein nationale Währung war, die nach Durchführung der Währungsreform nicht mehr als Zahlungsmittel existierte und somit ihren Wert verlor. Anders sähe dies bei einer gegenwärtigen Währungsumstellung eines Mitgliedsstaates der Europäischen Währungsunion aus. Die in Euro denominierten Staatsverbindlichkeiten würden mit einer Währungsreform nicht automatisch ihren Wert verlieren, da der Euro als Währung (im Ausland) weiterhin existieren würde. Je nach sich einstellendem (nominalem) Wechselkurs zwischen der neu eingeführten nationalen Währung und dem Euro würde es daher zu einer Abwertung oder eben einer Aufwertung der bestehenden Euro-Verbindlichkeiten kommen. Im letztgenannten Fall würde eine bloße Währungsreform nicht ausreichen, um wie in Deutschland im Jahr 1948 eine partielle Beseitigung der Schuldenlast erreichen zu können. Vielmehr wäre gleichzeitig ein expliziter Schuldenschnitt und/oder auch eine entsprechende Währungs-Zwangsumwandlung der Inlandsstaatsschuldtitel notwendig.

Eine pauschale, länderübergreifende Aussage hinsichtlich der Wirkungen einer gegenwärtigen Währungsreform auf die staatliche Verschuldung kann letztendlich nicht getroffen werden. So müsste unter isolierter Berücksichtigung der Auswirkungen auf die bestehende Staatsschuld eine Währungsumstellung für Deutschland befürwortet, für Griechenland hingegen abgelehnt werden. Aus makroökonomischer Sicht muss das Szenario der Währungsreform und damit eines Ausscheidens aus der Europäischen Währungsunion jedoch verneint werden, da die gesamt-

den, und zwar zu einem deutlich höheren Wechselkurs zwischen Drachme und Euro als dem tatsächlich vorliegenden Wechselkurs (Mengennotierung aus griechischer Sicht). Kapitel 4.2 wird zeigen, dass genau dies in Argentinien im Jahr 2002 der Fall war und es somit zu einer Reduktion der inländischen Staatsschuld kam. Dennoch kam hier das Problem der Auslandsverschuldung hinzu, im Rahmen derer eine solche Zwangsumwandlung generell kaum möglich ist (vgl. hierzu auch Konrad, Zschäpitz (2010), S. 100; Sachverständigenrat (2011c), S. 99).

wirtschaftlichen Folgen eines solchen Schrittes jedwede potentiell positive Auswirkung auf die Staatsschuld deutlich überlagern würden.[126]

Eine Währungsreform nach dem Vorbild von 1948, in deren Rahmen explizite Staatsverbindlichkeiten in der Altwährung bestehen bleiben, führt somit nicht zwingend zu einer automatischen Entschuldung der Regierung. Staaten mit einer rein nationalen Währung ist eine Rückführung der Schulden auf diesem Wege zwar prinzipiell möglich, allerdings kommt dies einem (impliziten) Schuldenschnitt mit entsprechenden Umverteilungseffekten gleich. Für einzelne Nationen, die Teil eines Währungsraumes sind, hängen die Auswirkungen einer solchen Währungsreform auf die Last der Staatsverbindlichkeiten letztendlich vom (nominalen) Wechselkurs zwischen der Alt- und Neuwährung ab.

Ebenso wenig wie die Inflation kann daher auch eine Währungsreform nicht als optimaler Ausweg aus der Staatsverschuldung gesehen werden. So lohnt es sich, einen Blick auf die Entschuldungsphasen der Vereinigten Staaten von Amerika und des Vereinigten Königreiches in der Zeit nach dem Zweiten Weltkrieg zu werfen.

3 USA und Vereinigtes Königreich nach dem Zweiten Weltkrieg

Nicht nur im Deutschen Reich, sondern vielmehr in nahezu allen am Zweiten Weltkrieg beteiligten Nationen kam es zwischen 1939 und 1945 zu einem beträchtlichen Anstieg der öffentlichen Verschuldung. Abbildung 20 zeigt, dass diese Aussage auch für die Vereinigten Staaten von Amerika und das Vereinigte Königreich Gültigkeit hat. Die staatliche Schuldenstandsquote in den USA stieg im Laufe des Krieges um rund 77,8 Prozentpunkte an und erreichte im Jahr 1946 mit 121,7 Prozent ihr lokales Maximum.

---

[126] Vgl. Sachverständigenrat (2011c), S. 96ff. Ein Austritt Deutschlands aus der Europäischen Währungsunion würde beispielsweise aufgrund einer Aufwertung der Deutschen Mark zu einem starken Einbruch der deutschen Exportwirtschaft führen. Vor dem Hintergrund der aktuell diskutierten globalen Ungleichgewichte wäre eine solche Entwicklung zwar aus internationaler Sicht teilweise wünschenswert, allerdings würde es in Deutschland auch zu einem Rückgang des Wirtschaftswachstums kommen, falls die Binnennachfrage nicht in entsprechendem Umfang gesteigert werden könnte.

Ähnliche Entwicklungen waren auch im Vereinigten Königreich festzustellen. Der öffentliche Schuldenstand erhöhte sich hier zwischen 1939 und 1946 in Relation zur gesamtwirtschaftlichen Produktion um etwa 111 Prozentpunkte und nahm kurz nach Kriegsende einen Wert von 252 Prozent an.

Abbildung 20: Entwicklung der Staatsverschuldung in Relation zum nominalen Bruttoinlandsprodukt in den Vereinigten Staaten von Amerika und im Vereinigten Königreich

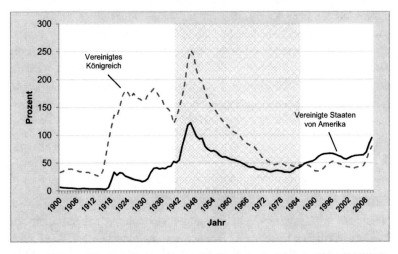

Quellen: USA 1900-1939: Internationaler Währungsfonds (2011a); USA 1940-2009: Office of Management and Budget (2011), S. 139f.; Vereinigtes Königreich 1900-2002: United Kingdom Debt Management Office (2008), S. 2f.; alle übrigen Daten: Europäische Kommission (2011a), Tabelle *Gross public debt (UDGG)*; eigene Grafik.

Trotz dieser enormen Zunahme verharrten die staatlichen Schuldenstandsquoten in beiden Ländern jedoch nicht auf diesem hohen Niveau. Abbildung 20 ist zu entnehmen, dass sich eine nach Kriegsende einsetzende Reduktion der öffentlichen Verschuldung im Verhältnis zur nominalen Wirtschaftsleistung zwar nicht in solch abruptem Maße wie in Deutschland nach den Weltkriegen vollzog. Dennoch ist deutlich zu erkennen, dass die Staatsschuldenquoten zwischen 1946 und Mitte der 1980er Jahre nahezu kontinuierlich sanken. Auf welche Ursachen diese Entwicklungen zurückgeführt werden konnten, wird nachstehend aufgezeigt.

3.1 Entwicklung der Staatsfinanzen: 1939 bis 1945

Ähnlich wie das Deutsche Reich waren auch die Zentralregierungen der Vereinigten Staaten von Amerika sowie des Vereinigten Königreiches während des Zweiten Weltkrieges auf eine erhebliche öffentliche Kreditaufnahme angewiesen.

Abbildung 21 zeigt vor diesem Hintergrund zunächst die Entwicklung der staatlichen Verschuldung in den USA im Zeitraum 1939 bis 1944.

Abbildung 21: Entwicklung der Staatsverschuldung absolut sowie in Relation zum nominalen Bruttoinlandsprodukt in den Vereinigten Staaten von Amerika während des Zweiten Weltkrieges (Stand jeweils am 30. Juni)

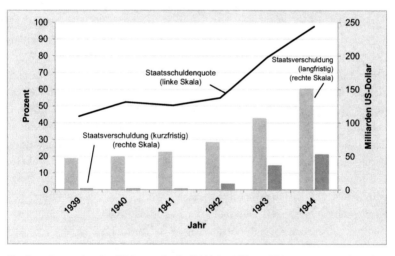

Quellen: Internationaler Währungsfonds (2011a); Office of Management and Budget (2011), S: 139f.; Bank für Internationalen Zahlungsausgleich (1944), S. 185; eigene Grafik.

Der Grafik ist zu entnehmen, dass im Laufe des Krieges neben der öffentlichen Schuldenstandsquote auch die absoluten Staatsverbindlichkeiten deutlich anstiegen. So erhöhte sich die Gesamtverschuldung der amerikanischen Zentralregierung von 47,9 Milliarden US-Dollar im Jahr 1939 auf rund 257,0 Milliarden US-Dollar im Jahr 1945, wobei diese Zunahme auf eine Erhöhung sowohl der langfristigen als auch der kurzfristigen

Verbindlichkeiten zurückzuführen war.[127] Dennoch ist festzuhalten, dass die fundierte Staatsschuld wertmäßig stets den schwebenden Kreditbestand der Regierung überstieg. Ein Blick zurück auf Abbildung 19 (siehe Seite 113) veranschaulicht, dass hier ein deutlicher Unterschied zur Kriegsfinanzierung der deutschen Reichsregierung vorlag. Wie bereits erwähnt verzichtete Deutschland während des Zweiten Weltkrieges nahezu vollständig auf eine Kreditaufnahme beim Publikum. Mit Voranschreiten des Krieges verschuldete sich der Staat in zunehmendem Maße gegenüber den Kreditinstituten und der Zentralbank, wobei letztendlich verstärkt auf den kurzfristigen Kredit zurückgegriffen werden musste.

Eine andere Situation lag hingegen in den Vereinigten Staaten vor. Die Regierung bemühte sich hier während des gesamten Krieges, durch die Emission langfristiger Staatsschuldtitel einen Teil der öffentlichen Verschuldung gegenüber der allgemeinen Bevölkerung aufzubauen. Alleine zwischen 1942 und 1944 wurden dabei sechs Kriegsanleihen begeben, die insgesamt einen Zeichnungserlös von rund 92,7 Milliarden US-Dollar erbrachten.[128] Durch die Ausgabe dieser staatlichen Wertpapiere an das Publikum gelang es zum einen private Kaufkraft zu entziehen, um so einer gesamtwirtschaftlichen Übernachfrage am Gütermarkt entgegenzuwirken. Zum anderen erlaubte die Anleiheemission zugleich die Eindämmung der staatlichen Kreditaufnahme gegenüber dem Bankensystem und den Zentralbanken, sodass auch einer unkontrollierten Ausweitung der Geldmenge gegengesteuert werden konnte. Tabelle B.8 (siehe Seite 223) zeigt in diesem Zusammenhang, dass der überwiegende Teil der US-amerikanischen Staatsverbindlichkeiten während des Krieges tatsächlich stets außerhalb der Kreditinstitute untergebracht war. Zwar erhöhte sich auch die öffentliche Kreditaufnahme gegenüber dem Bankensektor, aber dennoch lagen Ende 1944 rund 58 Prozent der Staatsschulden in der Hand der Nicht-Banken.

Ähnliche Entwicklungen waren im Vereinigten Königreich zu beobachten. Abbildung 22 zeigt, dass auch dort im Zeitraum 1939 bis 1944 der überwiegende Teil der öffentlichen Verbindlichkeiten in langfristigen Staatsschuldtiteln gebunden war. So entfielen Ende März 1944 rund 70 Prozent der staatlichen Gesamtverschuldung in Höhe von 18,6 Milliarden Pfund Sterling auf lang- und mittelfristige Kredite. Ein relativ geringer

---

[127] Siehe hierzu auch Tabelle B.7 auf Seite 222.

[128] Vgl. Bank für Internationalen Zahlungsausgleich (1944), S. 186.

Anteil von 8,6 Prozent aller Staatsschulden bestand gegenüber der Bank of England.[129] Im Rahmen des sogenannten *National Savings Movement* unternahm die Regierung des Vereinigen Königreiches auch explizit „Werbefeldzüge für das Sparen", um sich so verstärkt gegenüber der allgemeinen Bevölkerung (außerhalb des Bankensystems) verschulden zu können.[130]

Abbildung 22: Entwicklung der Staatsverschuldung absolut sowie in Relation zum nominalen Bruttoinlandsprodukt im Vereinigten Königreich während des Zweiten Weltkrieges (Stand jeweils am 31. März)

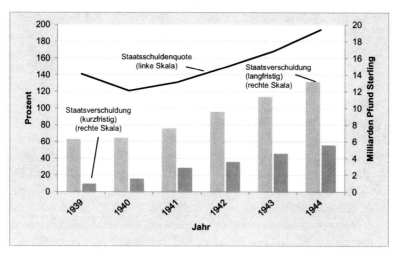

Quellen: Internationaler Währungsfonds (2011a); United Kingdom Debt Management Office (2008), S. 2; Bank für Internationalen Zahlungsausgleich (1944), S. 198; eigene Grafik.

Während des Zweiten Weltkrieges wurde daher sowohl in den Vereinigten Staaten von Amerika als auch im Vereinigten Königreich das Publikum in viel größerem Maße an der Finanzierung der staatlichen Defizite beteiligt als im Deutschen Reich. Die Bank für Internationalen Zahlungsausgleich schreibt hierzu, dass zweifelsohne alle drei Länder „[...]" an

[129] Siehe hierzu auch Tabelle B.9 auf Seite 223.

[130] Bank für Internationalen Zahlungsausgleich (1943), S. 185; Archives and Records Council Wales (2011), S. 1.

niedrigen Zinssätzen festgehalten und die großen Geldsammelbecken der Sparkassen, Versicherungsgesellschaften und sozialen Einrichtungen angezapft [haben]. Während aber in den Vereinigten Staaten und Großbritannien die Regierungen nachdrückliche „Sparfeldzüge" unternommen haben, um eine große Menge verschieden gearteter Werttitel an private Geldgeber abzusetzen – und dadurch die Mittel möglichst lange festzulegen –, haben die zuständigen Stellen in Deutschland [...] keine ähnlichen Anstrengungen gemacht, um sich eine unmittelbare Beteiligung der Bevölkerung zu sichern; vielmehr fand die staatliche Kreditaufnahme fast ausschließlich über die Banken und anderen Institutionen statt [...]."[131] Unterschiede in der staatlichen Schuldenstruktur waren damit gegen Ende des Krieges deutlich sichtbar. Machten die lang- und mittelfristigen Staatsverbindlichkeiten in den USA im März 1944 einen Anteil von rund 74 Prozent und im Vereinigten Königreich von etwa 70 Prozent der öffentlichen Gesamtverschuldung aus, so belief sich die gleiche Größe im Deutschen Reich auf nur 43 Prozent.[132] Des Weiteren ist festzuhalten, dass sowohl in den USA als auch im Vereinigten Königreich ein durchaus größerer Anteil der staatlichen Gesamtausgaben im Laufe des Krieges durch Steuereinnahmen gedeckt werden konnte als in Deutschland. Während im Deutschen Reich rund 33 Prozent der Reichsausgaben durch staatliche Primäreinnahmen finanziert wurden, belief sich der Wert für die Vereinigten Staaten, hauptsächlich bedingt durch im Krieg durchgeführte Steuerreformen, auf etwa 41 Prozent.[133] Im Vereinigten Königreich konnten, ebenfalls aufgrund zahlreicher Steuererhöhungen, sogar 48 Prozent der öffentlichen Ausgaben während des Krieges durch Primäreinnahmen gedeckt werden.[134]

Sowohl das vergleichsmäßig höhere Steueraufkommen als insbesondere auch die wesentlich stärker ausgeprägte staatliche Kreditaufnahme bei der Bevölkerung konnten letztendlich dazu beitragen, dass in beiden angelsächsischen Ländern das Inflationspotential im Rahmen des Zweiten Weltkrieges deutlich geringer ausfiel als im Deutschen Reich. Zum

---

[131] Bank für Internationalen Zahlungsausgleich (1944), S. 182.

[132] Vgl. Bank für Internationalen Zahlungsausgleich (1944), S. 258.

[133] Vgl. Hansmeyer, Caesar (1976), S. 391ff.; Ohanian (1997), S. 25; Bank für Internationalen Zahlungsausgleich (1944), S. 184f.

[134] Eigene Berechnungen auf Basis von: Bank für Internationalen Zahlungsausgleich (1944), S. 195f.

einen konnte durch die genannten Maßnahmen ein Teil der privaten Kaufkraft abgeschöpft und somit einer bestehenden Übernachfrage am Gütermarkt sowie damit einhergehenden Preissteigerungstendenzen zumindest partiell entgegengewirkt werden. Zum anderen war es auch möglich, durch die Verschuldung gegenüber dem Publikum die staatliche Kreditaufnahme bei der Zentralbank und den Geschäftsbanken zu begrenzen, sodass sich eine übermäßige Ausweitung der Geldmenge, die einen inflatorischen Prozess immer weiter angeheizt hätte, nur eingeschränkt entfalten konnte.

Zweifellos kam es auch in den USA und im Vereinigten Königreich zu einer Ausweitung der Geldmenge und nicht unwesentlichen Preissteigerungen, allerdings im Vergleich zu anderen am Krieg beteiligten Ländern in recht moderatem Ausmaße. So verdoppelte sich der Notenumlauf im Vereinigten Königreich in den Kriegsjahren, in den Vereinigten Staaten von Amerika verdreifachte er sich.[135] Diese Werte mögen nicht unerheblich erscheinen, es sei jedoch darauf hingewiesen, dass sich alleine der Bargeldumlauf im Deutschen Reich während des Zweiten Weltkrieges in etwa verfünffachte.[136] Hinsichtlich der durchschnittlichen jährlichen Inflationsrate kann festgehalten werden, dass diese zwischen 1939 und 1945 in den USA rund vier Prozent betrug, im Vereinigten Königreich sechs Prozent.[137] Ein trinationaler Vergleich mit den deutschen Preisentwicklungen kann hier nicht in adäquater Weise erfolgen, da aufgrund der recht strengen Preis- und Lohnbegrenzungen im Deutschen Reich kein realistischer Maßstab existiert.[138]

Das Potential für solch immense inflatorische Entwicklungen, wie sie sich in Deutschland zwischen 1939 und 1948 in zurückgestauter Form äußerten, war daher sowohl in den USA als auch im Vereinigten Königreich nicht vorhanden. Auch die Voraussetzungen, dass sich ähnlich wie im Deutschen Reich zwischen 1919 und 1923 erst nach Kriegsende eine Hyperinflation entwickelte, waren nicht gegeben. Zum einen war das

---

[135] Vgl. Bank für Internationalen Zahlungsausgleich (1944), S. 294ff.

[136] Siehe hierzu auch Tabelle B.5 auf Seite 221.

[137] Vgl. Officer, Williamson (2011), *Inflation Rates 1939-1945*.

[138] Preiskontrollen wurden zwar auch in anderen Ländern umgesetzt, mitunter in den USA und dem Vereinigten Königreich, allerdings kann deren Ausmaß im Vergleich zu den deutschen Regelungen als weitaus geringer eingeschätzt werden (vgl. Bank für Internationalen Zahlungsausgleich (1946), S. 8ff.).

Steuersystem in beiden angelsächsischen Ländern deutlich stärker ausgeprägt als im Deutschen Reich zur Zeit des Ersten Weltkrieges. Zum anderen gingen sowohl die Vereinigten Staaten von Amerika als auch das
Vereinigte Königreich als Sieger aus dem Krieg hervor, sodass keine
Reparationszahlungen erbracht werden mussten. Es kann daher davon
ausgegangen werden, dass die Staatsausgaben in beiden Ländern nach
1945 deutlich zurückgingen und auch eine unbegrenzte Verschuldung
gegenüber der Zentralbank und dem Bankensystem in den Nachkriegsjahren nicht gegeben war. Zu Hyperinflationen oder gar notwendigen
Währungsreformen kam es somit in den USA und im Vereinigten Königreich nach Kriegsende nicht. Dennoch konnten die staatlichen Schuldenquoten in den folgenden 30 Jahren erheblich zurückgeführt werden. Die
Ursachen dieser Entwicklungen werden nachfolgend aufgezeigt.

3.2 Reduktion der Staatsschuld ab 1946

Bereits während des Zweiten Weltkrieges zeigten die Entwicklungen der
Staatsschulden in den USA und dem Vereinigten Königreich deutliche
Parallelen. Ebenso wiesen jedoch auch die Rückführungen der öffentlichen Schuldenstandsquoten in den Jahren nach Kriegsende erhebliche
Gemeinsamkeiten auf, sodass nachstehend simultane Betrachtungen der
staatlichen Schuldenverläufe in beiden angelsächsischen Ländern ab
1946 erfolgen können.

Abbildung 23 zeigt zunächst die Entwicklung der Staatsschuldenquote
sowie der absoluten öffentlichen Schuldenlast der Vereinigten Staaten
von Amerika. Der Grafik ist zu entnehmen, dass die expliziten Verbindlichkeiten der US-Regierung in Relation zum nominalen Bruttoinlandsprodukt zwischen 1946 und 1981 um rund 89,2 Prozentpunkte zurückgingen, sodass die Schuldenstandsquote 36 Jahre nach Kriegsende letztendlich nur noch etwa 32,5 Prozent betrug.

Wie Abbildung 24 erkennen lässt, war ein ganz ähnlicher Verlauf der
öffentlichen Schuldenquote im Vereinigten Königreich festzustellen. Auch
dort konnten die staatlichen Schulden im Verhältnis zur gesamtwirtschaftlichen Produktion im Zeitraum 1946 bis 1983 um nicht weniger als
209 Prozentpunkte gemindert werden, sodass sich die öffentliche Verschuldungsquote schließlich auf nur noch 43 Prozent belief.

Abbildung 23: Entwicklung der Staatsverschuldung absolut sowie in Relation zum nominalen Bruttoinlandsprodukt in den Vereinigten Staaten von Amerika nach dem Zweiten Weltkrieg

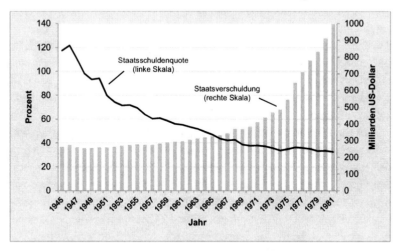

Quellen: Office of Management and Budget (2011), S. 139f.; eigene Grafik.

Abbildung 24: Entwicklung der Staatsverschuldung absolut sowie in Relation zum nominalen Bruttoinlandsprodukt im Vereinigten Königreich nach dem Zweiten Weltkrieg

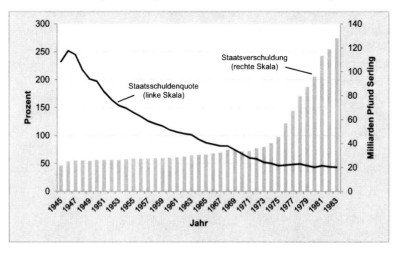

Quellen: United Kingdom Debt Management Office (2008), S. 2f.; eigene Grafik.

Welche Gründe können nun für diese Entwicklungen herangezogen werden? Während die Rückführungen der Staatsschuldenlast im Deutschen
Reich nach dem Ersten und Zweiten Weltkrieg eindeutig durch die Ereignisse der Hyperinflation bzw. Währungsreform bestimmt werden konnten, ist eine solch präzise Zuordnung der Schuldenreduktionsursachen in
den USA sowie im Vereinigten Königreich nicht möglich. Die Minderungen der öffentlichen Verschuldung in Relation zum nominalen Bruttoinlandsprodukt waren dort vielmehr auf eine Kombination zahlreicher, in
die gleiche „Richtung" wirkender, makroökonomischer Entwicklungen
zurückzuführen.

Um die relevanten Parameter im Einzelnen identifizieren zu können,
wird zunächst ein Blick auf die Verläufe der absoluten Staatsschulden in
der Nachkriegszeit geworfen. Hierbei ist festzuhalten, dass diese in beiden angelsächsischen Ländern nach Kriegsende zwar weiterhin zunahmen, allerdings mit erheblich geringeren Wachstumsraten als während des Krieges. Die Abbildungen 23 und 24 lassen erkennen, dass diese
Aussage insbesondere für den Zeitraum zwischen 1946 und Anfang der
1960er Jahre zutrifft, sie jedoch auch noch Gültigkeit behält, wenn der
Betrachtungszeitraum auf Mitte der 1970er Jahre ausgeweitet wird. Die
folgenden Überlegungen veranschaulichen dies: In den USA erhöhte sich
die Gesamtverschuldung der Regierung von 270,99 Milliarden US-Dollar
im Jahr 1946 auf rund 380,92 Milliarden US-Dollar im Jahr 1970. Dies
entsprach einem durchschnittlichen jährlichen Zuwachs von rund 1,43
Prozent. Zwischen 1971 und 2010 erhöhte sich die absolute Staatsschuld
hingegen von 408,18 Milliarden US-Dollar auf 13.528,81 Milliarden US-
Dollar, was einem durchschnittlichen jährlichen Wachstum von etwa
9,39 Prozent entsprach.[139] Ähnliche Berechnungen können auch für die
Schuldenentwicklung im Vereinigten Königreich angestellt werden. Hier
erhöhte sich der Gesamtbestand der (expliziten) staatlichen Verbindlichkeiten von 24,67 Milliarden Pfund Sterling im Jahr 1946 auf 33,98 Milliarden Pfund Sterling im Jahr 1970. Die jährliche Zuwachsrate betrug somit
in dieser Zeit im Durchschnitt 1,34 Prozent. Zwischen 1971 und 2010
stieg die öffentliche Verschuldung hingegen von 33,44 Milliarden Pfund

---

[139] Eigene Berechnungen auf Basis von: Office of Management and Budget (2011),
S. 139f.

Sterling auf 1.162,60 Milliarden Pfund Sterling. Das durchschnittliche jährliche Wachstum betrug damit 9,53 Prozent.[140]

Diese Entwicklungen können zum einen auf ein relativ geringes Wachstum der bestehenden Staatsschuld, sprich einen niedrigen Nominalzinssatz, zurückgeführt werden.[141] Gleichung (2) (siehe Seite 26) verdeutlicht diese Aussage formal: Ein niedriger nominaler Zinssatz (i_t) bremst den Anstieg bereits angehäufter staatlicher Verbindlichkeiten (B_{t-1}) ab und kann somit zu einem verminderten Zuwachs der absoluten Schulden beitragen. Wie Gleichung (2) zu entnehmen ist, determiniert jedoch neben den Zinszahlungen auch der Primärsaldo $(T_t - G_t)$ die Entwicklung der nominalen Staatsschulden. Hier muss festgehalten werden, dass dieser sowohl in den Vereinigten Staaten von Amerika als auch im Vereinigten Königreich zwischen 1946 und Mitte der 1970er Jahre überwiegend mit einem positiven Vorzeichen versehen war, das heißt die Primäreinnahmen überstiegen die Primärausgaben. Abbildung B.3 (siehe Seite 225) bestätigt diese Aussage. Es kann hier davon ausgegangen werden, dass die staatlichen Primärausgaben in den Jahren nach einem so teuren Ereignis wie dem Zweiten Weltkrieg quasi automatisch geringer ausfallen mussten als zu Kriegszeiten, insbesondere auch deshalb, weil sowohl die USA als auch das Vereinigte Königreich als Siegermächte hervorgingen und somit keine Reparationszahlungen zu erbringen waren (und letztendlich sogar Reparationszahlungen von anderen Staaten bezogen werden konnten).

Die recht moderaten Anstiege der absoluten Staatsschulden in beiden angelsächsischen Ländern nach Kriegsende lassen sich also vor dem Hintergrund von Gleichung (2) durch eine Kombination aus niedrigen Nominalzinsen und überwiegend positiven Primärsalden begründen. Ein Rückgang der öffentlichen Schuldenstandsquoten zwischen 1946 und Mitte der 1980er Jahre kann unter ausschließlicher Berücksichtigung dieser Parameter jedoch noch nicht erklärt werden. Ein Blick auf Gleichung (7) verdeutlicht, dass ein relativ niedriger nominaler Zinssatz sowie im

---

[140] Eigene Berechnungen auf Basis von: United Kingdom Debt Management Office (2008), S. 2f.; Europäische Kommission (2011a), Tabelle *Gross public debt (UDGG)*.

[141] Siehe hierzu auch die Abbildungen B.1 und B.2 auf Seite 224. Alle in Anhang B.3 (siehe Seite 222ff.) verwendeten Zinssätze beziehen sich auf folgende Anleihen: „[…] Long-term bonds, […] that mature in at least 15 or 20 years, or perhaps have no predetermined maturity date (‚perpetual bonds‘)." (Officer (2011b)).

Durchschnitt vorliegende Primärüberschüsse zwar eine Reduktion der staatlichen Verschuldungsquote begünstigen, aber dennoch spielen hier auch die Entwicklung des nominalen Bruttoinlandsprodukts $(P_t Y_t)$ und insbesondere dessen Wachstumsrate (m_t) eine bedeutende Rolle.

$$\underbrace{\frac{B_t}{P_t Y_t} - \frac{B_{t-1}}{P_{t-1} Y_{t-1}}}_{\substack{\text{Veränderung der Schulden-} \\ \text{standsquote im Jahr t}}} \approx (i_t - m_t) \frac{B_{t-1}}{P_{t-1} Y_{t-1}} - \left(\frac{T_t - G_t}{P_t Y_t} \right) \qquad (7)$$

Im Verlauf der vorliegenden Arbeit wurde bereits mehrfach erwähnt, dass die Zuwachsrate der gesamtwirtschaftlichen Produktion im Rahmen des Zins-Wachstums-Differentials einen entscheidenden Einfluss auf die Veränderung der Schuldenstandsquote im Zeitverlauf ausübt. Hinsichtlich der Entwicklungen in den Vereinigten Staaten von Amerika und dem Vereinigten Königreich kann festgehalten werden, dass das überwiegende Vorliegen von Primärüberschüssen in der Nachkriegszeit eine entsprechend positive Differenz zwischen Nominalzins und Wachstumsrate des nominalen Bruttoinlandsprodukts erlaubt hätte, um trotzdem eine Rückführung der Staatsschuldenquoten zu bewirken. Dies war dennoch überwiegend nicht der Fall. Vielmehr überstieg in beiden Ländern die Zuwachsrate der gesamtwirtschaftlichen Produktion den nominalen Zinssatz in der Zeit zwischen 1946 und Anfang der 1980er Jahre fast durchweg. Die Existenz meist negativer Zins-Wachstums-Differentiale, wie sie in den Abbildungen B.1 und B.2 (siehe Seite 224) grafisch gezeigt werden, wirkte demnach ebenso reduzierend auf die Schuldenquoten wie die im Durchschnitt vorgelegenen Primärüberschüsse.

Es stellt sich nun die Frage, ob die beträchtlichen Wachstumsraten der nominalen Produktion in Anlehnung an Gleichung (10) (siehe Seite 92) überwiegend auf reale Zuwächse oder doch eher auf Veränderungen im gesamtwirtschaftlichen Preisniveau, das heißt inflatorische Entwicklungen, zurückzuführen waren. Hierbei kann sowohl für die USA als auch das Vereinigte Königreich vorgetragen werden, dass beide Faktoren eine Rolle spielten. Die Abbildungen B.4 und B.5 (siehe Seite 226) zeigen, dass das Wachstum des realen Bruttoinlandsprodukts in beiden Ländern nach Kriegsende bis Mitte der 1970er Jahre/Anfang der 1980er Jahre relativ stark ausgeprägt war. Deutlich wird dies vor dem Hintergrund eines einfachen Vergleichs. Betrachtet man beispielsweise die Entwicklung der realen gesamtwirtschaftlichen Produktion in den Jahren ab 1946 bis 2010, so kann festgestellt werden, dass innerhalb dieses Zeitraums die durchschnittlichen Wachstumsraten zwischen 1946 und Anfang der 1980er Jahre überdurchschnittlich hoch waren. So wuchs das reale US-amerikanische Bruttoinlandsprodukt im Zeitraum 1946 bis 2010 im Durchschnitt um 3,16 Prozent pro Jahr. Zwischen 1946 und 1980 waren hingegen durchschnittliche jährliche Wachstumsraten von etwa 3,53 Prozent zu verzeichnen, wobei insbesondere die Jahre zwischen 1960 und 1973 mit Wachstumsraten von im Durchschnitt 4,34 Prozent hervorzuheben sind. Ähnliche Berechnungen können auch für das Vereinigte Königreich angestellt werden. Hier nahm das reale Bruttoinlandsprodukt zwischen 1946 und 2010 durchschnittlich um etwa 2,42 Prozent pro Jahr zu. Im Zeitraum 1946 bis 1975 konnten hingegen jährliche Wachstumsraten von im Durchschnitt 2,54 Prozent festgestellt werden, zwischen 1960 und 1973 sogar von 3,16 Prozent.[142]

Trotz dieser nicht unerheblichen realen Zuwächse zeigen die in den Abbildungen B.4 und B.5 eingezeichneten Wachstumsraten des nominalen Bruttoinlandsprodukts, dass sowohl in den USA als auch im Vereinigten Königreich inflatorische Entwicklungen eine nicht vernachlässigbare Rolle hinsichtlich der Schuldenverläufe in der Nachkriegszeit spielten. Abbildung B.6 (siehe Seite 227) stellt die jährlichen Steigerungsraten der Lebenshaltungskosten in beiden Ländern zwischen 1946 und Anfang der 1980er Jahre grafisch dar. Auch wenn die Inflationsraten in keinem Verhältnis zu jenen des Deutschen Reiches nach dem Ersten Weltkrieg standen, erreichten sie teilweise dennoch Werte in einer Bandbreite von deutlich über fünf Prozent bis nahezu 25 Prozent. So betrug die durchschnittliche jährliche Preissteigerungsrate in den Vereinigten Staaten von Amerika im Zeitraum 1946 bis 1981 etwa 4,60 Prozent, im Vereinigten Königreich rund 7,05 Prozent.[143] Wie bereits in Kapitel 1.3 des zweiten Hauptteils erwähnt, wirken sich solch positive Inflationsraten in verschiedener Hinsicht auf die öffentlichen Schulden aus. Erstens reduzieren sie den realen Wert bereits bestehender Verbindlichkeiten. Zweitens führen sie bei gegebenem realem Wirtschaftswachstum zu einer Zunahme der Wachstumsrate des nominalen Bruttoinlandsprodukts und somit, ceteris

---

[142] Eigene Berechnungen auf Basis von: Officer (2011a); U.S. Department of Commerce (2011a), Tabelle 1.1.6 *Real Gross Domestic Product, Chained Dollars*.

[143] Eigene Berechnungen auf Basis von: U.S. Department of Labor (2011); Reinhart (2011), Tabelle *Inflation, Inflation Part VI, United Kingdom*.

paribus, zu einer Verringerung des Zins-Wachstums-Differentials. Drittens und letztens tragen positive Inflationsraten im Rahmen eines progressiv ausgestalteten Steuersystems zu überproportionalen Steuermehreinnahmen bei (aufgrund *kalter Progression*[144]), sodass, ceteris paribus, die jährlichen Primärdefizite geringer bzw. die jährlichen Primärüberschüsse größer ausfallen können. Die bereits erwähnte Tatsache, dass die Regierungen der USA und des Vereinigten Königreiches zwischen 1946 und Beginn der 1980er Jahre überwiegend Primärüberschüsse auswiesen, konnte demnach neben einem Rückgang der nominalen Primärausgaben nach Kriegsende zumindest teilweise auch auf höhere Steuereinnahmen zurückgeführt werden.[145]

Für beide angelsächsische Länder kann damit letztendlich festgehalten werden, dass die Rückführungen der Schuldenstandsquoten im Zeitraum 1946 bis Beginn der 1980er Jahre durch die Kombination aus im Durchschnitt vorgelegenen Primärüberschüssen (ausgelöst durch einen Rückgang der Primärausgaben und höhere Steuereinnahmen), niedrigen Nominalzinssätzen und einem kräftigen Wachstum des nominalen Bruttoinlandsprodukts (ausgelöst durch ein starkes reales Wachstum und relativ hohe Inflationsraten) ermöglicht wurde.

Bemerkenswert ist hierbei, dass die nominalen Zinssätze teilweise auf so geringem Niveau verharrten, dass die Realzinsen mit einem negativen Vorzeichen versehen waren. Abbildung B.7 (siehe Seite 227) zeigt, dass diese Aussage insbesondere für die ersten Nachkriegsjahre sowie die beginnenden 1970er Jahre Gültigkeit hat. Selbst in Perioden, in denen die reale Verzinsung im positiven Bereich lag, wurden jedoch kaum Werte von mehr als vier Prozent erreicht. Clark und Dilnot schreiben hierzu: „The fact that the rate at which the government could borrow remained low [...], even once inflation started rising, may seem surprising. It could be taken as indicating a delay in expectations of investors adapting to inflation, but it may also have followed from government intervention in

---

[144] Das Bundesministerium der Finanzen definiert den Begriff *kalte Progression* (aus Sicht der Steuerzahler) wie folgt: „Kalte Progression ist die Bezeichnung für eine Steuermehrbelastung, die dann eintritt, wenn Lohnsteigerungen lediglich einen Inflationsausgleich bewirken und die Einkommensteuersätze nicht der Inflationsrate angepasst werden. Durch den progressiven Einkommenstarif wird für jeden über dem Grundfreifreibetrag verdienten Euro ein höherer Steuersatz fällig – das Realeinkommen sinkt." (Bundesministerium der Finanzen (2011c), S. 1).

[145] Vgl. Levit (2010), S. 11.

the gilt market, which was widespread until 1971."[146] Während der Einfluss einer unerwarteten Inflation, die sich nur zeitverzögert in einem Anstieg der Nominalzinssätze widerspiegelt, nach jüngsten Studien von Reinhart und Sbrancia für die Jahre zwischen 1945 und 1980 als eher nachrangig eingestuft werden kann, kommt dem Effekt des gezielten Staatseingriffs in das Finanzsystem eine weitaus bedeutendere Rolle zu.[147] Die beiden Ökonomen erwähnen in diesem Zusammenhang den Begriff der *Finanzrepression* und erklären diesen als ein Phänomen, in dessen Rahmen Regierungen durch das Betreiben einer entsprechenden Politik finanzielle Mittel (zu unter den Marktkonditionen liegenden Zinssätzen) an sich binden, die in einem deregulierten Markt nicht dem Staat, sondern anderen Kreditnachfragern zur Verfügung gestellt werden würden.[148] Nach Reinhart und Sbrancia lassen sich die Hauptmerkmale der Finanzrepression durch eine Deckelung der (nominalen) Zinssätze (insbesondere auf Staatsverbindlichkeiten), die Regulierung grenzüberschreitender Kapitalströme, die Verpflichtung bestimmter inländischer Institutionen (insbesondere Pensionsfonds) zur Haltung von Staatsschuldtiteln sowie enge Verflechtungen zwischen den Banken und der Regierung (beispielsweise aufgrund staatlichen Besitzes von Kreditinstituten) beschreiben.[149] Die finanzielle Repression verfolgt damit unter anderem die Ziele, inländisches Kapital in verstärktem Maße an den Staat zu binden und gleichzeitig die Finanzierungskosten der staatlichen Kreditaufnahme, das heißt die Nominalzinssätze, auf niedrigem Niveau zu halten.[150] Empirische Studien von Reinhart und Sbrancia belegen, dass genau dies nach Ende des Zweiten Weltkrieges in einigen aufstrebenden und zahlreichen entwickelten Ökonomien, darunter auch die USA und das Vereinigte Königreich, erreicht wurde.[151] Nicht zuletzt wurde die Finanzrepression zu jener Zeit auch durch die Errichtung des Bretton-Woods-Systems und die damit einhergegangene Etablierung fester (nominaler) Wechselkursverhältnisse sowie strenger nationaler und internationaler Kapitalkontrollen begünstigt.[152]

---

[146] Clark, Dilnot (2002), S. 6.

[147] Vgl. Reinhart, Sbrancia (2011), S. 2f. und S. 40ff.

[148] Vgl. Reinhart, Kirkegaard, Sbrancia (2011a), S. 22.

[149] Vgl. Reinhart, Sbrancia (2011), S. 6; Reinhart, Kirkegaard, Sbrancia (2011a), S. 22.

[150] Vgl. Reinhart, Kirkegaard, Sbrancia (2011a), S. 23.

[151] Vgl. Reinhart, Sbrancia (2011), S. 3.

[152] Vgl. Reinhart, Kirkegaard, Sbrancia (2011a), S. 23.

Inwieweit die Reduktion der US-amerikanischen und englischen Staatsschuldenquoten nach Kriegsende auf Finanzrepression zurückzuführen
war, zeigen entsprechende Untersuchungen von Reinhart und Sbrancia.
Die Ökonomen betrachteten hierzu all jene Jahre zwischen 1945 und
1980, in denen die Realzinssätze auf Staatsschuldtitel mit einem negativen
Vorzeichen versehen waren.[153] Negative Realzinssätze implizieren, dass
die Inflationsrate den Nominalzinssatz übersteigt. Aufgrund der Tatsache,
dass unzureichende Inflationserwartungen nach Reinhart und Sbrancia
zwischen 1945 und 1980 eine untergeordnete Rolle spielten, kann davon
ausgegangen werden, dass der Nominalzinssatz überwiegend aufgrund
finanzieller Repression auf niedrigem Niveau verharrte und somit wertmäßig geringer als die Inflationsrate war.[154] In den Vereinigten Staaten
von Amerika war dies im genannten Zeitraum in etwa neun Jahren der
Fall, im Vereinigten Königreich in rund 17 Jahren.[155] Der sogenannte
Liquidations-Effekt, das heißt die eigentliche Reduktion der Staatsschuldenquote aufgrund negativer Realzinssätze (und damit aufgrund finanzieller Repression im engeren Sinne) errechnet sich letztendlich aus
Multiplikation der (negativen) realen Zinssätze (r_t) mit der jeweiligen

---

[153] Vgl. Reinhart, Sbrancia (2011), S. 29ff.

[154] Vgl. Reinhart, Sbrancia (2011), S. 40ff. Reinhart und Sbrancia erkennen an, dass
die gesamten Auswirkungen der Finanzrepression auf die staatliche Schuldenstandsquote aufgrund ausschließlicher Betrachtung der Perioden, in denen der Realzinssatz negative Werte annahm, nicht erfasst werden können. Vielmehr müssten hierzu
auch jene Jahre untersucht werden, in denen die realen Zinssätze auf Staatsschuldtitel zwar positiv, jedoch gleichzeitig niedriger waren, als sie dies in einem deregulierten Markt gewesen wären. Solche umfassenderen Untersuchungen setzen allerdings die Bildung zahlreicher Annahmen voraus und bleiben daher unberücksichtigt
(vgl. Reinhart, Sbrancia (2011), S. 29).

[155] Eigene Berechnungen auf Basis von: Reinhart, Sbrancia (2011), S. 34. Die hier
genannte Anzahl der Jahre, in denen die realen Zinssätze im negativen Bereich verharrten, stimmen nicht exakt mit den in Abbildung B.7 (siehe Seite 227) dargestellten Entwicklungen überein. Dies ist darauf zurückzuführen, dass Reinhart und
Sbrancia das Schuldenportfolio der Regierungen exakt nachvollziehen konnten und
daher der von ihnen verwendete (nominale) Zinssatz genau jenen Zinssatz widerspiegelt, den die öffentlichen Haushalte im Durchschnitt auf ihre Schuldtitel zahlen
mussten. Solche Berechnungen können jedoch im Rahmen der vorliegenden Arbeit
nicht angestellt werden. Sämtliche in Anhang B.3 abgebildeten Zinssätze stellen
daher lediglich einen allgemeinen Durchschnittszinssatz auf langfristige Anleihen
dar und spiegeln nicht die exakt von den Regierungen geleisteten Zinssätze wider.

Schuldenstandsquote.[156] In Anlehnung an Gleichung (11) und unter Verwendung der Approximation $r_t \approx (i_t - \pi_t)$ kann der Liquidations-Effekt formal wie folgt eingegliedert werden:[157]

$$
\underbrace{\frac{B_t}{P_t Y_t} - \frac{B_{t-1}}{P_{t-1} Y_{t-1}}}_{\substack{\text{Veränderung der} \\ \text{Schulden-} \\ \text{standsquote im Jahr t}}} \approx (i_t - g_t - \pi_t) \frac{B_{t-1}}{P_{t-1} Y_{t-1}} - \left(\frac{T_t - G_t}{P_t Y_t}\right) \tag{11}
$$

$$
\underbrace{\frac{B_t}{P_t Y_t} - \frac{B_{t-1}}{P_{t-1} Y_{t-1}}}_{\substack{\text{Veränderung der} \\ \text{Schulden-} \\ \text{standsquote im Jahr t}}} \approx \underbrace{(r_t) \frac{B_{t-1}}{P_{t-1} Y_{t-1}}}_{\substack{\text{Liquidations-Effekt} \\ \text{(Per Definition: } r_t < 0)}} - (g_t) \frac{B_{t-1}}{P_{t-1} Y_{t-1}} - \left(\frac{T_t - G_t}{P_t Y_t}\right) \tag{12}
$$

Im Durchschnitt der Jahre zwischen 1945 und 1980, in denen der Realzinssatz mit einem negativen Vorzeichen versehen war, belief sich der Liquidations-Effekt in den USA auf etwa -3,2 Prozent pro Jahr, im Vereinigten Königreich auf rund -3,6 Prozent. Hier ist insbesondere der Zeitraum zwischen 1946 und 1955 gesondert hervorzuheben. Innerhalb dieser ersten zehn Nachkriegsjahre erreichte der Liquidations-Effekt in den Jahren, in denen der Realzinssatz negativ war, in den USA im Durchschnitt einen Wert von jährlich -6,3 Prozent, im Vereinigten Königreich von -4,5 Prozent.[158] Die Auswirkungen der Finanzrepression (das heißt nach vorliegender (enger) Definition die Auswirkungen „künstlich" niedrig gehaltener Nominalzinssätze bei wertmäßig größeren Inflationsraten) auf die Entwicklung der Verschuldungsquoten nach dem Zweiten Weltkrieg waren damit durchaus beträchtlich. Dennoch muss angemerkt werden, dass die enorme Reduktion der US-amerikanischen und englischen

---

[156] Vgl. Reinhart, Sbrancia (2011), S. 37f.

[157] Gleichung (12) verdeutlicht, dass das Zins-Wachstums-Differential nicht nur, wie im Rahmen von Gleichung (7) (siehe Seite 28) dargestellt, als Differenz zwischen Nominalzinssatz (i_t) und Wachstumsrate des nominalen Bruttoinlandsprodukts (m_t) errechnet werden kann, sondern auch durch Subtraktion der Wachstumsrate des realen Bruttoinlandsprodukts (g_t) vom Realzinssatz (r_t). Auch die Abbildungen B.8 und B.9 (siehe Seite 228) zeigen, dass nominales und reales Zins-Wachstums-Differential in etwa übereinstimmen.

[158] Vgl. Reinhart, Sbrancia (2011), S. 38ff.

Staatsschuldenquoten in ihrer Gesamtheit neben niedrigen Nominalzinssätzen und moderaten Inflationsraten auch durch ein kräftiges Wachstum
des realen Bruttoinlandsprodukts sowie, eng damit verbunden, überwiegend vorhandene Primärüberschüsse begünstigt wurde.

3.3 Folgen und Lehren

3.3.1 Makroökonomische Auswirkungen

Die vorangegangenen Abschnitte sollten verdeutlichen, dass die nach
Kriegsende einsetzenden Reduktionen der staatlichen Schuldenquoten in
den Vereinigten Staaten von Amerika und dem Vereinigten Königreich
nicht auf eine einzelne ökonomische Einflussgröße zurückgeführt werden
können. Vielmehr war es hauptsächlich die Kombination aus recht hohen
Inflationsraten (π_t), relativ starkem realem Wirtschaftswachstum (g_t)
und, nicht zuletzt aufgrund einer finanziellen Repression, niedrigen Nominalzinssätzen (i_t), die eine deutliche Rückführung der öffentlichen Schulden in Relation zur gesamten Wirtschaftsleistung ermöglichte. Gleichung
(11) verdeutlicht, wie die genannten Entwicklungen dieser drei Größen zu
in den meisten Jahren negativen Zins-Wachstums-Differentialen und
damit zu einer Reduktion der Schuldenstandsquoten beitragen konnten.

$$\underbrace{\frac{B_t}{P_t Y_t} - \frac{B_{t-1}}{P_{t-1}Y_{t-1}}}_{\substack{\text{Veränderung der} \\ \text{Schulden-} \\ \text{standsquote im Jahr t}}} \approx \underbrace{(i_t - \pi_t - g_t)}_{\substack{\text{Zins-Wachstums-} \\ \text{Differential}}} \frac{B_{t-1}}{P_{t-1}Y_{t-1}} + \frac{G_t - T_t}{P_t Y_t} \qquad (11)$$

Um nachstehend die makroökonomischen Auswirkungen dieser Entwicklungen analysieren zu können, ist es sinnvoll, eine getrennte Betrachtung
der einzelnen Einflussgrößen (Inflation, starkes reales Wirtschaftswachstum, niedrige Nominalzinssätze) vorzunehmen. Da die gesamtwirtschaftlichen Folgen der Inflation sowie deren Eignung als Entschuldungsmethode bereits im Rahmen von Kapitel 1.3 behandelt wurden, ist eine
erneute Betrachtung dieser Größen an dieser Stelle nicht notwendig. Vielmehr werden sich die nachfolgenden Zeilen bei weitgehender Ausklam-
merung der Inflation mit den makroökonomischen Konsequenzen eines
starken (realen) Wirtschaftswachstums sowie niedriger (nominaler) Zinssätze auseinandersetzen.

Gelingt es einem Staat, seine Schuldenstandsquote ausschließlich durch ein enormes reales Wirtschaftswachstum zu reduzieren, so sind damit kaum negative makroökonomische Effekte verbunden. Im Gegenteil: Eine Erhöhung der Wachstumsrate des realen Bruttoinlandsprodukts wird sich positiv auf die Beschäftigungssituation auswirken und zu einem höheren gesamtwirtschaftlichen Realeinkommen führen. Gleichzeitig bildet reales Wirtschaftswachstum die Basis für eine Steigerung der Pro-Kopf-Produktion und somit auch das Potential für eine Verbesserung des Lebensstandards. Bei entsprechend konstanter Inflationsrate wird ein hohes Wachstum der realen Produktion zugleich eine Zunahme des nominalen Bruttoinlandsprodukts und damit der Steuerbasis bewirken. Eine Rückführung der öffentlichen Schuldenstandsquote durch starkes reales Wirtschaftswachstum scheint somit aus makroökonomischer Perspektive nicht mit negativen Nebeneffekten verbunden zu sein. Reinhart und Rogoff weisen allerdings darauf hin: „Seldom do countries simply „grow" their way out of deep debt burdens."[159] Ein negativer Ausdruck $(i_t - \pi_t - g_t)$ (siehe Gleichung (11)) wird daher in der Realität häufig nicht ausschließlich durch hohe reale Wachstumsraten (g_t) erzielt, sondern vielmehr von niedrigen Nominalzinssätzen (i_t) und entsprechend positiven Inflationsraten (π_t) begleitet. Die Entwicklungen in den USA und dem Vereinigten Königreich nach Ende des Zweiten Weltkrieges bestätigen dies.

Nun ist noch die Frage zu klären, welche gesamtwirtschaftlichen Konsequenzen relativ niedrige Nominalzinssätze haben. Es wird dabei nicht erläutert, wie sich geringe nominale Zinssätze, die am freien Geld- bzw. Kreditmarkt gemäß Angebot und Nachfrage entstehen, auf die Gesamtwirtschaft auswirken. Vor dem Hintergrund der Entwicklungen in den Vereinigten Staaten von Amerika und dem Vereinigten Königreich nach Kriegsende soll hier vielmehr darauf eingegangen werden, welche Effekte von einer Finanzrepression und damit dem damaligen Hauptauslöser geringer Nominalzinssätze ausgehen. Wie ist es also zu beurteilen, wenn der Zinssatz (insbesondere auf öffentliche Schulden) durch entsprechendes staatliches Eingreifen auf niedrigem Niveau gehalten wird? Ausgehend von einem deregulierten Markt soll zur Veranschaulichung die Annahme getroffen werden, dass inländische Banken und andere Institutionen im Rahmen der Finanzrepression ab dato durch verschiedene Regularien verpflichtet werden, den öffentlichen Haushalten finanzielle

---

[159] Reinhart, Rogoff (2010a), S. 23.

Mittel zu günstigen Konditionen zur Verfügung zu stellen. Um unter diesen Umständen weiterhin einen entsprechend positiven Zinsspread zwischen Kreditvergaben und Einlagen aufrechterhalten zu können, müssen im gleichen Zuge die Zinssätze auf Sparguthaben verringert und/oder die Zinssätze im Rahmen der Kreditvergabe an die Privatwirtschaft erhöht werden.[160] Solche Entwicklungen können nun jedoch dazu führen, dass zum einen die private Ersparnis zurückgeht und zum anderen weniger privatwirtschaftliche Investitionen getätigt werden. Diese Effekte können bei gegebener (positiver) Inflationsrate eventuell noch dadurch verstärkt werden, dass sich Sparer einer negativen Realverzinsung und Kreditnehmer einem erhöhten positiven Realzins gegenübersehen. Ist die Finanzrepression (anders als in der Zeit nach dem Zweiten Weltkrieg) zudem kein globales Phänomen und existieren keine internationalen Kapitalkontrollen, so kann davon ausgegangen werden, dass Sparer auf der Suche nach einer höheren Verzinsung ihr Kapital ins Ausland leiten und/oder Unternehmer (als Kreditnehmer) auf der Suche nach niedrigeren Zinssätzen ihre Investitionen im Ausland finanzieren und tätigen. Reduzieren sich daher aufgrund finanzieller Repression sowohl die (inländische) Ersparnisbildung als auch die privatwirtschaftliche Investitionstätigkeit, so wird dies langfristig zu einem Rückgang des Wirtschaftswachstums führen.[161] Ito schreibt hierzu: „Economists have commonly argued that financial repression prevents the efficient allocation of capital and thereby impairs economic growth. […] A repressed financial sector discourages both savings and investment because the rates of return are lower than what could be obtained in a competitive market. In such a system, financial intermediaries do not function at their full capacity and fail to channel saving into investment efficiently, thereby impeding the development of the overall economic system."[162] Die Finanzrepression muss daher trotz der Tatsache, dass sie ceteris paribus negativ mit dem Wachstum der öffentlichen Schuldenquote korreliert, aus gesamtwirtschaftlicher Sicht als ein nicht unproblematischer Ausweg aus der Staatsverschuldung gesehen werden.

---

[160] Vgl. Reinhart, Sbrancia (2011), S. 55.

[161] Vgl. Ito (2011), S. 3ff.

[162] Ito (2011), S. 1f.

3.3.2 Beurteilung aus heutiger Sicht

Bisher wurde dargelegt, dass ein starkes reales Wirtschaftswachstum unter makroökonomischen Gesichtspunkten als eine geeignete Methode zur Rückführung der staatlichen Schuldenstandsquote klassifiziert werden kann, während die Auswirkungen der finanziellen Repression zumindest in der langen Frist problematisch erscheinen. Inwieweit beide Entschuldungsmöglichkeiten von aktueller Relevanz sind, wird nachstehend behandelt.

Die Frage, ob es einzelnen Staaten in naher Zukunft gelingen wird, ihre öffentlichen Schuldenquoten ausschließlich durch ein kräftiges Wachstum des realen Bruttoinlandsprodukts zurückzuführen, kann an vorliegender Stelle nicht genrell beantwortet werden. Anhand der historischen Entwicklungen in einigen ausgewählten Ländern soll jedoch eine vage Vorhersage versucht werden. Abbildung 25 stellt die Wachstumsraten der realen Produktion beispielhaft für Deutschland, Frankreich, Japan, die USA und das Vereinigte Königreich in den vergangenen 40 Jahren dar.

Die Grafik zeigt, dass bereits vor Ausbruch der jüngsten Finanz- und Wirtschaftskrise das reale Bruttoinlandsprodukt bedeutender Länder im Trend eine sinkende Wachstumsrate aufwies. Die um Inflationseffekte bereinigte Produktion stieg zwar in den vergangenen Jahren fast durchweg an, allerdings sind die jährlichen Zuwachsraten (g_t) trendmäßig rückläufig. Um jedoch ceteris paribus langfristig eine Rückführung der Staatsschuldenquoten durch Wirtschaftswachstum erreichen zu können, wäre vielmehr eine Steigerung der Wachstumsraten notwendig. Inwieweit eine solche Entwicklung in den kommenden Jahren möglich sein wird, kann an vorliegender Stelle nicht abschließend beantwortet werden. Es wird jedoch zunehmend bezweifelt, ob selbst im Zeitverlauf konstante Wachstumsraten in der langen Frist realisierbar sind. Konstante Zuwachsraten des realen Bruttoinlandsprodukts gehen mit einem exponentiellen Wachstum der absoluten (realen) Produktion einher. Eine solche Entwicklung würde voraussetzen, dass die reale Wirtschaftsleistung Jahr für Jahr um einen größeren absoluten Betrag ansteigt. Je größer dabei der Ausgangswert, desto stärker muss ein solcher absoluter Zuwachs ausfallen, das heißt mit zunehmendem realem Bruttoinlandsprodukt wird die Aufrechterhaltung einer konstanten Wachstumsrate immer schwieriger. Wenn somit langfristig konstante (reale) Zuwachsraten kaum realisierbar zu sein scheinen, so gilt dies erst recht für im Zeitverlauf ansteigende

Wachstumsraten, die für eine Konsolidierung der öffentlichen Haushalte zumindest temporär notwendig wären.

Abbildung 25: Entwicklung der Wachstumsraten des realen
Bruttoinlandsprodukts in ausgewählten Ländern
(Deutschland: ab 1991 gesamtdeutsches Ergebnis)

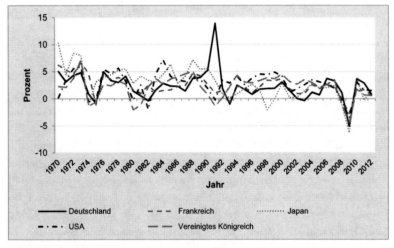

Quellen: Europäische Kommission (2011a), Tabelle *Gross domestic product at constant prices (OVGD)*; Prognosen der Europäischen Kommission ab 2011; eigene Berechnungen; eigene Grafik.

Des Weiteren ist zu erwähnen, dass zukünftiges Wirtschaftswachstum insbesondere auf öffentlichen und privaten Nettoinvestitionen basiert. Abbildung B.10 (siehe Seite 229) zeigt vor diesem Hintergrund, dass in allen hier betrachteten Ländern die gesamtwirtschaftlichen Nettoinvestitionen (öffentlich und privat) in Relation zum nominalen Bruttoinlandsprodukt in den vergangenen 40 Jahren deutlich zurückgingen. Langfristig können Produktivitätszuwächse und damit einhergehend positives Wirtschaftswachstum jedoch nur dann erzielt werden, wenn Staat und Unternehmen entsprechend investieren. Neben Investitionen in Maschinen und Anlagen sind hier insbesondere Ausgaben für Bildung sowie für Forschung und Entwicklung zu nennen. Üblicherweise wird davon ausgegangen, dass die Erhöhung des physischen Kapitals durch abnehmende Grenzerträge gekennzeichnet ist, weshalb die Zuwachsraten von Output und Arbeitsproduktivität ceteris paribus tendenziell zurückgehen. Konstante oder gar steigende Produktivitäts- und Wirtschaftswachstumsraten lassen sich daher nur durch eine Erhöhung des Humankapitals sowie durch Generierung und Implementierung von technischem Fortschritt realisieren. Für die hier behandelten Länder wird daher eine Steigerung der Innovationsfähigkeit sowie eine Erhöhung der privaten und staatlichen Investitionstätigkeit notwendig sein, um in der langen Frist weiterhin positive und eventuell zunehmende Wirtschaftswachstumsraten erzielen zu können. Ob dies erreicht werden kann, werden die kommenden Jahre zeigen. Angesichts des seit einigen Jahrzehnten auftretenden *Productivity Slowdown*[163] ist die Wahrscheinlichkeit, dass einzelne (insbesondere die hier betrachteten) Staaten ausschließlich aufgrund beträchtlicher Wachstumsraten des realen Bruttoinlandsprodukts ihre öffentlichen Schuldenstandsquoten zurückführen werden, dennoch als eher gering einzustufen.

Wie ist jedoch demgegenüber die aktuelle Relevanz der Finanzrepression zu sehen? Abbildung 26 zeigt in diesem Zusammenhang eine Häufigkeitsverteilung der Realzinssätze auf kurzfristige Staatsschuldtitel (Treasury Bills) im Durchschnitt von 14 ausgewählten entwickelten Ökonomien. Die nach Reinhart und Sbrancia definierten Jahre der Finanzrepression nach Ende des Zweiten Weltkrieges (1945 bis 1980), die darauf folgenden Perioden liberalisierter Finanzmärkte bis Ausbruch der aktuellen Finanz- und Wirtschaftskrise (1981 bis 2007) sowie die Zeit seit Beginn der Krise bis zum aktuellen Rand (2008 bis 2011) werden dabei gesondert betrachtet.[164]

Die Grafik lässt erkennen, dass der Durchschnitt der realen Zinssätze (auf kurzfristige Staatsschuldtitel) im Zeitraum 2008 bis 2011 im Vergleich zu den beiden anderen Perioden geringer ausfiel. Auch der der Abbildung zugrundeliegenden Tabelle ist zu entnehmen, dass sich die Realzinsstruktur seit Ausbruch der jüngsten Finanz- und Wirtschaftskrise deutlich derjenigen im Zeitraum 1945 bis 1980 angenähert hat. So nahmen von 2008 bis 2011 rund 49,5 Prozent aller untersuchten realen Zinssätze Werte von null Prozent oder darunter an. Zwischen 1981 und 2007 belief sich diese Größe auf nur 10,5 Prozent, von 1945 bis 1980 hingegen auf 46,9 Prozent. In den vergangenen vier Jahren erreichten im Durch-

---

[163] Siehe hierzu auch Nordhaus (2004).

[164] Vgl. Reinhart, Sbrancia (2011), S. 20.

146   Teil II

schnitt lediglich 0,5 Prozent der betrachteten Realzinssätze Werte von
über drei Prozent, während es in den Perioden 1981 bis 2007 noch 45 Prozent, im Zeitraum 1945 bis 1980 immerhin 11,4 Prozent waren. Deuten
diese Entwicklungen nun darauf hin, dass gegenwärtig eine Finanzrepression vorliegt?

Abbildung 26: Häufigkeitsverteilung der Realzinssätze
(auf Treasury Bills) im Durchschnitt von
14 ausgewählten entwickelten Ökonomien[165]

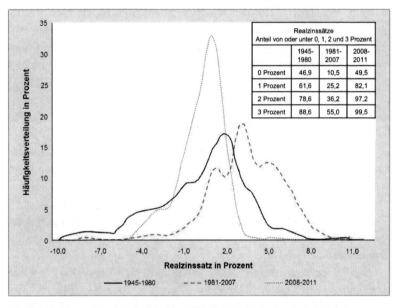

Quellen: Reinhart, Kirkegaard, Sbrancia (2011b), S. 7; leicht abgeändert übernommen.

Eine Antwort auf diese Frage kann nicht eindeutig gegeben werden. So
stellten die vergangenen Jahre vor dem Hintergrund der Finanz- und Wirtschaftskrise sicherlich eine Ausnahmesituation dar, in der unter anderem
auch die nahezu weltweit durchgeführten, stark expansiven Geldpolitiken

---

[165] Zu den Ländern gehören: Australien, Belgien, Deutschland, Finnland, Frankreich,
Griechenland, Irland, Italien, Japan, Kanada, Neuseeland, Schweden, Vereinigtes
Königreich, Vereinigte Staaten von Amerika.

der Zentralbanken zu einem Rückgang des allgemeinen Zinsniveaus bei-
trugen.[166] Auf der anderen Seite ebneten jedoch gerade die wirtschaftlichen Ereignisse während der Krise den Weg für zahlreiche Neuregelungen und Maßnahmen, die durchaus unter dem Begriff der Finanzrepression zusammengefasst werden können. „Governments do not call these
actions financial repression, of course, but characterize them as part of
,macroprudential regulation', which is designed to ensure the overall
health of the financial system."[167] Reinhart und Sbrancia beziehen sich
dabei beispielsweise auf den direkten Ankauf von Staatanleihen durch
die Europäische Zentralbank, oder auch die im Rahmen von Basel III
festgelegten Liquiditätsvorschriften, welche Kreditinstitute insbesondere
zur Haltung von Staatsschuldtiteln verpflichten.[168]

Ein Blick auf einige konkrete Entwicklungen in einzelnen Ländern
kann hier ein noch detaillierteres Bild geben. So belegen Reinhart,
Kirkegaard und Sbrancia den Einzug der Finanzrepression in einigen
ausgewählten Nationen unter anderem damit, dass der von inländischen
(Zentral)Banken gehaltene Anteil an den jeweiligen Staatsschulden in
den vergangenen Jahren teilweise deutlich zunahm. Beispielsweise belief
sich der Anteil marktfähiger US-Staatsanleihen (*U.S. Treasury Securities*
und *Government Sponsored Enterprises Securities*), der nicht von der
Federal Reserve oder ausländischen Zentralbanken gehalten wurde, im
Jahr 2010 auf nur 65 Prozent, während im Jahr 1992 noch ein Wert von
über 85 Prozent verzeichnet werden konnte. Ähnliche Entwicklungen
können derzeit auch in Europa festgestellt werden. In 2010 lagen etwa im
Vereinigten Königreich rund 30 Prozent der gesamten (expliziten) Staats-

---

[166] Vgl. Reinhart, Kirkegaard, Sbrancia (2011b), S. 6f.

[167] Reinhart, Kirkegaard, Sbrancia (2011a), S. 23.

[168] Vgl. Reinhart, Kirkegaard, Sbrancia (2011b), S. 10 und S. 14. Die Deutsche
Bundesbank schreibt in ihrem *Basel-III-Leitfaden*: „Aus dem im Regelwerk dargelegten Stressszenario leiten sich [...] auch hohe Anforderungen an die hochliquiden
Aktiva des Liquiditätspuffers ab: Zu diesen Aktiva gehören neben Barmitteln und
Zentralbankguthaben nur einige wenige hochqualitative Wertpapiere. Hier liegt der
Fokus eindeutig auf Schuldtiteln öffentlicher Emittenten, insbesondere der (jeweils
heimischen) Zentralregierung oder Zentralbank [...]. Zur Abmilderung dieser auch
jenseits rein bankaufsichtlicher Überlegung ordnungspolitisch problematischen Be-
vorzugung öffentlicher Schuldner wird jedoch die Möglichkeit eingeräumt, [...]
Unternehmensanleihen und Pfandbriefe privater Emittenten bis zu einem Anteil von
40% dem Liquiditätspuffer zuzuordnen." (Deutsche Bundesbank (2011b), S. 31)

verbindlichkeiten in der Hand der Bank of England und anderer inländischer Kreditinstitute. 2007 belief sich diese Größe auf etwas mehr als
fünf Prozent. Unter anderem kann diese Entwicklung darauf zurückgeführt werden, dass die *U.K. Financial Services Authority* seit 2009 einen
höheren Anteil von Staatsschuldtiteln in den Portfolien der Banken vor-
schreibt.[169] Auch in Griechenland, Irland und Portugal, den derzeitigen
„Problemländern" der Europäischen Währungsunion, nahm der Anteil an
Staatsschuldtiteln in den Portfolien inländischer Banken in den vergangenen drei Jahren erheblich zu. Bestanden beispielsweise in Irland im Jahr
2008 etwas mehr als vier Prozent der gesamten Staatsschulden gegenüber
nationalen Kreditinstituten, so waren es 2010 fast 30 Prozent. Die spani-
sche Regierung führte im Jahr 2010 sogar verschiedene Regelungen ein,
um die Zinssätze auf Spareinlagen im Bankensystem zu begrenzen.[170]
„Thus, the process where debts are being ‚placed' at below market
interest rates in pension funds and other more captive domestic financial
institutions is already under way in several countries in Europe."[171]

Inwieweit die dargelegten Entwicklungen nur eine vorübergehende
Erscheinung im Rahmen der Finanz- und Wirtschaftskrise sind, kann an
vorliegender Stelle nicht beantwortet werden. Fakt ist jedoch, dass zahlreiche Staaten dieser Welt mit hohen öffentlichen Schuldenständen konfrontiert sind und sich zudem immer weiter verschulden. Einen Anreiz,
sich dabei über einen längeren Zeitraum hinweg der Finanzrepression zu
bedienen, hätten die jeweiligen Regierungen damit zweifelsohne. Durch
die Etablierung entsprechender gesetzlicher Regelungen würde sich zum
einen die „Suche" nach potentiellen Staatsgläubigern vereinfachen, zum
anderen könnten auch die Finanzierungskosten auf niedrigem Niveau
gehalten werden. Abzuwarten bleibt allerdings, ob eine längere Phase der
finanziellen Repression gegenwärtig tatsächlich etabliert und aufrechterhalten werden kann. Im Gegensatz zur Zeit nach dem Zweiten Weltkrieg sind die genannten Entwicklungen in einigen Ländern noch kein
globales Phänomen und auch die internationalen Kapitalmärkte sind, mit

---

[169] Vgl. Reinhart, Kirkegaard, Sbrancia (2011b), S. 8f. und (2011a), S. 25.

[170] Vgl. Reinhart, Kirkegaard, Sbrancia (2011b), S. 14f.

[171] Reinhart, Kirkegaard, Sbrancia (2011b), S. 14f. Weitere Beispiele für Maßnahmen, die gegenwärtig in der Europäischen Währungsunion ergriffen und unter dem
Begriff der finanziellen Repression zusammengefasst werden, finden sich bei Reinhart, Kirkegaard, Sbrancia (2011a), S. 25.

Ausnahme einiger, insbesondere im Zuge der Finanzkrise errichteter Kapitalkontrollen in Schwellenländern, weitgehend offen. Anleger und Sparer, die im Inland aufgrund finanzieller Repression nur sehr niedrige Zinsen beziehen würden, hätten daher die Möglichkeit, ihre Mittel im Ausland zu höheren Zinssätzen anzulegen.[172] Käme es daher zu Kapitalabzügen aus dem Inland, so könnte ein System der Finanzrepression kaum dauerhaft bestehen. Die Herbeiführung einer finanziellen Repression vom Ausmaße derjenigen zwischen 1945 und 1980 scheint somit gegenwärtig kaum realisierbar zu sein. Konkrete Aussagen hierzu werden jedoch erst vor dem Hintergrund der weltweiten Entwicklungen in den kommenden Jahren möglich sein.

Bisher wurden die staatlichen Entschuldungsmöglichkeiten durch Inflation, Währungsreform, Wirtschaftswachstum und Finanzrepression analysiert. Um weitere Wege aufzeigen zu können, die eine Rückführung der öffentlichen Schuldenstandsquote bewirken, wird im Folgenden auf die Situation der öffentlichen Haushalte in Argentinien zu Beginn des 21. Jahrhunderts eingegangen.

4 Argentinien zu Beginn des 21. Jahrhunderts

Wie Abbildung 27 erkennen lässt, unterlag die argentinische Staatsschuldenquote in der Vergangenheit einer recht volatilen Entwicklung. Insbesondere fallen hier die Jahre ab 1980 auf, in deren Verlauf es teilweise innerhalb kürzester Zeit zu extremen Anstiegen der öffentlichen Schuldenquote mit nahezu ebenso drastischen Rückführungen kam. Tatsächlich war der argentinische Staat zwischen 1980 und 2001 drei Mal in eine Schuldenkrise verwickelt. So kam es bereits in den Jahren 1982 und 1989 zu Zahlungsausfällen auf staatliche In- und/bzw. Auslandsschulden.[173]

Die bisher verheerendste Schuldenentwicklung ereignete sich jedoch um die jüngste Jahrhundertwende.[174] Zwischen 2000 und 2002 kam es dabei innerhalb weniger Monate zu einem extremen Anstieg der staatlichen Verschuldungsquote um etwa 110 Prozentpunkte. Ebenso konnte allerdings auch eine recht zügige Rückführung dieser Größe erfolgen.

---

[172] Vgl. The Economist (2011), S. 2f.

[173] Vgl. Reinhart, Rogoff (2011), S. 183f.

[174] Vgl. Reinhart, Rogoff (2011), S. 59.

Wie Abbildung 27 zeigt, betrug der öffentliche Schuldenstand im Jahr 2010 nur noch 45,5 Prozent des nominalen Bruttoinlandsprodukts. Worauf diese Entwicklungen des argentinischen Staatshaushaltes letztendlich zurückzuführen waren, wird auf den nachfolgenden Seiten beschrieben.

Abbildung 27: Entwicklung der Staatsverschuldung in Relation zum nominalen Bruttoinlandsprodukt in Argentinien

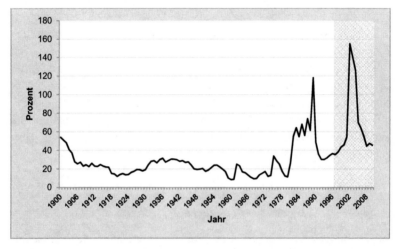

Quelle: Reinhart (2011), Tabelle *Debt-to-GDP Ratios, Debt-to-GDP Part I, Argentina*; eigene Grafik.

4.1 Entwicklung der Staatsfinanzen: 1990 bis 2002

Um die Verschuldungssituation des argentinischen Staates in den 1990er Jahren analysieren zu können, muss zunächst ein kurzer Blick auf einige im Jahr 1991 von der Regierung beschlossene fiskal- und geldpolitische Reformen geworfen werden.

Vergleichbar mit den Entwicklungen im Deutschen Reich während der beiden Weltkriege, verschuldeten sich die öffentlichen Haushalte Argentiniens im Laufe der 1980er Jahre zunehmend gegenüber dem Bankensystem und der Zentralbank.[175] Bereits 1981 wurden somit jährliche Inflationsraten von über 100 Prozent ausgewiesen, in den Jahren 1989

---

[175] Vgl. Jost (2003), S. 46.

und 1990 waren letztendlich Werte von mehr als 2.000 Prozent zu verzeichnen.[176] Um solchen Entwicklungen entgegenwirken zu können, führte die argentinische Regierung im Jahr 1991 zahlreiche Reformen durch, wobei unter anderem staatliche Ausgabenkürzungen und Steuererhöhungen beschlossen wurden. Eine der wichtigsten Neuerungen bestand jedoch in der Etablierung eines *Currency Boards*, vor dessen Hintergrund der Wechselkurs zwischen dem argentinischen Peso und dem US-Dollar bei einem Wert von 1,0 fixiert wurde.[177] Zur Aufrechterhaltung dieses Wechselkurses garantierte die Regierung Argentiniens die vollständige Konvertibilität des Pesos in die US-amerikanische Währung. Das Geldangebot wurde somit von da an durch die vorhandenen Devisenreserven determiniert und konnte nicht mehr unbegrenzt ausgeweitet werden.[178] Die Auswirkungen dieser Reformen auf die gesamtwirtschaftlichen Entwicklungen zeigten sich recht bald in verschiedener Hinsicht. Wie Abbildung B.11 (siehe Seite 230) zeigt, konnten zum einen die jährlichen Inflationsraten deutlich zurückgeführt werden. Betrug die Steigerung der Lebenshaltungskosten im Jahr 1990 noch rund 2.314 Prozent, belief sich dieser Wert zwei Jahre später auf nur noch etwa 25 Prozent, im Jahr 1995 auf 4 Prozent.[179] Zum anderen wuchs auch das reale Bruttoinlandsprodukt recht beträchtlich. Waren die Zuwachsraten der realen gesamtwirtschaftlichen Produktion von 1988 bis 1990 noch mit durchweg negativen Vorzeichen versehen, so wurde im Jahr 1991 eine positive Wachstumsrate von rund 12,7 Prozent verzeichnet. Abbildung B.12 (siehe Seite 230) zeigt, dass mit Ausnahme des Jahres 1995, als es aufgrund von Übertragungseffekten durch die sogenannte *Tequila-Krise* in Mexiko zu einem Rückgang der realen Produktion im Vergleich zum Vorjahr kam, zwischen 1991 und 1998 fortwährend positive jährliche Zuwachsraten erzielt wurden.[180] Zurückzuführen war diese Entwicklung der Wirtschaftsleistung hauptsächlich auf stark zunehmende Kapitalzuflüsse aus dem Aus-

---

[176] Vgl. World Bank (2011), Tabelle *Inflation, consumer prices (annual %), Argentina*; Mankiw, Ball (2010), S. 568.

[177] Vgl. Mankiw, Ball (2010), S. 568.

[178] Vgl. Jost (2003), S. 31.

[179] Vgl. World Bank (2011), Tabelle *Inflation, consumer prices (annual %), Argentina*.

[180] Vgl. World Bank (2011), Tabelle *GDP growth (annual %)*; Mankiw, Ball (2010), S. 569; Krueger (2002), S. 1.

land. Aufgrund der Tatsache, dass die inländische Sparquote in Entwick-
lungs- und Schwellenländern in der Regel relativ gering ausfällt, sind
Kapitalimporte aus dem Ausland von großer Bedeutung, um entsprechende, für langfristiges Wirtschaftswachstum notwendige Investitionen
im Inland finanzieren und durchführen zu können.[181] Die Reformen der
argentinischen Regierung sowie die Etablierung des Currency Boards im
Jahr 1991 konnten wesentlich dazu beitragen, das Vertrauen ausländischer
Investoren in die Wirtschaft Argentiniens zu stärken. Auf der Suche nach
hohen Renditen „schickten Investoren aus den wohlhabenden Ländern
[…] ihr Kapital ins Ausland"[182], so auch nach Argentinien. Abbildung
B.13 (siehe Seite 231) bestätigt am Beispiel der ausländischen Direktinvestitionen und der Finanzierung über die internationalen Kapitalmärkte, dass die Kapitalzuflüsse nach Argentinien zwischen 1990 und
1998/1999 fast durchgängig anstiegen.

Hinsichtlich der absoluten staatlichen Verschuldung lässt sich festhalten, dass eine Zunahme dieser Größe nach Inkrafttreten der beschlossenen Reformen zunächst weitestgehend verhindert werden konnte. Abbildung 28 zeigt, dass die in US-Dollar gemessene Staatsschuld in den frühen
1990er Jahren auf recht konstantem Niveau verharrte. Aufgrund des relativ
starken Wirtschaftswachstums konnte die Schuldenstandsquote zwischen
1990 und 1993 sogar um 18,5 Prozentpunkte zurückgeführt werden.

Wie die Abbildung verdeutlicht, ließ die anfängliche Haushaltsdiszi-
plin im Zuge der Reformen jedoch ab Mitte der 1990er Jahre merklich
nach. Es steht außer Frage, dass der recht beträchtliche Anstieg der absoluten Staatsschuld von rund 8,4 Prozent im Jahr 1995 auch die Auswirkungen der Tequila-Krise widerspiegelt. Dennoch kam es zwischen 1990
und 1998 auch in jenen Jahren, in denen das reale (und nominale) Wirtschaftswachstum wieder deutlich positive Werte annahm, zu einer erheblichen Zunahme der öffentlichen Schulden. So wurde beispielsweise im
Jahr 1996 ein Zuwachs der realen Produktion von 5,5 Prozent im Vergleich zum Vorjahr ausgewiesen und trotzdem erhöhte sich die absolute
Staatsschuld um etwa 12 Prozent.[183] Die Auslöser dieser Entwicklungen
können durch einen Blick auf die in Kapitel drei des ersten Hauptteils
behandelten Ursachen der Staatsverschuldung ausfindig gemacht werden.

[181] Vgl. Nödinger (1987), S. 5ff.
[182] Samuelson, Nordhaus (2007), S. 813.
[183] Vgl. World Bank (2011), Tabelle *GDP growth (annual %)*.

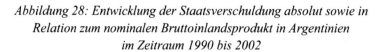

*Abbildung 28: Entwicklung der Staatsverschuldung absolut sowie in
Relation zum nominalen Bruttoinlandsprodukt in Argentinien
im Zeitraum 1990 bis 2002*

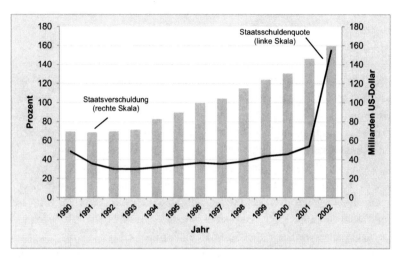

Quellen: Reinhart (2011), Tabelle *Debt-to-GDP Ratios, Debt-to-GDP Part I, Argentina*;
Internationaler Währungsfonds (2011b), Tabelle *Nominal GDP, Argentina*; z.T. eigene
Berechnungen; eigene Grafik.

Mit Ausnahme der Tequila-Krisenjahre kann eine Zunahme der öffentlichen Verschuldung aufgrund von Maßnahmen zur Glättung der Konjunktur (expansive Fiskalpolitik) im Falle Argentiniens für die Zeit von
1990 bis 1998 ausgeschlossen werden. Auch das Motiv der intertemporalen Lastenverteilung greift für den lateinamerikanischen Staat nicht. Zum
einen wurde Argentinien in den 1990er Jahren nicht von Kriegen oder
ähnlich teuren (Schadens)Ereignissen heimgesucht. Wie Berechnungen
zeigen baute die argentinische Regierung zum anderen auch ihre Investitionstätigkeit nicht in dem Maße aus, in dem sich die öffentliche Verschuldung erhöhte.[184]

Die eigentlichen Auslöser der Staatsschuldenzunahme in den 1990er
Jahren können daher nur im politischen Prozess gefunden werden. Tatsächlich sind die Ursachen hauptsächlich in der Organisation des staat-

---

[184] Eigene Berechnungen auf Basis von: World Bank (2011), Tabellen *Gross capital
formation (% of GDP)* und *Gross fixed capital formation, private sector (% of GDP)*.

lichen Finanzsystems, hier überwiegend auf Ebene der argentinischen Gliedstaaten, der sogenannten Provinzen, zu suchen. „[…] Many of Argentina's fiscal problems […] arose from inadequate fiscal discipline in the provinces, for which the central government ultimately had to take responsibility. Indeed, the Argentine system […] was fundamentally one in which the provinces retained much of the initiative and incentive for public spending, but the responsibility for raising of revenue and payment of debt was passed off largely to the central government."[185] Auf Provinzebene war die Tätigung staatlicher Ausgaben somit weitgehend von der Generierung adäquater Einnahmen entkoppelt, sodass sich daraus Zielkonflikte ergaben, die letztendlich zu entsprechend hohen Haushaltsdefiziten des Gesamtstaates führten.

Zwischen 1992 und 2000 kam es schließlich zu einem Anstieg der absoluten Staatsschuld um 60,89 Milliarden US-Dollar. Im gleichen Zeitraum erhöhte sich die öffentliche Schuldenquote von 30,1 Prozent auf rund 45,6 Prozent. Eine Staatsschuldenquote von dieser Größe erscheint im aktuellen internationalen Vergleich kaum bedrohlichen Ausmaßes zu sein. Wie Abbildung 4 (siehe Seite 35) bereits zeigte, weisen gegenwärtig Industrienationen dieser Welt deutlich höhere öffentliche Verschuldungsquoten auf. Argentinien unterschritt sogar den im Maastricht-Vertrag festgelegten Staatsschuldenquoten-Grenzwert der Europäischen Währungsunion von 60 Prozent.[186] Unter isolierter Berücksichtigung der wertmäßigen öffentlichen Verschuldung in Relation zur nominalen Wirtschaftsleistung schien Argentinien zum damaligen Zeitpunkt weit entfernt von einer Schuldenkrise. Aus Abbildung 28 (siehe Seite 153) geht dennoch hervor, dass sich die finanzielle Situation der argentinischen Regierung im Laufe des Jahres 2002 deutlich zuspitzte. Die absolute Staatsschuld erhöhte sich zwischen 2000 und 2002 um 29,37 Milliarden US-Dollar, die öffentliche Schuldenquote um ganze 109,3 Prozentpunkte. Solche extremen Zuwächse der Staatsschuldenquote innerhalb kürzester Zeit wurden im bisherigen Verlauf der vorliegenden Arbeit nur mit dem Eintreten von Kriegen in Verbindung gebracht. Argentinien wurde allerdings um die letzte Jahrhundertwende weder von einem Krieg noch einem vergleichbar teuren Ereignis heimgesucht. Wie konnte es also dazu kommen, dass solch abrupte Schuldenentwicklungen scheinbar aus dem Nichts

---

[185] Mussa (2002), S. 14.

[186] Vgl. Europäische Kommission (2005), S. 3; Krueger (2002), S. 5.

hervortraten? War eine öffentliche Schuldenquote von rund 45 Prozent
für Argentinien letztendlich doch nicht tragbar?

Um diese Fragen beantworten zu können, reicht ein alleiniger Blick
auf die staatliche Verschuldung nicht aus. Die Tragfähigkeit einer bestimmten öffentlichen Schuldenquote wird vielmehr von zahlreichen
makroökonomischen Faktoren determiniert, die international stark diffe-
renzierten Entwicklungen unterliegen und sich daher unterschiedlich auf
die Verschuldungssituation einer Nation auswirken. Aus diesem Grunde
ist auch der oben angestellte Vergleich der öffentlichen Staatsschuldenquoten von Schwellenländern mit jenen von Industrienationen eigentlich
nicht direkt möglich, da die Tragfähigkeitsgrenze expliziter staatlicher
Verbindlichkeiten in Ländern wie Argentinien häufig bereits bei einem
wertmäßig geringeren Schuldenstand in Relation zur nominalen Wirtschaftsleistung erreicht ist als in den klassischen entwickelten Ökonomien.

Zum einen ist dies darauf zurückzuführen, dass in zahlreichen Ent-
wicklungs- und Schwellenländern der Anteil der staatlichen Primäreinnahmen an der gesamtwirtschaftlichen Produktion schlichtweg nicht in
dem Maße ausgebaut werden kann, wie dies in den meisten Industrienationen möglich ist.[187] „[…] Unlike some industrial countries that suc-
cessfully carry much higher [sovereign] debt-to-GDP ratios, Argentina
has had little success in raising tax revenues […] of more than 20 percent
of GDP, compared with nearly 50 percent of GDP in several European
countries."[188]

Wie in Kapitel 4.3.2 des ersten Hauptteils (siehe Seite 67ff.) erläutert
wurde, kommt es bei der Beurteilung der Schuldentragfähigkeit einer
Nation zum anderen in entscheidendem Maße auf die Komposition der
Verbindlichkeiten hinsichtlich einer Verschuldung gegenüber dem In-
oder Ausland sowie in Eigen- oder Fremdwährung an. Dabei müssen
sowohl die Schulden des Staates als auch des Privatsektors einer Volkswirtschaft und damit zwingend die Beziehungen zum Ausland berücksichtigt werden.

Es wurde bereits erwähnt, dass sich Argentinien in den 1990er Jahren,
auch bedingt durch die beschlossenen Reformen der Regierung, einem
beträchtlichen Kapitalzufluss aus dem Ausland gegenübersah. Solche

---

[187] Vgl. Krueger (2002), S. 5.
[188] Mussa (2002), S. 16.

Kapitalimporte mögen sich wachstumssteigernd auf die Gesamtwirtschaft ausgewirkt haben, zugleich bedeuteten sie jedoch, dass sich Argentinien gegenüber dem Ausland verschuldete. Betrachtet man den Nettoauslandsvermögensstatus der gesamten argentinischen Volkswirtschaft, so lässt sich feststellen, dass dieser im Laufe der 1990er Jahre fast durchweg im negativen Bereich verharrte. Wie Abbildung B.14 (siehe Seite 232) zeigt, trat Argentinien somit gegenüber dem Rest der Welt als Nettoschuldner auf. Tatsächlich war ein Großteil dieser Auslandsschulden dem Staatssektor zuzurechnen, nach Lang und Koch ein Phänomen, das insbesondere für Entwicklungs- und Schwellenländer typisch ist.[189] Ein Vergleich der Abbildungen B.14 und B.15 (siehe Seite 232) kann diese Aussage bestätigen. So nahmen die Nettoauslandsverbindlichkeiten der Regierung im dargestellten Zeitraum fast ausschließlich Werte an, die jene der gesamten Volkswirtschaft überstiegen. Der privatwirtschaftliche Sektor hatte demnach eine Nettogläubigerposition gegenüber dem Ausland inne, allerdings reichten diese Auslandsforderungen in den 1990er Jahren nicht aus, um den gesamtwirtschaftlichen Nettoauslandsvermögensstatus mit einem positiven Vorzeichen zu versehen. Sowohl der öffentliche Sektor als auch die gesamte argentinische Volkswirtschaft waren daher netto im Ausland verschuldet.[190]

Erschwerend kam hinzu, dass diese Kreditaufnahme fast ausschließlich in Fremdwährungen und nicht in Pesos erfolgte. So waren beispielsweise zwischen 1990 und 2000 durchweg rund 70 bis 82 Prozent der expliziten Auslandsstaatsverbindlichkeiten in US-Dollar, Deutsche Mark und Japanische Yen denominiert.[191] Daneben lauteten sogar 81,8 Prozent der Inlandsstaatsschulden im Zeitraum 1996 bis 2001 auf ausländische Währungen.[192] Die Aufrechterhaltung der langfristigen Zahlungsfähigkeit setzte damit die Erbringung eines entsprechenden Exportvolumens

---

[189] Vgl. Lang, Koch (1980), S. 146.

[190] An dieser Stelle ist letztendlich auch der entscheidende Unterschied zu Deutschland zu sehen. Während, wie Abbildung 11 (siehe Seite 76) zeigt, der deutsche Staat seit einigen Jahren als Nettoschuldner hervorgeht, ist Abbildung 12 (siehe Seite 77) zu entnehmen, dass Deutschland im Ganzen dennoch als Nettogläubiger gegenüber dem Ausland auftritt.

[191] Eigene Berechnungen auf Basis von: World Bank (2011), Tabellen *Currency composition of PPG debt, U.S. dollars (%)*, *Currency composition of PPG debt, Deutsche mark (%)* und *Currency composition of PPG debt, Japanese yen (%)*.

[192] Vgl. Reinhart, Rogoff, Savastano (2003), S. 53.

unabdingbar voraus. Die oben beschriebene Entwicklung des Nettoauslandsvermögensstatus der argentinischen Volkswirtschaft ließ jedoch bereits erahnen, dass eine hinreichende Exporttätigkeit in den 1990er Jahren nicht realisiert werden konnte. Ein Blick auf die Leistungsbilanz in Abbildung B.16 (siehe Seite 233) kann diese Vermutung bestätigen. So wurden in den 1990er Jahren stets Defizite ausgewiesen, das heißt die Exporte blieben deutlich hinter den Importen zurück. Die Ursachen dieser Exportschwäche können in der Etablierung eines festen Wechselkurssystems gefunden werden. Ab 1991 war der nominale Wechselkurs des argentinischen Pesos fest an den US-Dollar gebunden. Für die internationale Wettbewerbsfähigkeit eines Landes ist jedoch nicht der nominale, sondern vielmehr der reale Wechselkurs von Bedeutung. „Die Leistungsbilanz reagiert nur auf Änderungen des realen [...], nicht des nominalen Wechselkurses. Die Waren und Dienstleistungen eines Landes werden für Ausländer nur dann billiger, wenn die Währung eines Landes real abgewertet wird [...]."[193] Zur Berechnung des realen Wechselkurses sind neben dem nominalen Wechselkurs (e) auch die Preisindizes des Inlandes (P) und des Auslandes (P^*) von Relevanz. Formal kann dabei wie folgt geschrieben werden:

$$Realer\ Wechselkurs = e\,\frac{P}{P^*} \tag{13}$$

Betrachtet man die Entwicklung der Inflationsraten in den Vereinigten Staaten von Amerika und Argentinien, so lässt sich festhalten, dass die jährlichen Preissteigerungsraten der lateinamerikanischen Nation bis Mitte der 1990er Jahre jene der USA überstiegen.[194] Der Preisindex (P) im Zähler von Gleichung (13) unterlag daher einer größeren Zuwachsrate als (P^*) im Nenner. Gleichzeitig war der nominale Wechselkurs (e) fixiert, das heißt der reale Wechselkurs musste zwangsläufig ansteigen (Mengennotierung aus argentinischer Sicht).[195] Diese Entwicklung hatte jedoch nicht nur für den bilateralen realen Wechselkurs zwischen Argentinien und den Vereinigten Staaten von Amerika Gültigkeit. So zeigt Abbildung B.17 (siehe Seite 233) den effektiven realen Wechselkurs, der

---

[193] Krugman, Wells (2010), S. 1123.

[194] Vgl. Mussa (2002), S. 18.

[195] Vgl. Mankiw, Ball (2010), S. 569; Krugman, Wells (2010), S. 1118.

einen gewichteten Durchschnitt der bilateralen realen Wechselkurse zwischen Argentinien und seinen wichtigsten Export-Handelspartnern darstellt.[196] Die Grafik veranschaulicht, dass der argentinische Peso in den 1990er Jahren real deutlich aufwertete, was größtenteils auf den starken Außenwert des US-Dollars zurückzuführen war. Aufgrund der Anbindung des Pesos an die US-amerikanische Währung hätte der reale Wechselkurs unter anderem nur durch fallende Lohnstückkosten gesenkt werden können, allerdings gelang dies aufgrund recht starrer Arbeitsmarktstrukturen nicht.[197] „Wages and prices were insufficiently flexible to maintain competitiveness, resulting in weak export growth relative to other Latin American countries."[198] Insbesondere in der ersten Hälfte der 1990er Jahre entwickelten sich die argentinischen Güter- und Dienstleistungsexporte im lateinamerikanischen Vergleich nur unterdurchschnittlich.[199] Zwischen 1994 und 1998 konnten letztendlich relativ konstant positive Zuwachsraten ausgewiesen werden, was nach Angaben des Internationalen Währungsfonds hauptsächlich auf den Verfall des US-Dollars, damit verbunden eine (nominale und) reale Abwertung des Pesos und somit eine verbesserte internationale Wettbewerbsfähigkeit zurückzuführen war, insbesondere in Europa.[200]

Zur Beurteilung der Schuldentragfähigkeit genügt es jedoch nicht, nur die Export-Zuwachsraten zu betrachten. Vielmehr sollte hier ein Blick auf die Auslandsverbindlichkeiten, die im Falle Argentiniens fast ausschließlich in Fremdwährungen denominiert waren, in Relation zu den Exporten, der Basis für die Gewinnung der notwendigen Devisen, geworfen werden. Abbildung 29 stellt die entsprechenden Größen dar.

---

[196] Vgl. Centro de Economía Internacional (2011), Tabelle *Argentina Multilateral Real Exchange Rate, adjusted by CPI.*

[197] Vgl. Bank für Internationalen Zahlungsausgleich (2002), S. 61.

[198] Krueger (2002), S. 6.

[199] Vgl. World Bank (2011), Tabelle *Exports of goods and services (annual % growth)*, verschiedene lateinamerikanische Länder.

[200] Vgl. Krueger (2002), S. 2.

Abbildung 29: Entwicklung der gesamten sowie der staatlichen
Auslandsschulden Argentiniens in Relation zu
den Waren- und Dienstleistungsexporten

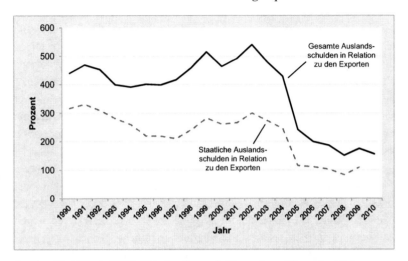

Quellen: World Bank (2011), Tabellen *External debt stocks, public and publicly guaranteed (PPG) (DOD, current US$)* und *Exports of goods and services (BoP, current US$)*; Reinhart (2011), Tabelle *Debt-to-GDP Ratios, Debt to-GDP Part I, Argentina*; Internationaler Währungsfonds (2011b), Tabelle *Nominal GDP, Argentina*; z.T. eigene Berechnungen; eigene Grafik.

Der Grafik ist zu entnehmen, dass sowohl die Auslandsschulden der gesamten argentinischen Volkswirtschaft, als auch die Auslandsverbindlichkeiten des Staatssektors in den 1990er Jahren wertmäßig durchweg mehr als 200 Prozent der gesamten Güter- und Dienstleistungsexporte des Landes ausmachten. So betrugen beispielsweise im Jahr 1998 die gesamten Auslandsschulden rund 458 Prozent, die ausländischen Staatsverbindlichkeiten rund 241 Prozent der Exporte.[201] Wertmäßig überstiegen damit die Verbindlichkeiten, die Argentinien gegenüber dem Ausland auf-

---

[201] Aufgrund der Tatsache, dass in Argentinien nicht nur ein Großteil der Auslands-(staats)schulden, sondern zugleich auch ein beträchtlicher Anteil der Inlands(staats)-schulden in Fremdwährungen denominiert war, müssten in Abbildung 29 korrekterweise auch die auf Fremdwährungen lautenden Inlands(staats)schulden mit einbezogen werden. Die Relation von Fremdwährungs(staats)schulden zu Exporten fiele damit noch größer aus, als die in Abbildung 29 dargestellten Verläufe.

gebaut hatte, deutlich die Jahr für Jahr über Exporte generierten Devisen-
einnahmen. Dass eine solch starke Abhängigkeit von ausländischem
Fremdwährungskapital bei vergleichsweise niedriger Exporttätigkeit enorme Risiken barg, stellt auch Mussa fest: „[…] As an emerging-market
country with substantial external debt, Argentina was clearly vulnerable
to changes in financial market sentiment. Aside from brief interruptions
during periods of general market turmoil, Argentina would probably be
able to maintain necessary access to external financing – as long as financial markets believed it was a good credit risk. However, […] if market
sentiment ever shifted to an expectation of significant risk that Argentina
might default, its market access would be cut off and that expectation
would soon become self-fulfilling."[202]

Als Argentinien mit Beginn des Jahres 1999 in eine Rezession geriet,
wurden solche Befürchtungen letztendlich Realität. Nachdem zunächst
Brasilien seine Wechselkursbindung an den US-Dollar beendete, kam es,
wie Abbildung B.17 (siehe Seite 233) zeigt, zu einer effektiven realen
Aufwertung des Pesos. Aufgrund einer damit einhergegangenen Verteue-
rung argentinischer Güter im Ausland gingen die Exporte zurück, gleichzeitig verringerte sich das reale Bruttoinlandsprodukt im Vergleich zum
Vorjahr um rund 3,4 Prozent.[203] Eine reale Aufwertung des Pesos bedeutete jedoch auch, dass Güterimporte aus dem Ausland für Argentinien
günstiger wurden, sodass es zu einem Rückgang des inländischen Preisniveaus kam. Abbildung B.11 (siehe Seite 230) bestätigt diese Aussage.
Vor dem Hintergrund von Gleichung (10) (siehe Seite 92) musste die
Kombination aus negativer Wachstumsrate der realen Wirtschaftsleistung
(g_t) und negativer Inflationsrate (π_t) zwingend zu einem negativen Zuwachs des nominalen Bruttoinlandsprodukts (m_t), das heißt zu einem
Rückgang der nominalen gesamtwirtschaftlichen Produktion ($P_t Y_t$) und
damit der Steuerbasis führen. Aufgrund der Anbindung des Pesos an den
US-Dollar konnte die argentinische Zentralbank zugleich nicht mit einer
expansiven Geldpolitik reagieren, um die Wirtschaft anzukurbeln. „With-
out monetary stimulus, the recession worsened and the unemployment
rate rose above 15 percent."[204] Wie Gleichung (7) (siehe Seite 28) verdeutlicht, konnte sich somit ein Rückgang der staatlichen Primäreinnah-

---

[202] Mussa (2002), S. 17.

[203] Vgl. World Bank (2011), Tabelle *GDP growth (annual %)*.

[204] Mankiw, Ball (2010), S. 569.

men (T_t) bei gleichzeitig negativer Wachstumsrate der nominalen Wirtschaftsleistung (m_t) nur in einem Anstieg der staatlichen Schuldenstandsquote niederschlagen. Im Jahr 2001 erhöhte sie sich bereits um 8,4 Prozentpunkte. Gleichzeitig stieg die absolute Staatsschuld um rund 12 Prozent an.[205]

Aufgrund der Tatsache, dass sich die Relation von Auslandsschulden zu Exporten bereits seit langem auf einem hohen Niveau bewegte und nun infolge der Rezession noch weiter anstieg, begann letztendlich auch das Vertrauen ausländischer Investoren in die Zahlungsfähigkeit Argentiniens zu schwinden. „With recession and deflation continuing in 2001, the economic and political environment for fiscal consolidation was clearly becoming even more difficult; and there was real reason to fear that the public debt was on an unsustainable upward spiral."[206] So zeigen die Abbildungen B.12 und B.13 (siehe Seite 230f.), dass die Kapitalzuflüsse nach Argentinien und damit einhergehend auch das Wirtschaftswachstum deutlich zurückgingen. Wie Abbildung B.18 (siehe Seite 234) darlegt, erhöhten sich im gleichen Zuge auch die Zinsaufschläge auf argentinische Staatsschuldtitel erheblich, wobei diese im Sommer 2001 nahezu 20 Prozentpunkte über den Renditen auf US-amerikanische Treasury Bonds lagen.[207] Die Mittel, die die Regierung zur Leistung von Zins- und Tilgungszahlungen auf ihre Verbindlichkeiten benötigte, konnten somit nur noch zu immens hohen Finanzierungskosten beschafft werden, sodass die Staatsschuld immer weiter anstieg. Im Laufe des Jahres 2001 musste Argentinien letztendlich zweifach auf Kredite des Internationalen Währungsfonds im Gesamtwert von 23 Milliarden US-Dollar zurückgreifen, bevor die Regierung wenige Monate später, Ende des Jahres 2001, die Bedienung ihrer Inlands- und Auslandsschulden dennoch aussetzte.[208] Bis Dezember 2001 erhöhten sich gleichzeitig die Renditeaufschläge auf

---

[205] Eigene Berechnungen auf Basis von: Reinhart (2011), Tabelle *Debt-to-GDP Ratios, Debt to-GDP Part I, Argentina*; Internationaler Währungsfonds (2011b), Tabelle *Nominal GDP, Argentina*.

[206] Mussa (2002), S. 17.

[207] Vgl. The Economist (2005), S. 3.

[208] Vgl. The Economist (2005), S. 3; Bank für Internationalen Zahlungsausgleich (2002), S. 62.

öffentliche Schuldtitel auf rund 40 Prozentpunkte im Vergleich zu US-amerikanischen Treasury Bonds.[209]

Im Januar 2002 wurde schließlich die Bindung des Pesos an den US-Dollar aufgehoben, wodurch es, wie Abbildung B.17 (siehe Seite 233) zeigt, zu einer unmittelbaren (nominalen und realen) Abwertung des Pesos kam. Das reale Bruttoinlandsprodukt erfuhr im Laufe des Jahres 2002 einen Rückgang um rund 11 Prozent im Vergleich zum Vorjahr, gleichzeitig stieg jedoch das allgemeine Preisniveau angesichts sich verteuernder Importe um etwa 26 Prozent an.[210] Der bestehende Zusammenhang $(m_t) = (g_t + \pi_t + g_t\pi_t)$ impliziert, dass sich demnach die in Pesos gemessene nominale Wirtschaftsleistung erhöhen musste. Da allerdings der Außenwert der argentinischen Währung durch die Rückkehr zu einem flexiblen Wechselkurssystem deutlich abwertete, sank das in US-Dollar gemessene nominale Bruttoinlandsprodukt um rund 62 Prozent.[211] Angesichts der Tatsache, dass ein Großteil der argentinischen Staatsschuld in US-Dollar (und anderen Fremdwährungen) denominiert war, erhöhte sich somit die öffentliche Schuldenstandsquote, das heißt der Quotient aus absoluten Staatsschulden (in US-Dollar gemessen) und nominaler Wirtschaftsleistung (in US-Dollar gemessen), im Laufe des Jahres 2002 um ganze 100 Prozentpunkte.[212] Wie Abbildung 28 (siehe Seite 153) zeigt, wurde damit Ende 2002 eine öffentliche Schuldenquote von rund 155 Prozent ausgewiesen. Dennoch gelang es, diesen Wert in den folgenden Jahren erheblich zu senken. Auf welche Ursachen diese Entwicklung zurückgeführt werden konnte, wird nachstehend aufgezeigt.

---

[209] Vgl. The Economist (2005), S. 3.

[210] Vgl. World Bank (2011), Tabellen *GDP growth (annual %)* und *Inflation, consumer prices (annual %)*, *Argentina*.

[211] Eigene Berechnungen auf Basis von: World Bank (2011), Tabelle *GDP (current US$)*, *Argentina*.

[212] Umgekehrt kann der extreme Anstieg der Staatsschuldenquote auch damit begründet werden, dass das nominale Bruttoinlandsprodukt im Nenner in Pesos gemessen zwar anstieg, sich der Wert der in Fremdwährung denominierten Staatsschulden im Zähler jedoch (aufgrund der Abwertung des Pesos) in Pesos gemessen wesentlich stärker erhöhte.

4.2 Reduktion der Staatsschuld ab 2003

Nachdem die argentinische Staatsschuldenquote im Jahr 2002 ihr lokales Maximum bei etwa 155 Prozent erreichte, war sie in den folgenden sechs Perioden kontinuierlich rückläufig. Abbildung 30 zeigt, dass die öffentlichen Schulden Ende des Jahres 2008 letztendlich nur noch 44,4 Prozent des nominalen Bruttoinlandsprodukts betrugen.

Abbildung 30: Entwicklung der Staatsverschuldung absolut sowie in Relation zum nominalen Bruttoinlandsprodukt in Argentinien im Zeitraum 2002 bis 2010

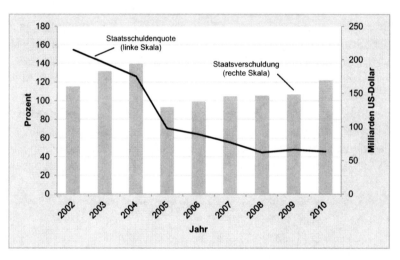

Quellen: Reinhart (2011), Tabelle *Debt-to-GDP Ratios, Debt-to-GDP Part I, Argentina*; Internationaler Währungsfonds (2011b), Tabelle *Nominal GDP, Argentina*; z.T. eigene Berechnungen; eigene Grafik.

Ein davon abweichender Verlauf kann für die Entwicklung der absoluten Staatsschulden festgestellt werden. Stiegen diese bis 2004 durchweg an, sanken sie im Jahr 2005 um rund ein Drittel. In den Folgejahren nahmen sie letztendlich erneut zu und erreichten im Jahr 2010 einen Wert von etwa 169 Milliarden US-Dollar. Um die makroökonomischen Ereignisse hinter diesen Entwicklungen klar erfassen zu können, bietet es sich an, nachstehend zunächst den Verlauf der absoluten öffentlichen Schulden zu verfolgen, bevor in einem nächsten Schritt die Ursachen aufgezeigt werden, die zu einer kontinuierlichen Rückführung dieser Größe in Relation zum nominalen Bruttoinlandsprodukt führten.

In Kapitel 4.1 wurde bereits erwähnt, dass die argentinische Regierung Ende des Jahres 2001 die Bedienung ihrer In- und Auslandsschulden aussetzte.[213] Tatsächlich wurde ein Teil der bestehenden Staatsverbindlichkeiten nie beglichen, womit Argentinien bis heute „den Rekord für den größten Zahlungsausfall [auf öffentliche Schuldtitel hält]."[214] Um die damit einhergegangene Reduktion der absoluten Schuldenlast analysieren zu können, muss zwischen der Neuordnung der Inlands- und Auslandsstaatsschulden unterschieden werden. Nach Reinhart und Rogoff unterliegen Inlandsstaatsschulden stets der Rechtsprechung des Schuldnerlandes, im vorliegenden Fall also der argentinischen. Die entsprechenden Schuldtitel werden zugleich häufig in der Inlandswährung emittiert und befinden sich zum größten Teil in der Hand von Inländern. Demgegenüber unterliegen Auslandsstaatsschulden stets der Rechtsprechung anderer Länder, lauten häufig auf Fremdwährung und werden meist von Ausländern gehalten.[215]

Betrachtet man zunächst die argentinischen Inlandsstaatsschulden im Rahmen der jüngsten Schuldenkrise des Landes, so muss entgegen obiger Definition festgehalten werden, dass im Laufe der 1990er Jahre nicht nur die ausländische, sondern auch der überwiegende Teil der inländischen

---

[213] Vgl. Bank für Internationalen Zahlungsausgleich (2002), S. 62.

[214] Reinhart, Rogoff (2011), S. 59.

[215] Vgl. Reinhart, Rogoff (2011), S. 61. Prinzipiell existiert keine universelle Definition von Auslands- und Inlands(staats)schulden. Dieses Problem wird auch in einem Arbeitspapier der UNCTAD angesprochen. Im Allgemeinen können drei mögliche Definitionen verwendet werden, die sich in ihrer Fokussierung auf verschiedene Parameter unterscheiden (vgl. Panizza (2008), S. 4f.):
1. *Währungsdenomination*, wobei Auslands(staats)schulden auf Fremdwährung(en) lauten, Inlands(staats)schulden auf heimische Währung.
2. *Nationalität der Gläubiger*, wobei Auslands(staats)schulden von Ausländern gehalten werden, Inlands(staats)schulden von Inländern.
3. *Rechtsprechung*, wobei Auslands(staats)schulden nicht der Rechtsprechung des Schuldnerlandes unterliegen, Inlands(staats)schulden hingegen schon.
Im Rahmen der vorliegenden Arbeit wird in Anlehnung an Reinhart und Rogoff eine Orientierung an letztgenannter Definition erfolgen, wobei jedoch, wie Reinhart und Rogoff anmerken, in der Praxis häufig eine Überschneidung mit den beiden erstgenannten Definitionen vorliegt, sodass implizit alle drei Abgrenzungen verwendet werden (vgl. Reinhart, Rogoff (2011), S. 61).

Staatsschuld in US-Dollar (und anderen Fremdwährungen) emittiert wurde.[216] Wie zuvor erwähnt lauteten rund 81,8 Prozent der Inlandsstaatsschulden zwischen 1996 und 2001 nicht auf Pesos.[217] Sogar die Mehrzahl der inländischen privatwirtschaftlichen Bankgeschäfte wurde in Fremdwährungen abgewickelt, insbesondere in US-Dollar.[218] Mit Aufhebung der Anbindung des Pesos an die US-amerikanische Währung wertete der Peso jedoch unmittelbar ab, sodass sich spiegelbildlich alle in US-Dollar denominierten Verbindlichkeiten, ob privat oder staatlich, in Pesos gemessen zwangsläufig erhöhten. Um die staatliche Inlandsschuldenlast entsprechend zu reduzieren, ordnete die argentinische Regierung im Frühjahr 2002 eine Zwangsumwandlung aller in US-Dollar denominierten Inlandsschuldtitel in Pesos an.[219] Zugleich wurde unter anderem auch das Bankensystem zur „Pesofizierung" sämtlicher auf US-Dollar lautender inländischer Schuldverhältnisse gezwungen.[220] Ähnlich wie in Deutschland nach dem Zweiten Weltkrieg wurden dabei asymmetrische Umtauschrelationen festgelegt. So wurden alle Bankeinlagen im Verhältnis ein US-Dollar zu 1,4 Pesos eingewechselt, alle Bankforderungen, das heißt die Kreditvergabesummen der Banken an die Privatwirtschaft und die Regierung, hingegen in Relation ein US-Dollar zu einem Peso.[221] In US-Dollar gemessen sahen sich somit alle Nettosparer real entwertetem Vermögen gegenüber, da das Umtauschverhältnis ihrer Kontoguthaben nicht dem bis dato gültigen, deutlich höheren Wechselkurs entsprach und sie damit einen erheblichen Kaufkraftverlust erlitten.[222] Durch die unglei-

---

[216] Vgl. Bank für Internationalen Zahlungsausgleich (2002), S. 63.

[217] Vgl. Reinhart, Rogoff, Savastano (2003), S. 53.

[218] Neben der Anbindung des Pesos an den US-Dollar können diese Entwicklungen nach Reinhart, Rogoff und Savastano auch auf die Inflationshistorie Argentiniens zurückgeführt werden. Hohe Inflationsraten führten in der Vergangenheit zu einer realen Entwertung von Peso-Geldvermögen. Um solche Umverteilungswirkungen zu umgehen, wurden nun zahlreiche Schuldverhältnisse in Fremdwährungen eingegangen (vgl. Reinhart, Rogoff, Savastano (2003), S. 54f.).

[219] Vgl. Reinhart, Rogoff (2011), S. 190.

[220] Um einen Bank-Run zu vermeiden wurden bereits Ende des Jahres 2001 sämtliche Bankkonten eingefroren (vgl. Mankiw, Ball (2010), S. 569).

[221] Vgl. Hanke (2003), S. 54.

[222] Vgl. Krugman, Wells (2010), S. 1118. Der Wechselkurs betrug im Jahresdurchschnitt 2002 rund 3,09 Pesos pro US-Dollar (vgl. Centro de Economía Internacional (2011), Tabelle *Argentina Main Economic Indicators*).

chen Umtauschverhältnisse mussten letztendlich auch die Banken in
ihren Bilanzen Verbindlichkeiten auf der Passivseite ausweisen, die wertmäßig die Forderungen auf der Aktivseite überstiegen. Alle Nettoschuldner, also auch der argentinische Staat, profitierten hingegen von der
Zwangsumwandlung, da sich deren US-Dollarverbindlichkeiten im Wert
deutlich verminderten. Um diesen Umverteilungswirkungen zumindest in
Teilen entgegenzuwirken, wurden letztendlich spezielle Staatsschuldpapiere, sogenannte BODEN (*Bonos Optativos del Estado Nacional*), an
inländische Banken und Kontoinhaber ausgegeben.[223] Die Art und Weise
der Reduzierung der argentinischen Inlandsstaatsschulden zeigte somit
deutliche Parallelen zur (west)deutschen Währungsreform von 1948 auf.
Auch damals kam es zu einem asymmetrischen Währungsumtausch von
Forderungen und Verbindlichkeiten; die öffentlichen Schulden wurden
nur in Form der abgewerteten Ausgleichsforderungen aufrechterhalten.
Auf ähnlichem Wege konnte letztendlich auch die argentinische Regierung ihre Inlandsschulden reduzieren.

Ein neuer Aspekt der im Fall Argentinien hinzukam bestand darin,
dass das lateinamerikanische Land, hier insbesondere dessen Regierung,
überwiegend im Ausland verschuldet war und die Bedienung dieser Auslandsstaatsschulden ab Ende des Jahres 2001 ebenfalls ausgesetzt wurde.
Entgegen der Situation im Nachkriegsdeutschland lag hier folglich eine
Kombination aus partiellen Zahlungsausfällen auf Inlands- *und* Auslandsstaatsschulden vor. Ebenso wie sich die Gläubiger der staatlichen
Inlandsschulden der deutlichen Abwertung ihrer Forderungen faktisch
nicht entziehen konnten, waren ganz ähnliche Probleme mit dem partiellen Zahlungsausfall auf die Auslandsstaatsschulden verbunden. Reinhart
und Rogoff sehen dabei ein generelles Problem im „Fehlen eines super-
nationalen rechtlichen Rahmens für die Durchsetzung von grenzüber-
schreitenden Schuldkontrakten."[224] Krugman und Wells schreiben hierzu:
„Gläubiger können säumige Schuldner vor Gericht verklagen. Das Gericht schätzt dann die Höhe des Vermögens des Schuldners und schreibt
ihm vor, einen Teil seiner zukünftigen Einkünfte an die Gläubiger abzu-
treten. Bei der Zahlungsunfähigkeit eines [...] [Staates] ist es anders. Die
Gläubiger [...] müssen mit der Regierung des Landes über eine anteilige
Rückzahlung der Schulden verhandeln. Das einzige Druckmittel, das die

---

[223] Vgl. U.S. Embassy Buenos Aires (2003), S. 3.

[224] Reinhart, Rogoff (2011), S. 106.

Gläubiger in diesen Verhandlungen haben, ist die Angst des Staates, dass ein Scheitern der Verhandlungen den Ruf des Landes so stark beschädigt, dass zukünftig keine neuen Kredite mehr zur Verfügung gestellt werden.[225] Nachdem die argentinische Regierung Ende des Jahres 2001 die partielle Einstellung ihrer Zahlungen auf Auslandsschulden verkündet hatte, dauerte es letztendlich mehr als drei Jahre, bis eine Einigung mit einem Teil der Gläubiger erzielt wurde. Im Februar 2005 akzeptierten im Rahmen einer ersten Schuldenrestrukturierung etwa 75 Prozent der Gläubiger einen Umtausch ihrer bisherigen Staatspapiere in Schuldtitel mit geringerem Nennwert, längeren Laufzeiten sowie niedrigeren Zinsen.[226] Im Durchschnitt mussten die Kreditgeber damit auf rund 68 Prozent ihrer ursprünglichen Forderungen gegenüber der argentinischen Regierung verzichten.[227] In einer zweiten Verhandlungsrunde im Sommer 2010 akzeptierten schließlich 66 Prozent der Gläubiger, die das erste „Angebot" des argentinischen Staates im Jahr 2005 abgelehnt hatten, eine ähnlich hohe Abschreibung ihrer Forderungen um durchschnittlich zwei Drittel.[228] Von den seit 2001 nicht mehr bedienten Auslandsschuldtiteln im Wert von rund 95 Milliarden US-Dollar konnten somit bisher etwa 92 Prozent restrukturiert werden.[229]

Der in Abbildung 30 (siehe Seite 163) grafisch dargestellte Verlauf der absoluten Staatsschulden kann nun anhand der beschriebenen Ereignisse und Entwicklungen nachvollzogen werden. Betrachtet man zunächst das Jahr 2002, im Laufe dessen die Eins-zu-Eins-Umwandlung in

---

[225] Krugman, Wells (2010), S. 951.

[226] Vgl. The Economist (2005), S. 1f.

[227] Vgl. Krugman, Wells (2010), S. 951.

[228] Vgl. The Economist (2010b), S. 1; Hornbeck (2010), S. 10ff. Die Gläubiger, die in den Jahren 2005 und 2010 an den Staatsschuldenrestrukturierungen teilnahmen, mussten zwar im Durchschnitt eine Abschreibung ihrer Forderungen um etwa zwei Drittel hinnehmen. Im Rahmen beider Schuldenneuordnungen wurden den Gläubigern jedoch auch sogenannte *GDP-linked warrants* zugesprochen. Diese Garantien verpflichten den argentinischen Staat, zusätzliche Zahlungen an die Gläubiger zu leisten, wenn das nationale Bruttoinlandsprodukt eine bestimmte jährliche Zuwachsrate überschreitet. Im April 2010 wurde daher der tatsächliche Wert der im Jahr 2005 restrukturierten Schultitel auf etwa 60 Cent pro Dollar geschätzt, der Wert der im Jahr 2010 restrukturierten Schuldtitel auf 48 bis 51 Cent pro Dollar (vgl. The Economist (2006), S. 1f.; Hornbeck (2010), S. 12).

[229] Vgl. Reinhart, Rogoff (2011), S. 59; The Economist (2010b), S. 1.

US-Dollar denominierter Inlandsstaatsschulden in Pesos stattfand, so muss festgehalten werden, dass diese Umwechslung trotz deutlich abgewertetem Peso nicht zu einem Rückgang der in US-Dollar gemessenen Staatsschulden führte. Die Schuldenreduktion, die die Regierung durch die „Pesofizierung" erreichte, wurde zum einen teilweise durch die Ausgabe der BODEN-Papiere kompensiert, zum anderen musste sich der argentinische Staat auch nach Verkündigung der Zahlungsunfähigkeit Ende 2001 weiterhin neu verschulden. Eine Minderung der gesamten Staatsschulden wurde demnach durch die Neustrukturierung der Inlandsstaatsschulden nicht erreicht, allerdings muss davon ausgegangen werden, dass der Anstieg der Gesamtschulden (rund 14 Milliarden US-Dollar im Jahr 2002) ohne die verordnete Zwangsumwandlung wesentlich stärker ausgefallen wäre.

Zeigte sich die Neuordnung der inländischen Staatsschulden damit nur indirekt, so führte die Restrukturierung der Auslandsstaatsschulden im Jahr 2005 zu einem deutlichen Rückgang der öffentlichen expliziten Verbindlichkeiten um rund 64 Milliarden US-Dollar. In den Folgejahren stieg die absolute Schuld der Regierung dann zunächst recht moderat an. Die Schuldenreduktion im Rahmen der zweiten Restrukturierungsrunde der Auslandsstaatsschulden im Sommer 2010 wurde letztendlich vollständig durch den Anstieg der staatlichen Neuverschuldung im Zuge der globalen Finanz- und Wirtschaftskrise kompensiert. Im Jahr 2010 kam es somit zu einer Erhöhung der öffentlichen Schulden um rund 21 Milliarden US-Dollar bzw. 14,5 Prozent.[230]

Wie Abbildung 30 (siehe Seite 163) erkennen lässt, stand dieser recht volatilen Entwicklung der absoluten öffentlichen Schulden im Zeitraum 2002 bis 2008 ein fortwährender Rückgang der staatlichen Verbindlichkeiten in Relation zum nominalen Bruttoinlandsprodukt gegenüber. Die enorme Minderung der Staatsschuldenquote im Jahr 2005 kann eindeutig auf die Restrukturierung der öffentlichen Auslandsschulden zurückgeführt werden. In allen übrigen Jahren erhöhte sich jedoch die absolute Schuld immer weiter – und trotzdem sank die Staatsschuldenquote kontinuierlich. Als die argentinische Regierung Ende des Jahres 2001 ihre Zahlungsunfähigkeit deklarierte, steckte die Volkswirtschaft des Landes

---

[230] Eigene Berechnungen auf Basis von: Reinhart (2011), Tabelle *Debt-to-GDP Ration, Debt-to-GDP Part I, Argentina*; Internationaler Währungsfonds (2011b), Tabelle *Nominal GDP*.

bereits seit mehreren Perioden in einer tiefen Rezession. So war die Arbeitslosenquote auf 18,3 Prozent gestiegen, das reale Bruttoinlandsprodukt unterlag deutlich negativen Wachstumsraten und die Kapitalzuflüsse aus dem Ausland versiegten nahezu vollständig.[231] Deutete im Jahr 2002 mit einem Rückgang der realen gesamtwirtschaftlichen Produktion um rund 11 Prozent im Vergleich zum Vorjahr noch nichts auf eine rasche „Erholung" hin, so traten bereits im Jahr 2003 völlig andere Entwicklungen ein. Aufgrund der deutlichen (nominalen und) realen Abwertung des Pesos, die unmittelbar auf die Beendigung des festen Wechselkurssystems im Frühjahr 2002 folgte, wurde die argentinische Exportwirtschaft international wesentlich wettbewerbsfähiger, da inländische Güter und Dienstleistungen für das Ausland relativ günstiger wurden. Erreichten beispielsweise die Warenexporte im Zeitraum 1990 bis 2001 nie Werte von mehr als 10 Prozent des nominalen Bruttoinlandsprodukts, so belief sich diese Größe ab 2002 durchweg auf über 20 Prozent.[232] Überstiegen zwischen 1992 und 1999 die Güter- und Dienstleistungsimporte stets die zugehörigen Exporte, kehrte sich diese Entwicklung nun mit Beginn des 21. Jahrhunderts um. So ist die Saldensumme aus Handels- und Dienstleistungsbilanz bereits seit dem Jahr 2001 mit einem positiven Vorzeichen versehen.[233] Wie Abbildung B.16 (siehe Seite 233) verdeutlicht, schlugen sich diese Entwicklungen auch in der Leistungsbilanz nieder. War diese bis 2001 fast durchweg defizitär, weist Argentinien seither deutliche Leistungsbilanzüberschüsse aus. Abbildung B.14 (siehe Seite 232) zeigt, dass auch das Nettoauslandsvermögen der gesamten Volkswirtschaft seit dem Jahr 2005 wieder ein positives Vorzeichen trägt. Neben der boomenden Exportwirtschaft nahmen jedoch zugleich auch die Kapitalzuflüsse aus dem Ausland recht bald nach der erklärten Zahlungsunfähigkeit der argentinischen Regierung wieder zu. Diese Entwicklung, die in Abbildung B.13 (siehe Seite 231) beispielhaft dargestellt ist, mag zunächst verwundern. Die Bank für Internationalen Zahlungsausgleich sieht die Gründe für diesen recht zeitnahen Wiederanstieg der

---

[231] Vgl. Centro de Economía Internacional (2011), Tabelle *Argentina Main Economic Indicators.*

[232] Vgl. Centro de Economía Internacional (2011), Tabelle *Argentina Main Economic Indicators.*

[233] Vgl. World Bank (2011), Tabelle *Net trade in goods and services (BoP, current US$), Argentina.*

Kapitalimporte jedoch vor dem Hintergrund der bereits in Kapitel 4.1.2
des ersten Hauptteils (siehe Seite 57ff.) erwähnten Sparschwemme sowie
eines (im weltweiten Durchschnitt) niedrigen Zinsniveaus. „[...] In an
international financial framework characterised by high-levels of liquid-
ity and low interest rates [...], financial capital inflows [continued to
grow rapidly]."[234]
Sowohl die starke Exporttätigkeit der argentinischen Volkswirtschaft
als auch die Kapitalzuflüsse aus dem Ausland führten letztendlich zu
einem recht starken Wirtschaftswachstum, das im Jahr 2003 einsetzte.
Belief sich die Zuwachsrate des realen Bruttoinlandsprodukts im Jahr
2002 noch auf -11 Prozent, so wurden im Zeitraum 2003 bis 2008 ausnahmslos reale Wachstumsraten zwischen sechs und zehn Prozent ausgewiesen. Abbildung B.12 (siehe Seite 230) stellt diesen Verlauf grafisch
dar. Aufgrund sich verteuernder Importe stieg mit Beendigung des fixen
Wechselkurssystems gleichzeitig das allgemeine Preisniveau im Inland
stark an, sodass die jährlichen Inflationsraten, wie Abbildung B.11 (siehe
Seite 230) zeigt, im deutlich positiven Bereich lagen. Die Kombination
aus jeweils positiven Zuwachsraten der realen Produktion (g_t) sowie des
allgemeinen Preisniveaus (π_t) bewirkte, dass auch das nominale Bruttoinlandsprodukt ($P_t Y_t$) stark anstieg. Im Jahr 2003 erhöhte sich die nominale Wirtschaftsleistung beispielsweise um rund 26 Prozent im Vergleich
zum Vorjahr. Bis einschließlich 2008 konnten letztendlich durchweg
jährliche Zuwachsraten der nominalen Produktion zwischen 18 und 27
Prozent ausgewiesen werden.[235]
Um die Auswirkungen der in Gleichung (7) (siehe Seite 28) aufge-
führten Parameter auf die Veränderung der öffentlichen Schuldenstandsquote im Zeitverlauf erfassen zu können, bleiben insbesondere noch die
Fragen zu klären, wie sich der Primärsaldo ($T_t - G_t$) sowie das Zins-
Wachstums-Differential ($i_t - m_t$) in den vergangenen Jahren entwickelten. Hier ist zunächst festzuhalten, dass ab 2003 die staatlichen Primäreinnahmen (T_t) tatsächlich durchweg die Primärausgaben (G_t) überstie-
gen, sodass die Primärsaldoquote $\left(\frac{T_t - G_t}{P_t Y_t}\right)$ in den letzten Jahren mit einem

[234] Pesce (2011), S. 89.
[235] Eigene Berechnungen auf Basis von: Internationaler Währungsfonds (2011b),
Tabelle *Nominal GDP, Argentina*.

positiven Vorzeichen versehen war.[236] Es wurde bereits erwähnt, dass bei Vorliegen eines solchen Primärüberschusses ein entsprechend positives Zins-Wachstums-Differential $(i_t - m_t)$ ausgewiesen werden kann, um dennoch eine Rückführung der Schuldenstandsquote hervorzurufen. Die nominale Produktion mag zwischen 2003 und 2008 recht beträchtlich ausgefallen sein, ein Blick auf die in Abbildung B.18 (siehe Seite 234) dargestellten Zinsaufschläge auf staatliche Schuldtitel lässt allerdings berechtigte Zweifel aufkommen, dass eine entsprechend positive Differenz zwischen Zinssatz (i_t) und nominaler Wachstumsrate (m_t) gering genug war, um die in Abbildung 30 (siehe Seite 163) aufgezeigten Minderungen der Staatsschuldenquote auszulösen. Die Entwicklung der öffentlichen Schuldenquote Argentiniens kann tatsächlich nicht isoliert an diesen Parametern festgemacht werden. Vielmehr muss hier eine Einordnung in den Kontext der Schuldenrestrukturierungen erfolgen. Es muss also berücksichtigt werden, dass die Zins- und Tilgungszahlungen ab 2001 zunächst ausgesetzt wurden, im Jahr 2005 letztendlich der Staatsschuldenbestand (B_{t-1}) deutlich reduziert wurde und niedrigere Zinszahlungen (i_t) mit den Gläubigern vereinbart wurden. Eine pauschale Aussage hinsichtlich der wertmäßigen Entwicklung des Zins-Wachstums-Differentials kann daher aufgrund dieser Sondereffekte nicht getroffen werden. So war es schließlich die Kombination aus dieser Schuldenneuordnung, recht beträchtlichem Wirtschaftswachstum und damit einhergehend Primärüberschüssen, die zu einer deutlichen Rückführung der Staatsschuldenquote im Zeitraum 2003 bis 2008 um rund 96,1 Prozentpunkte führte.[237]

4.3 Folgen und Lehren

4.3.1 Makroökonomische Auswirkungen

Auch wenn die Reduktion der öffentlichen Schuldenstandsquote Argentiniens in den Jahren nach 2002 nicht ausschließlich auf den ergriffenen Schuldenschnitt zurückzuführen war, so kann dennoch die Aussage ge-

---

[236] Vgl. Ministerio de Economía y Finanzas Públicas (2011), verschiedene Jahresberichte (jeweils *Cuarto Trimestre*, jeweils Tabelle *Sector Público Nacional, Resultado Primario en millones de pesos*).

[237] Eigene Berechnung auf Basis von: Reinhart (2011), Tabelle *Debt-to-GDP Ratios, Debt-to-GDP Part I, Argentina*.

troffen werden, dass eine solch drastische Minderung der staatlichen Verbindlichkeiten ohne die partielle Restrukturierung der Staatsschulden nicht möglich gewesen wäre. Infolge dessen sowie aufgrund der Tatsache, dass die Entschuldung durch ein recht beträchtliches Wirtschaftswachstum bereits in Kapitel 3.3 des zweiten Hauptteils behandelt wurde, wird im Folgenden ausschließlich auf die makroökonomischen Auswirkungen der Schuldenneuordnung eingegangen. Die Restrukturierung der Inlandsstaatsschulden wird hier allerdings außen vor bleiben, da deren Effekte auf die Gesamtwirtschaft starke Gemeinsamkeiten mit jenen der Entschuldung Deutschlands im Zuge der Währungsreform von 1948 aufweisen. Der Fokus der nachstehenden Abschnitte wird daher auf der Restrukturierung von Auslandsstaatsschulden liegen. Welche Auswirkungen gehen nun von der Ergreifung einer solchen Maßnahme aus? Die Beantwortung dieser Frage interessiert zum einen für das konkrete Fallbeispiel Argentinien, zum anderen soll hier jedoch auch eine universellere Ausführung durch Einbeziehung länderübergreifender Untersuchungen geboten werden.

Betrachtet man zunächst das Beispiel Argentinien isoliert, so lässt sich festhalten, dass der Schuldenschnitt im Endergebnis als „Befreiungsschlag" für die gesamte Volkswirtschaft des lateinamerikanischen Landes gesehen werden kann. Zur Bestätigung dieser Aussage genügt ein Blick zurück auf die bereits gezeigten Verläufe des realen Wirtschaftswachstums, der Leistungsbilanz oder auch der Relation von Auslands(staats)schulden zu Exporten ab den Jahren 2002 bzw. 2003. Diese Entwicklungen müssen jedoch in den gesamtwirtschaftlichen Kontext eingeordnet werden und können nicht ausschließlich an der Restrukturierung der Staatsschulden festgemacht werden. Vielmehr muss hier eine Gesamtbetrachtung der in den Jahren 2001 und 2002 beschlossenen Maßnahmen erfolgen. So war insbesondere das enorme Wachstum der Güter- und Dienstleistungsexporte hauptsächlich auf die Loslösung des Pesos vom US-Dollar und die damit einhergegangene Abwertung der argentinischen Währung zurückzuführen. Allerdings muss auch angemerkt werden, dass diese geldpolitische Reform ohne einen Schuldenschnitt sehr wahrscheinlich nicht möglich gewesen wäre. Geriet die argentinische Regierung bereits Ende 2001 und damit vor Aufhebung des fixen Wechselkurssystems in die Zahlungsunfähigkeit, so muss daraus geschlussfolgert werden, dass dieser Schritt mit dem Übergang zu einem flexiblen Wechselkurssystem sowieso notwendig geworden wäre. Diese Aussage kann deshalb getroffen werden, da sich mit Abwertung des Pesos spiegelbildlich alle in Fremdwährung denominierten Verbindlichkeiten der argentinischen Regierung (und der Privatwirtschaft) erhöhten. Selbst wenn die argentinische Regierung daher Ende 2001 noch zahlungsfähig gewesen wäre, so hätte sie den „Staatsbankrott" doch sehr wahrscheinlich spätestens mit Freigabe des Pesos erklären müssen. Die Aufhebung des fixen Wechselkurssystems war damit faktisch untrennbar mit einem Schuldenschnitt verbunden. Die Rückkehr der argentinischen Volkswirtschaft auf einen soliden Wachstumspfad kann somit nicht ausschließlich an der Loslösung des Pesos vom US-Dollar festgemacht werden, sondern muss implizit auch tatsächlich vor dem Hintergrund des Schuldenschnitts gesehen werden.

Den beschriebenen Auswirkungen auf die Gesamtwirtschaft standen jedoch erhebliche Verluste der internationalen Staatsgläubiger gegenüber, da diese aufgrund der Schuldenrestrukturierung auf einen Großteil ihrer Forderungen gegenüber der argentinischen Regierung verzichten mussten. Es liegt daher nahe zu vermuten, dass das Vertrauen der internationalen Kapitalmärkte in den argentinischen Staat deutlich zurückgehen musste und somit, wenn überhaupt, Staatspapiere nur noch zu extrem hohen Zinssätzen abgesetzt werden konnten. Dabei sind insbesondere Regierungen in Entwicklungs- und Schwellenländern auf internationale Kreditgeber angewiesen, um so die Mittel generieren zu können, die sie zur Finanzierung der Ausgaben benötigen, die nicht durch staatliche Primäreinnahmen gedeckt werden. Von zentraler Bedeutung muss daher die Frage sein, inwieweit nach erfolgter Schuldenrestrukturierung eine Finanzierung des Staates über die internationalen Kapitalmärkte überhaupt möglich war. Für Argentinien zeigte Abbildung B.13 (siehe Seite 231) bereits, dass die ausländischen Direktinvestitionen sowie die Finanzierung über internationale Kapitalmärkte recht bald nach der erklärten Zahlungsunfähigkeit der Regierung wieder zunahmen. Dieser Feststellung liegt allerdings eine kombinierte Betrachtung von öffentlichem und privatem Sektor zugrunde. Aufgrund der Tatsache, dass sich die eigentliche Schuldenrestrukturierung letztendlich nur auf das Wirtschaftssubjekt Staat bezog, ist es sinnvoll, separate Analysen für den Staatssektor anzustellen.

Mit genau diesem Aspekt setzt sich eine Studie von Cruces und Trebesch aus dem Jahr 2010 auseinander. Sie untersuchen dabei sämtliche Schuldenrestrukturierungen souveräner Staaten mit *privaten ausländischen* Gläubigern zwischen 1970 und 2007, wobei insgesamt ein

Datensatz von 202 Fällen in 68 Ländern zugrunde lag.[238] Für jeden dieser
Fälle wurde analysiert, inwieweit der jeweiligen Regierung nach der
Schuldenneuordnung ein „Comeback" an den internationalen Kapitalmärkten gelang. Zur Messung dieses Sachverhaltes wurden zwei Parameter herangezogen. Zum einen wurde die Entwicklung der Zinsaufschläge auf Staatsanleihen untersucht, zum anderen wurde die Zeitdauer
ermittelt, die jeweils zwischen dem Zeitpunkt der Restrukturierung und
der Wiederauflegung von Staatsanleihen an den internationalen Kapitalmärkten verstrich.[239] Im Ergebnis stellten Cruces und Trebesch fest, dass
mit dem durchschnittlichen Haircut eine Abschreibung der Gläubigerforderungen um 36 Prozent einherging. Je größer jedoch der Verzicht der
Kreditgeber ausfiel, desto höhere Risikoaufschläge mussten im Anschluss
an den Schuldenschnitt gezahlt werden und desto länger der Zeitraum
zwischen Restrukturierung und Rückkehr an die internationalen Kapitalmärkte.[240] „[…] Higher haircuts are associated with significantly higher
post-restructuring spreads and much longer periods of market exclu-
sion."[241] Diese Feststellungen stehen in Kontrast zur Mehrzahl der bisherigen Erkenntnisse über staatliche Schuldenrestrukturierungen.[242] So
schrieb beispielsweise der Economist im Jahr 2005: „Indeed, capital markets
appear to have a remarkably short memory. Argentina has defaulted on
its foreign debts five times in the past 175 years; Brazil seven times; and

---

[238] Vgl. Cruces, Trebesch (2010), S. 1 und S. 10.

[239] Vgl. Cruces, Trebesch (2010), S. 3. Cruces und Trebesch definieren die Parameter wie folgt:
Zinsaufschläge: „The spread is simply the difference between the weighted average
yield to maturity of a given country's bonds […] and the yield of a U.S. Treasury
bond of similar maturity." (vgl. Cruces, Trebesch (2010), S. 16).
*Zeitdauer zwischen Restrukturierung und Rückkehr an die internationalen Kapital-
märkte:* „The main measure used here captures ‚partial' reaccess, defined as the
first year with primary market issuance and/or positive credit flows to the public
sector. The measure takes a value of one in case the government and/or public or
publicly guaranteed enterprises places at least one syndicated loan or bond in international markets that results in an increase in indebtedness or if the public sector
receives net transfers from private foreign creditors so that new borrowing minus
debt service is positive." (vgl. Cruces, Trebesch (2010), S. 21).

[240] Vgl. Cruces, Trebesch (2010), S. 3 und S. 26.

[241] Cruces, Trebesch (2010), S. 26.

[242] Vgl. Cruces, Trebesch (2010), S. 26.

Venezuela nine times. A debtor can default no more than once, unless a creditor is willing to forgive and forget. Amnesia sometimes sets in remarkably quickly. The bad loans that Argentina inherited from the debt crisis of the 1980s were written down in 1992. Just three years later, Argentina was carrying more foreign debt, both in absolute terms and relative to the size of its GDP, than it had in 1991."[243]

Ähnliche Erkenntnisse bietet auch die jüngste Schuldenkrise Argentiniens. So können bei isolierter Betrachtung dieses Fallbeispiels deutliche Abweichungen von den von Cruces und Trebesch ermittelten Durchschnittswerten verzeichnet werden. Sie stellten beispielsweise fest, dass bei einem Forderungsverzicht der Gläubiger von mehr als 30 Prozent die Risikoaufschläge auf Staatsanleihen auch noch zwei Jahre nach der Restrukturierung im Durchschnitt mehr als 700 Basispunkte über dem Zinssatz für vergleichbare U.S. Treasury Bonds lagen.[244] Abbildung B.18 (siehe Seite 234) lässt demgegenüber erkennen, dass die Zinsaufschläge auf argentinische Staatsanleihen zwei Jahre nach der ersten Restrukturierung im Jahr 2005 „nur" etwa 500 Basispunkte betrugen. Des Weiteren ermittelten Cruces und Trebesch, dass im Durchschnitt rund 75 Prozent der Staaten, die einen Schuldenschnitt mit Abschreibungen der Gläubigerforderungen von über 60 Prozent durchführten, selbst 15 Jahre nach erfolgter Restrukturierung noch keine Staatsanleihen an den internationalen Kapitalmärkten auflegen konnten.[245] Argentinien gelang dies bereits im Jahr 2006 und somit rund ein Jahr nach der Schuldenneuordnung.[246]

Die Bedingungen an den internationalen Kapitalmärkten schienen sich daher für Argentinien nach der erfolgten Restrukturierung überdurchschnittlich gut entwickelt zu haben. Vor dem Hintergrund der allgemeinen Analyse von Cruces und Trebesch können die Erkenntnisse eines einzelnen Fallbeispiels jedoch nur eingeschränkt als Maßstab herangezogen werden. Im Rahmen eines Schuldenschnitts muss mit zunehmender Abschreibung der Gläubigerforderungen vielmehr mit deutlich erschwerten Bedingungen an den internationalen Kapitalmärkten gerechnet werden. Auch wenn mit einem Haircut eine relativ sprunghafte Reduktion der Staatsschulden bewirkt werden kann, so müssen die langfristigen

---

[243] The Economist (2005), S. 5.

[244] Vgl. Cruces, Trebesch (2010), S. 28, Figure 3.

[245] Vgl. Cruces, Trebesch (2010), S. 29, Figure 5.

[246] Vgl. Cruces, Trebesch (2010), S. 37.

Effekte in die Beurteilung dieses Entschuldungskonzeptes letztendlich mit einbezogen werden. Eine pauschale Aussage, inwieweit sich eine Schuldenrestrukturierung in der langen Frist auf die Gesamtwirtschaft des Schuldnerlandes auswirkt, kann dabei nicht erfolgen. Das Beispiel Argentinien zeigt, dass hier vielmehr der individuelle Einzelfall analysiert werden muss.

4.3.2 Beurteilung aus heutiger Sicht

Bisher wurde aufgezeigt, dass eine Restrukturierung staatlicher (Auslands)-Schulden zumindest in der kurzen Frist eine deutliche Rückführung der expliziten öffentlichen Verbindlichkeiten bewirken kann. Die langfristigen Auswirkungen hängen demgegenüber insbesondere von den Reaktionen an den internationalen Kapitalmärken ab. Unter der Annahme, dass potentielle Investoren einen Schuldenschnitt recht schnell „vergeben", stellt eine Restrukturierung der expliziten Staatsverbindlichkeiten einen relativ anstrengungsfreien Ausweg aus der öffentlichen Verschuldung dar. Muss nun gegenwärtig davon ausgegangen werden, dass es aufgrund der nahezu weltweit steigenden Staatsschuldenstände zu einer globalen Haircut-Welle kommt? Zur Beantwortung dieser Frage wird zunächst theoretisch beschrieben, unter welchen makroökonomischen Umständen es überhaupt zu einem Schuldenschnitt kommen kann. Im Anschluss werden diese Überlegungen auf einige aktuelle Fallbeispiele angewandt.

Ein Schuldenschnitt bedeutet zunächst, dass der Schuldnerstaat seine ausstehenden Verbindlichkeiten nicht wie vereinbart bedient und die Gläubiger auf einen Teil ihrer Forderungen verzichten müssen. Die Herbeiführung einer solchen Situation setzt daher den (partiellen) Zahlungsausfall des Kreditnehmers voraus. Reinhart und Rogoff merken an, dass ein Zahlungsausfall zum einen entstehen kann, wenn der Schuldner tatsächlich nicht mehr zahlungsfähig ist, ihm also die zur Bedienung seiner Verbindlichkeiten notwendigen Mittel nicht zur Verfügung stehen. Zum anderen zeigt die Historie der Staatsschuldenkrisen, dass Regierungen ihren Schuldendienst teilweise auch dann nicht erbrachten, wenn sie zwar zahlungs*fähig*, jedoch schlichtweg nicht zahlungs*willig* waren.[247] Im Rahmen der nachfolgenden Analyse wird der letztgenannte Fall ausgeschlos-

---

[247] Vgl. Reinhart, Rogoff (2011), S. 107f.

sen, das heißt es wird davon ausgegangen, dass gegenwärtig sämtliche Staaten dieser Welt gewillt sind, ihre ausstehenden Schulden gemäß Vereinbarung mit ihren Gläubigern zu bedienen. Die Darlegungen gründen demnach auf der Überlegung, dass sich ein Schuldenschnitt nur infolge einer tatsächlichen Zahlungsunfähigkeit eines Staates ereignen kann und nicht aufgrund von Zahlungsunwilligkeit.

Unter welchen Umständen kann die Regierung eines Landes nun zahlungsunfähig werden? Zur Beantwortung dieser Frage soll die vereinfachte Annahme getroffen werden, dass in einem beliebigen Land die staatlichen Primäreinnahmen genau den Primärausgaben entsprechen und die öffentlichen Haushalte in der Vergangenheit einen bestimmten Staatsschuldenstand angehäuft haben. Die Leistung der entsprechenden Zins- und eventuell Tilgungszahlungen muss daher durch Kreditaufnahme finanziert werden. Die Zahlungsfähigkeit des Staates ist demnach zunächst so lange gesichert, wie potentielle Staatsgläubiger bereit sind Kredite zu gewähren. Ein erster notwendiger Schritt um eine mögliche Situation der Zahlungsunfähigkeit herbeizuführen besteht nun darin, dass hinreichend viele Investoren spekulieren, dass der Staat zukünftig tatsächlich zahlungsunfähig werden könnte. Zweifeln die Märkte somit die Kreditwürdigkeit der öffentlichen Haushalte an, so kann sich der Staat unter Umständen nur noch zu sehr hohen Zinssätzen neu verschulden und im Extremfall keine Staatsanleihen mehr absetzen. Eine solche durch Spekulationen ausgelöste Situation kann somit dazu führen, dass der Staat in eine Schuldenfalle gerät, wobei die öffentliche Schuldenstandsquote zunächst drastisch ansteigt und an deren Ende möglicherweise sogar die Zahlungsunfähigkeit in Kombination mit einem Schuldenschnitt steht.

Wenn nun Zweifel an der Kreditwürdigkeit eines Staates als eigentliche Auslöser einer Zahlungsunfähigkeit gesehen werden können, wann ist dann insbesondere mit solchen Spekulationen zu rechnen? Wann müssen gegenwärtige und potentielle Staatsgläubiger tatsächlich davon ausgehen, dass die Regierung ihre Schulden nicht mehr bedienen kann? Im Rahmen von Kapitel 4.3 des ersten Hauptteils (siehe Seite 65ff.) wurde bereits erwähnt, dass eine Analyse der Schuldentragfähigkeit und damit der Kreditwürdigkeit eines Staates eine kombinierte Betrachtung der Akteure Staat, Privatsektor und damit zwingend auch des Auslandes voraussetzt. Durch Umformung von Gleichung (9) (siehe Seite 52) ergibt sich folgender formaler Zusammenhang zwischen diesen drei Wirtschaftssubjekten:

$$\underbrace{(S - I)}_{\substack{\text{Finanzierungssaldo} \\ \text{des Privatsektors}}} + \underbrace{(T - G)}_{\substack{\text{Finanzierungssaldo} \\ \text{des Staates}}} = \underbrace{(Ex - Im)}_{\text{Nettokapitalexporte}} \qquad (14)$$

Gleichung (14) macht deutlich, dass die Summe der Finanzierungssalden des Privatsektors $(S - I)$ und des Staates $(T - G)$ genau dem Leistungsbilanzsaldo des Inlandes (und damit dem inversen Finanzierungssaldo des Auslandes) $(Ex - Im)$ entspricht.[248] Liegt nun ein staatliches Finanzierungsdefizit $(T < G)$ bei gleichzeitigem (dauerhaftem) Leistungsbilanzüberschuss $(Ex > Im)$ vor, so kann eine Zahlungsunfähigkeit des gesamten Landes und damit auch der Regierung faktisch selbst dann ausgeschlossen werden, wenn die öffentliche Verschuldung hauptsächlich gegenüber dem Ausland und in Fremdwährungen besteht. Dies kann darauf zurückgeführt werden, dass trotz staatlicher Verschuldung die Nettoersparnis des privaten Sektors so groß ist, dass sie zum einen das staatliche Finanzierungsdefizit vollständig deckt und darüber hinaus noch Nettoforderungen gegenüber dem Ausland aufgebaut werden. Über die entsprechenden Exporte (des Privatsektors) erhält das Inland somit die zur Bedienung der staatlichen Fremdwährungsschulden notwendigen Devisen.[249]

Anders sieht die Situation hingegen aus, wenn ein Land über einen längeren Zeitraum hinweg Leistungsbilanzdefizite ausweist. Staat und/oder Privatsektor verschulden sich dann netto gegenüber dem Ausland, wobei die Summe der beiden Finanzierungssalden in jedem Fall ein negatives Vorzeichen trägt, das heißt $Ex < Im$. Die gesamte Volkswirtschaft gerät damit netto in die Abhängigkeit der internationalen Kapitalmärkte. Lauten diese Auslandsschulden auf Eigenwährung, so können Spekulationen der internationalen Investoren zwar nicht ausgeschlossen werden, allerdings ist eine Zahlungsunfähigkeit kaum zu befürchten, da hier prinzipiell stets die Zentralbank einschreiten kann. Selbst wenn die Notenbank eine solche Monetisierung ausschließt und es aufgrund von Spekulationen zu Verkäufen von auf Eigenwährung lautenden Wertpapieren kommt, muss ein Zahlungsausfall nicht eintreten. Erwerben

---

[248] Vgl. Horn, Niechoj, Tober, van Treeck, Truger (2010), S. 5. Der Buchstabe G steht hier nicht nur für die staatlichen Primärausgaben, sondern für sämtliche Staatsausgaben im Laufe eines Jahres, inklusive der Zinszahlungen.

[249] Vgl. Horn, Niechoj, Tober, van Treeck, Truger (2010), S. 7.

beispielsweise Investoren mit aus den Verkäufen der Eigenwährungs-
aktiva freigesetzten Mitteln Fremdwährungsaktiva, so kommt es zu einer
Abwertung der inländischen Währung und damit zu einer Verbesserung
der internationalen (preislichen) Wettbewerbsfähigkeit. Eine daraus
resultierende stärkere Exporttätigkeit wird schließlich, ceteris paribus, zu
einer Zunahme der staatlichen Primäreinnahmen führen.[250]
Sind Staat und Privatsektor demgegenüber in Summe netto in Fremdwährung gegenüber dem Ausland verschuldet, so kann weder die heimische Zentralbank die Zahlungsfähigkeit „garantieren", noch wird sich bei
Verkäufen entsprechender, auf Fremdwährung lautender Wertpapiere der
gerade beschriebene Effekt der (heimischen) Währungsabwertung automatisch einstellen. Um die Zahlungsfähigkeit langfristig aufrechterhalten
zu können, müssen zukünftig vielmehr zwangsläufig Exportüberschüsse
erbracht werden, um die entsprechend notwendigen Devisen zu erhalten.
Gelingt es beispielsweise mangels internationaler Wettbewerbsfähigkeit
nicht, diese Exporte zu realisieren, so können tatsächlich Zweifel an der
Zahlungsfähigkeit des Landes entstehen. Selbst wenn die Nettoauslands-
verschuldung hauptsächlich auf den privaten Sektor zurückzuführen ist,
so werden sich dennoch auch die Finanzierungsbedingungen für den
Staat an den internationalen Kapitalmärkten verschlechtern, da die Regierung im Krisenfall faktisch gezwungen ist, die privaten Auslandsschulden zu übernehmen. Private Schulden werden dann zu staatlichen bzw.
staatlich garantierten Verbindlichkeiten.[251] Erhöhen sich somit aufgrund
von Spekulationen die Zinssätze für Staatsanleihen und kann die Regierung letztendlich keine Papiere mehr an den Märkten absetzen, um fällige
Zins- und Tilgungszahlungen in Fremdwährung zu leisten, so droht die
staatliche Zahlungsunfähigkeit.
Als Zwischenfazit lässt sich nun festhalten, dass dem Eintritt der Zahlungsunfähigkeit eines Staates Spekulationen um einen möglichen Zahlungsausfall der jeweiligen Regierung vorausgehen. Die Wahrscheinlichkeit, dass solche Spekulationen auftreten, ist dabei deutlich größer,
wenn ein gesamtes Land entsprechend hohe Nettoverbindlichkeiten, insbesondere in fremder Währung, gegenüber dem Ausland innehält.[252]

---

[250] Vgl. Spahn (2011), S. 5.

[251] Vgl. Horn, Niechoj, Tober, van Treeck, Truger (2010), S. 7.

[252] Zur Problematik der hier vernachlässigten Inlandsschulden siehe auch Reinhart,
Rogoff (2008).

Diese theoretischen Zusammenhänge lassen sich auch an aktuellen Fallbeispielen festmachen. Abbildung 31 stellt dazu die Werte einiger makroökonomischer Parameter für Japan, Deutschland, das Vereinigte Königreich, die USA sowie Spanien und Griechenland im Jahr 2010 dar. Zunächst sei hier auf die Zinssätze für festverzinsliche Staatsanleihen mit einer Restlaufzeit von mindestens drei Jahren verwiesen. Eventuelle Risikoaufschläge sind dabei integriert, das heißt die abgebildeten Renditesätze können durchaus als Maßstab für die Kreditwürdigkeit gesehen werden, die der jeweilige Staat an den internationalen Kapitalmärkten genießt. Der Grafik ist zu entnehmen, dass die Höhe des Zinssatzes nicht zwingend positiv mit der Höhe der staatlichen Verschuldungsquote korreliert. Ein deutlich stärkerer (positiver) Zusammenhang ist vielmehr zwischen Zinssatz und Leistungsbilanzdefizit bzw. negativem Nettoauslandsvermögensstatus zu verzeichnen.

Das klassische Paradebeispiel bietet die Entwicklung des japanischen Staatshaushaltes. Die Verschuldung der Regierung nimmt hier bereits seit mehr als 15 Jahren Werte von über 100 Prozent des nominalen Bruttoinlandsprodukts an. Ende Dezember 2010 betrugen die Staatsschulden rund 198 Prozent der gesamtwirtschaftlichen Produktion.[253] Während die expliziten öffentlichen Verbindlichkeiten drastisch anstiegen, waren die Zinssätze auf staatliche Schuldtitel jedoch im gleichen Zeitraum fast durchgängig rückläufig, wobei die nominalen Renditen für langfristige Staatspapiere im Durchschnitt des Jahres 2010 bei etwa 1,18 Prozent lagen.[254] Trotz Vorliegen einer extrem hohen Staatsschuldenquote scheint sich die Kreditwürdigkeit der japanischen Regierung nicht zu verschlechtern. Erklären lassen sich diese Entwicklungen durch einen Blick auf die Verschuldungssituation der gesamten japanischen Volkswirtschaft. Abbildung 31 ist zu entnehmen, dass der Nettoauslandsvermögensstatus Japans im deutlich positiven Bereich verharrt, das heißt Privatsektor und Staat halten in Summe eine Nettogläubigerposition gegenüber dem Rest der Welt inne. Zurückgeführt werden kann dies auf Leistungsbilanzüberschüsse, die bereits seit vielen Jahren ausgewiesen werden. Im Jahr 2010 betrug dieser Überschuss 3,4 Prozent des nominalen Bruttoinlandspro-

---

[253] Vgl. Europäische Kommission (2011a), Tabelle *Gross public debt (UDGGL)*.

[254] Vgl. Sachverständigenrat (2011b), Tabelle *Langfristige Zinssätze in der Europäischen Union und in ausgewählten Ländern (ZR016)*.

Abbildung 31: Entwicklung verschiedener makroökonomischer Parameter in einigen ausgewählten Ländern im Jahr 2010

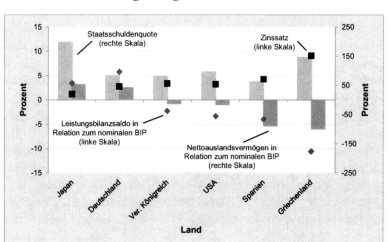

Quellen: Europäische Kommission (2011a), Tabellen *Gross public debt (UDGGL), Net lending (+) – net borrowing (-), total economy (UBLA)* und *Gross domestic product at current prices (UVGD)*; Sachverständigenrat (2011c), Tabelle *Langfristige Zinssätze in der Europäischen Union und in ausgewählten Ländern (ZR016)*; Ministry of Finance Japan (2011), S. 2; Deutsche Bundesbank (2011a), Tabelle *Vermögensstatus der Bundesrepublik Deutschland gegenüber dem Ausland, Gesamtübersicht*; Office for National Statistics (2010), S. 26; U.S. Department of Commerce (2011b), S. 1; Banco de España (2011), Tabelle 7.6; Bank of Greece (2011), S. 41, Tabelle 2.1; z.t. eigene Berechnungen; eigene Grafik.

dukts.[255] Bemerkenswert ist hierbei, dass beispielsweise im Gegensatz zur Situation in Deutschland auch der japanische Staatssektor alleine als Nettogläubiger gegenüber dem Ausland auftritt. Ende 2010 betrug der Nettoauslandsforderungsbestand der öffentlichen Haushalte Japans rund 46,36 Milliarden Yen.[256] Zugleich ist ein Großteil der japanischen Staatsanleihen im Inland untergebracht. „The Japanese have a large [...] store of savings that have helped finance the build-up of debt. At the end of 2008, domestic investors held 94% of Japanese government bonds, per-

---

[255] Vgl. Europäische Kommission (2011a), Tabelle *Net lending (+) - net borrowing (-), total economy (UBLA)*.

[256] Vgl. Ministry of Finance Japan (2011), S. 2.

haps reflecting the risk-averse nature of Japanese society. [...]. Big public institutions such as the Japan Post Bank [also] hold lots of government bonds, [and] so do Japanese firms."[257] Weder der japanische Staat noch die japanische Volkswirtschaft im Ganzen sind somit netto von den internationalen Kapitalmärkten abhängig. Vielmehr bestehen Nettoforderungen gegenüber dem Rest der Welt. Wie bereits im theoretischen Teil dieses Kapitels beschrieben wurde, kann damit eine Zahlungsunfähigkeit Japans trotz hoher Staatsschuldenquote faktisch ausgeschlossen werden. Diese Tatsache spiegelt sich auch in den vergleichsweise niedrigen Zinssätzen auf japanische Staatsschuldtitel wider.

Es wurde bereits erwähnt, dass Spekulationen um einen möglichen Zahlungsausfall eines Staates (bzw. eines Landes) auf lange Sicht insbesondere dann zu befürchten sind, wenn sich eine Volkswirtschaft netto gegenüber dem Ausland in Fremdwährung(en) verschuldet. Betrachtet man beispielsweise die in Abbildung 31 eingezeichneten Parameter für das Vereinigte Königreich, die USA und Spanien, so lässt sich festhalten, dass alle drei Länder am Ende des Jahres 2010 als Nettoauslandsschuldner auftraten, was auf bereits seit Jahren zu verzeichnende Leistungsbilanzdefizite zurückgeführt werden kann.[258] Bei im Vergleich geringerer Staatsschuldenquote musste Spanien im Durchschnitt der vergangenen Jahre gleichzeitig höhere Zinsen auf öffentliche Schuldtitel gewähren als das Vereinigte Königreich und die Vereinigten Staaten von Amerika. Diese Gegenüberstellung zeigt erneut, dass die Haushaltssituation der Regierung nicht alleine ausschlaggebend für die Wahrung der Kreditwürdigkeit sein kann.

Die Zinsdifferenzen können teilweise sicherlich darauf zurückgeführt werden, dass der Nettoauslandsvermögensstatus Spaniens in Relation zur gesamtwirtschaftlichen Produktion Ende des Jahres 2010 einen deutlich negativeren Wert annahm als dies im Vereinigten Königreich oder den USA der Fall war. Dennoch kommt hier auch das Problem der Währungsdenomination ins Spiel. So kann davon ausgegangen werden, dass sich alle im Rahmen von Abbildung 31 behandelten Länder sowohl im Inland als auch gegenüber dem Ausland überwiegend in ihren heimischen Währungen verschulden. In Anbetracht der bereits dargelegten theoretischen

---

[257] The Economist (2010c), S. 3.

[258] Vgl. Europäische Kommission (2011a), Tabelle *Net lending (+) - net borrowing (-), total economy (UBLA)*.

Überlegungen könnte nun prinzipiell geurteilt werden, dass eine Zahlungsunfähigkeit dieser Länder selbst bei Vorliegen von Leistungsbilanzdefiziten kaum zu befürchten sei, da letztendlich die Zentralbank einschreiten
könnte bzw. es aufgrund von auf Eigenwährung lautenden Wertpapier-
verkäufen zu einer Abwertung der heimischen Währung mit entsprechenden Exportsteigerungen kommen würde. Für das Vereinigte Königreich
und die USA mag diese Theorie zutreffen, für die Länder des Euro-
Währungsraumes hat diese Aussage jedoch nur eingeschränkt Gültigkeit.
Die 17 Länder der Währungsunion sind zwar überwiegend in Euro verschuldet, allerdings ist der Euro nicht nur die heimische Währung jedes
einzelnen Mitgliedslandes, sondern vielmehr eine supranationale Währung.
„Einerseits ist der Euro für […] [die Mitgliedsstaaten eine] […] Inlandswährung, andererseits verfügen sie über keine eigene Zentralbank […].
Nur gemeinsam und vermittelt über die Europäische Zentralbank und
ihre Satzung kontrollieren die einzelnen Eurostaaten ihre gemeinsame
Währung […]. Aus der Perspektive eines einzelnen Landes ist der Euro
damit eine Fremdwährung, da sie nur eine sehr begrenzte Kontrolle über
die Geldpolitik haben."[259] Anders als beispielsweise im Vereinigten
Königreich oder den USA können die nationalen Zentralbanken der Euro-
Mitgliedsstaaten somit keine Monetisierung der Staatsschulden vorneh-
men.[260] Der Sachverständigenrat beschreibt dieses Problem wie folgt:
„Durch die Teilnahme an der Europäischen Währungsunion ist den Mit-
gliedsländern eine Notenbankfinanzierung des Staats grundsätzlich nicht
mehr möglich, da Artikel 123 des Vertrags über die Arbeitsweise der
[…] [Europäischen Union] dies ausschließt. Konkret bedeutet das für ein
Mitgliedsland der Währungsunion, dass es grundsätzlich dem Risiko ausgesetzt ist, für fällige Staatsanleihen keine Anschlussfinanzierung mehr
zu erhalten. Ein solches Insolvenzrisiko besteht für souveräne Staaten an-
sonsten nur dann, wenn sie über eine unabhängige Notenbank verfügen,
der eine direkte Finanzierung des Staats untersagt ist oder wenn sie sich
in einer Fremdwährung verschulden müssen. […] Ein Land [setzt sich] da-

---

[259] Horn, Lindner, Niechoj (2011), S. 13.

[260] Wie die aktuellen Entwicklungen zeigen, ist es jedoch im Rahmen der jüngsten
Schuldenkrisen in einigen Ländern der Europäischen Währungsunion zu umstritte-
nen und eigentlich nicht vorgesehenen Ankäufen nationaler Staatsschuldtitel durch
die Europäische Zentralbank gekommen.

mit den Unwägbarkeiten der internationalen Finanzmärkte [...] [aus]."[261] Gleichsam wie die Zahlungsfähigkeit eines Euro-Mitgliedslandes im Notfall (langfristig) nicht durch die Notenbank aufrechterhalten werden kann, existiert innerhalb der Währungsunion auch nicht der beschriebene Mechanismus der (nominalen) Währungsabwertung, der zu einer Zunahme der Exporttätigkeit und damit, ceteris paribus, auch der Steuereinnahmen führen würde.[262] Durch eine Abstoßung von Staatsschuldtiteln einzelner europäischer Länder muss es zudem auch nicht zwingend zu einer Abwertung des Euros im Außenverhältnis kommen. Dies ist genau dann der Fall, wenn es sich lediglich um eine Umschichtung von Staatsanleihen zwischen verschiedenen Ländern der Währungsunion handelt. Kommt es beispielsweise aufgrund von Spekulationen zu einem Massenverkauf spanischer Staatsschuldtitel und im gleichen Zuge zu einem verstärkten Ankauf deutscher Staatspapiere, so wird sich der Außenwert des Euros ceteris paribus nicht ändern.

Die Abbildung 31 (siehe Seite 181) zu entnehmenden Zinsdifferenzen lassen sich daher neben unterschiedlich stark ausgeprägten Leistungsbilanzdefiziten bzw. (negativen) Nettoauslandsvermögenspositionen insbesondere auf das differenzierte Risiko eines Zahlungsausfalls zurückführen. Während die Gefahr der Zahlungsunfähigkeit und somit die „Anfälligkeit [...] [für] Spekulationsattacken"[263] in Ländern wie Japan, dem Vereinigten Königreich oder den USA zumindest gegenwärtig als eher gering eingestuft werden kann, ist dieses Risiko bei einer auf Fremdwährung lautenden Nettoverschuldung gegenüber dem Ausland und damit aktuell auch in einigen Nationen der Europäischen Währungsunion durchaus gegeben.[264] Die jüngsten Entwicklungen in Griechenland können hier als aktuelles Fallbeispiel angeführt werden.

---

[261] Sachverständigenrat (2010), S. 81.

[262] Vgl. Spahn (2011), S. 6.

[263] Horn, Niechoj, Tober, van Treeck, Truger (2010), S. 7.

[264] Trotz der jüngsten Herabstufung des Ratings der USA durch Standard & Poor's (vgl. Standard & Poor's (2011), Tabelle *United States of America (Unsolicited Ratings)*) kam es in den Tagen und Wochen danach nicht zu einem Rückgang der Staatsanleihen-Verkäufe durch die US-Regierung. So schrieb die Financial Times sechs Tage nach der Herabstufung am 11. August 2011: „Flucht in US-Bonds hält weiter an. Rezessionsängste haben Anleger gestern in die als sicherer Hafen geltenden Staatsanleihen Deutschlands und der Vereinigten Staaten getrieben. [...] Die Rendite für US-Papiere mit zwei Jahren Laufzeit fiel um drei Basispunkte auf ein

Fakt ist jedoch, dass ein (partieller) Haircut nur die Symptome der eigentlichen Probleme behebt, nicht jedoch deren Ursachen. In Argentinien konnte der wirtschaftliche Aufschwung letztlich nur einsetzen, da neben dem Schuldenschnitt die Abwertung des Pesos zu einer Zunahme der Exporttätigkeit führte. Eine nominale Abwertung beispielsweise des „griechischen" Euros ist jedoch ausgeschlossen. Dies wäre wiederum nur möglich, wenn eine Schuldenrestrukturierung von einem Austritt aus dem gemeinsamen Währungsraum begleitet werden würde. Auch wenn ein Haircut eine Reduktion der expliziten staatlichen Verbindlichkeiten sowie ceteris paribus der Staatsschuldenquote bewirkt, so warnen Horn, Lindner und Niechoj, dass eine solche Maßnahme eines Landes innerhalb der Währungsunion gleichsam eine höhere Risikobehaftung der „[…] Investition in alle Staatsanleihen des Euroraums […] [nach sich ziehen könnte]. Vor allem aber […] [besteht] die Gefahr, dass die Anleger die Anleihen aller Krisenländer in massiver Weise abstoßen und so weitere Schuldenschnitte herausfordern."[265]

Zusammenfassend muss daher festgehalten werden, dass ein Schuldenschnitt aus gesamtwirtschaftlicher Sicht kritisch zu sehen ist. So zeigten bereits die Analysen von Cruces und Trebesch, dass das Beispiel Argentinien im Allgemeinen nur begrenzt als Maßstab herangezogen werden kann. Vielmehr muss vor dem Hintergrund der Studie in der langen Frist durchaus mit erschwerten Bedingungen an den internationalen Kapitalmärkten gerechnet werden. Innerhalb des Euroraumes ist im Rahmen eines Schuldenschnittes eines Mitgliedsstaates zugleich von erheblichen Ansteckungsgefahren für andere Länder auszugehen.[266]

Mit Ausnahme der Rückführung der staatlichen Verschuldungsquote durch ein relativ kräftiges Wirtschaftswachstum, brachte die bisherige Reise durch die Staatsschuldenhistorie verschiedener Länder noch nicht den optimalen Ausweg aus der öffentlichen Verschuldung hervor. So gehen mit staatlichen Entschuldungen durch (unerwartete) Inflation, Währungsreform, Finanzrepression oder Schuldenrestrukturierung im Allge-

Rekordtief von 0,164 Prozent. Zehnjährige US-Anleihen warfen mit 2,109 Prozent so wenig ab wie zuletzt Anfang Januar 2009. Damit rentierten sie niedriger als die zehnjährigen deutschen Papiere, deren Rendite um 17 Basispunkte auf 2,193 Prozent fiel. […]" (Schaaf (2011), S. 19).

[265] Horn, Lindner, Niechoj (2011), S. 1.

[266] Siehe hierzu auch Bindseil, Modery (2011).

meinen negative Effekte auf die Gesamtwirtschaft einher, zumindest können sie jedoch, wie im Falle eines Schuldenschnittes, nicht ausgeschlossen werden. Auf der Suche nach weiteren Auswegen aus der Staatsschuld führt ein letzter Zwischenstopp zurück nach Deutschland. Durch welche Entschuldungsmethode die deutsche Regierung gegenwärtig eine Rückführung der Staatsschuldenquote anstrebt, wird nachstehend aufgezeigt.

5 Zur gegenwärtigen Schuldenproblematik in Deutschland

Im Folgenden wird sich nun von historischen Staatsschuldenreduktionsepisoden ab- und vielmehr den aktuellen Geschehnissen in der Bundesrepublik Deutschland zugewandt. Genauer gesprochen werden die nachstehenden Abschnitte auf die *Schuldenbremse* eingehen, ein seit dem Jahr 2009 im Deutschen Grundgesetz verankertes Konsolidierungskonzept für den Bund und die Bundesländer.[267] Es soll nicht der Eindruck geweckt werden, dass staatliche Entschuldungen auf dem Wege der Konsolidierung in der Vergangenheit nicht realisiert werden konnten. So führte beispielsweise das Vereinigte Königreich seine Staatsschuldenquote im 19. Jahrhundert durch Konsolidierung von 270 Prozent auf 27 Prozent zurück. Auch Belgien und Irland konnten in den 1980er Jahren ihre öffentlichen Schulden in Relation zur nominalen Wirtschaftsleistung durch Konsolidierung reduzieren. Kanada, Neuseeland, Schweden und Finnland gelang dies einige Jahre später ebenfalls.[268] Angesichts der Tatsache, dass der deutsche Staat mit Beginn des Jahres 2011 eine Konsolidierung seiner Finanzen im Rahmen der Schuldenbremse anstrebt, scheint es dennoch angebracht, eine Beschreibung dieser aktuellen Entwicklungen gegenüber jenen historischen Konsolidierungsepisoden zu bevorzugen.

Diese Abkehr von der Staatsschuldenhistorie erfordert eine andersartige Strukturierung der nachfolgenden Betrachtungen. So wird anstelle der im bisherigen Verlauf des zweiten Hauptteils stets dargelegten Entwicklungen der Staatsfinanzen vor und während einer Entschuldungsepisode das Konzept der Schuldenbremse vorgestellt. Im Anschluss daran

---

[267] Vgl. Deutscher Bundestag (2009), S. 1.

[268] Vgl. Konrad, Zschäpitz (2010), S. 165f.

wird wie gewohnt auf die zu erwartenden makroökonomischen Auswirkungen dieser Entschuldungsmaßnahme eingegangen.

5.1 Die deutsche Schuldenbremse

In Deutschland existieren auf nationaler Ebene bereits seit dem Jahr 1949 gesetzliche Reglementierungen zum Zwecke der Begrenzung der staatlichen Kreditaufnahme. Für den Bund und die Bundesländer sind dabei seit jeher insbesondere die Artikel 109 und 115 Grundgesetz von Relevanz.[269] Letztgenannter regelte ab 1969, dass „die Einnahmen aus Krediten [...] die Summe der im Haushaltsplan veranschlagten Ausgaben für Investitionen nicht überschreiten [dürften]", wobei „Ausnahmen [nur] [...] zur Abwehr einer Störung des gesamtwirtschaftlichen Gleichgewichts [zulässig waren]."[270] Aufgrund zahlreicher konzeptioneller Mängel, die unter anderem in nicht eindeutig definierten Begrifflichkeiten zu finden waren, kam es in den vergangenen Jahren trotz dieser gesetzlichen Kreditaufnahmebegrenzungen bei rückläufiger öffentlicher Investitionsquote zu einem deutlichen Anstieg der Staatsschulden(quote).[271] Zur Bestätigung dieser Aussage dient ein Blick auf die Abbildungen 1 und 6 (siehe Seiten 30 und 46).

Um unter anderem diesen Entwicklungen Einhalt gebieten zu können, gründeten Bundesrat und Bundestag im Dezember 2006 eine gemeinsame Kommission zur Modernisierung der Bund-Länder-Finanzbeziehungen (Föderalismuskommission II). Dieser Ausschuss hatte den Auftrag, Verfahrensvorschläge zu erarbeiten, um die Verschuldung der öffentlichen Haushalte zukünftig wirksam zu begrenzen.[272] 2009 wurde in diesem Rahmen ein *Gesetz zur Änderung des Grundgesetzes* verabschiedet, mit dem es schließlich auch zu einer Modifikation der Artikel 109 und 115 Grundgesetz und somit zur Implementierung der Schuldenbremse in die Finanzverfassung kam.[273]

---

[269] Vgl. Sachverständigenrat (2007), S. 57.

[270] Grobauer (2008), S. 106ff.; Sachverständigenrat (2007), S. 57.

[271] Vgl. Sachverständigenrat (2007), S. 59ff.

[272] Vgl. Tillmann (2010), S. 4.

[273] Vgl. Deutscher Bundestag (2009), S. 1; Bundesregierung (2010), S. 1.

Seit Inkrafttreten der neuen Schuldenregeln zu Beginn des Jahres 2011 orientiert sich die Kreditaufnahme der öffentlichen Haushalte nicht mehr an den Ausgaben für Investitionen. Vielmehr sind nun für Bund und Länder Grenzwerte für die strukturelle Nettoneuverschuldung festgelegt. Unter strukturellem Defizit versteht man dabei die (negative) Differenz aus Einnahmen und Ausgaben der öffentlichen Haushalte, die sich ohne Konjunkturschwankungen ergeben würde.[274] Per grundgesetzlicher Regelung darf die jährliche konjunkturunabhängige Nettokreditaufnahme des Bundes ab dem Jahr 2016 einen Wert von 0,35 Prozent des nominalen Bruttoinlandsprodukts nicht mehr überschreiten. Für die Bundesländer ist ab dem Jahr 2020 eine strukturelle Defizitquote von null Prozent festgelegt. Um diese Grenzwerte in vier bzw. acht Jahren einhalten zu können, muss ausgehend von den konjunkturunabhängigen Defiziten am Jahresende 2010 bereits seit dem Jahr 2011 eine kontinuierliche Rückführung der strukturellen Neuverschuldungsquoten in gleich großen Schritten erfolgen.[275] Abbildung 32 zeigt dieses Vorgehen beispielhaft für den Bundeshaushalt.

Das Konzept der Schuldenbremse sieht neben dieser Strukturkomponente auch die Berücksichtigung konjunktureller Schwankungen vor. Sofern die Konjunkturentwicklung von der Normallage abweicht, kann bei Vorliegen einer entsprechend negativen Produktionslücke ein wertmäßig größeres Kreditvolumen aufgenommen werden. Auf- und Abschwung sind dabei symmetrisch zu berücksichtigen, das heißt, die in einer Rezession eingegangene Verschuldung muss im Aufschwung wieder abgebaut werden.[276]

Ähnliche Regelungen existieren auch hinsichtlich „Naturkatastrophen oder außergewöhnlichen Notfällen, die sich der Kontrolle des Staates entziehen und die staatliche Finanzlage erheblich beeinträchtigen."[277] Damit sind zum Beispiel auch Entwicklungen wie die jüngste Finanz- und Wirtschaftskrise gemeint. Kommt es dabei zu einer höheren Kredit-

---

[274] Vgl. Bundesregierung (2010), S. 2.

[275] Vgl. Bundesministerium der Finanzen (2011d), S. 45; Bundesregierung (2010), S. 2.

[276] Vgl. Juristischer Informationsdienst (2011), Das Finanzwesen: Artikel 115 Grundgesetz; Bundesministerium der Finanzen (2010), S. 24f.

[277] Juristischer Informationsdienst (2011), Das Finanzwesen: Artikel 115 Grundgesetz.

aufnahme, so ist gleichzeitig ein Tilgungsplan zur Rückführung der Schulden innerhalb eines angemessenen Zeitraums vorzusehen.[278]

Abbildung 32: Nach der deutschen Schuldenbremse zulässige strukturelle Nettokreditaufnahme des Bundes absolut sowie in Relation zum nominalen Bruttoinlandsprodukt

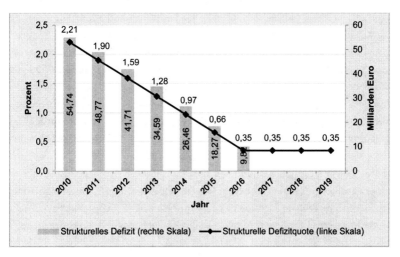

Quellen: Bundesministerium der Finanzen (2011d), S. 46; Sachverständigenrat (2010), S. 197f.; Europäische Kommission (2011a), Tabelle *Gross domestic product at current prices (UVGD)*; Internationaler Währungsfonds (2011b), Tabelle *Nominal GDP*; Prognosen ab 2011; z.t. eigene Berechnungen; eigene Grafik.

5.2 Folgen und Lehren

Auf der Suche nach dem optimalen Ausweg aus der Staatsverschuldung konnte im bisherigen Verlauf der vorliegenden Arbeit nur ein relativ kräftiges Wirtschaftswachstum als ein Lösungskonzept identifiziert werden, von dem prinzipiell keine negativen makroökonomischen Effekte zu befürchten sind. Trifft dies etwa auch für eine Konsolidierungsmaßnahme wie die deutsche Schuldenbremse zu? Immerhin gilt die „klassische Kon-

---

[278] Vgl. Juristischer Informationsdienst (2011), Das Finanzwesen: Artikel 115 Grundgesetz.

solidierung [...]" als „eine musterhafte Sanierung [...]"[279] der öffentlichen
Haushalte, mit der beispielsweise weder eine Entwertung von Geldvermögen noch ein unfreiwilliger Forderungsverzicht der Staatsgläubiger einhergeht. Ein Blick auf die möglichen Auswirkungen der Schuldenbremse
lässt dennoch Zweifel an der uneingeschränkten Eignung dieses Entschuldungskonzeptes aufkommen.

Um die makroökonomischen Effekte der Schuldenbremse erfassen zu
können, muss zunächst auf einige methodische Schwachstellen dieser
staatlichen Kreditaufnahmebegrenzungsregelung eingegangen werden.
Es wurde bereits angedeutet, dass die Anwendung der Schuldenbremse
eine Differenzierung zwischen strukturellem und konjunkturellem Defizit
voraussetzt. Während für die konjunkturunabhängige Nettokreditaufnahme von Bund und Ländern explizite numerische Grenzwerte festgelegt
sind, muss die zulässige, aufgrund konjunktureller Schwankungen zu
gewährende Neuverschuldung Jahr für Jahr auf Basis entsprechender
Prognoseverfahren im Voraus geschätzt werden. Zur Ex-Ante-Bestim-
mung der jeweiligen Größen werden Konjunkturbereinigungsverfahren
angewandt, wobei unter anderem eine methodologisch nicht unproblema-
tische Prognose der Output-Lücke erforderlich ist.[280] Die entsprechenden
Berechnungen beruhen größtenteils auf Schätzungen, wobei die Ergebnisse je nach angewandtem Verfahren stark divergieren können. So wird
kritisiert, dass das im Rahmen der Schuldenbremse zum Einsatz kom-
mende Konjunkturbereinigungsverfahren die Produktionslücke im Allgemeinen unterschätzt, sodass letztendlich auch die zulässigen Defizite im
Abschwung zu gering, im Aufschwung hingegen zu hoch angesetzt werden. Während somit im Abschwung davon auszugehen ist, dass der Staat
zu restriktiv handelt und damit die Wirkung der automatischen Stabilisatoren gehemmt wird, muss im Aufschwung damit gerechnet werden,
dass die öffentlichen Haushalte zu expansiv agieren und es zu einer
Übersteigerung der automatischen Stabilisatoren kommt. Die Schuldenbremse würde damit im Rahmen der Konjunkturkomponente nicht anti-
sondern vielmehr prozyklisch wirken.[281]

---

[279] Konrad, Zschäpitz (2010), S. 155.

[280] Unter Output-Lücke wird die Abweichung der tatsächlichen Produktion vom
Produktionspotential verstanden.

[281] Vgl. Horn, Niechoj, Truger, Vesper, Zwiener (2008), S. 5ff.; John (2011), S. 385;
Heipertz (2005), S. 34.

Ein weiterer konzeptioneller Kritikpunkt besteht in der Festlegung der strukturellen Nettokreditaufnahmequoten auf 0,35 Prozent bzw. null Prozent für den Bund bzw. für die Bundesländer. Bei einer jährlichen Zuwachsrate des nominalen Bruttoinlandsprodukts von drei Prozent wird die staatliche Schuldenstandsquote langfristig gegen einen Wert von etwa zwölf Prozent konvergieren.[282] Selbst wenn man davon ausgeht, dass die nominale gesamtwirtschaftliche Produktion in den kommenden Jahren aufgrund einer nicht zuletzt durch die Schuldenbremse „erzwungenen" restriktiven Fiskalpolitik geringeren Zuwachsraten unterliegen wird, so wird sich die öffentliche Verschuldungsquote bei einem verhältnismäßig niedrigen Wert von unter 20 Prozent einpendeln, sofern die jährliche Zuwachsrate des nominalen Bruttoinlandsprodukts im Durchschnitt nicht weniger als 1,75 Prozent beträgt.[283] Zur Erinnerung sei an dieser Stelle darauf hingewiesen, dass die expliziten Verbindlichkeiten der deutschen öffentlichen Haushalte Ende des Jahres 2010 rund 83,2 Prozent in Relation zur nominalen Wirtschaftsleistung betrugen.[284] In der langen Frist würde sich die Staatsschuldenquote damit um mehr als 60 Prozentpunkte verringern. Es steht außer Frage, dass eine Rückführung der öffentlichen Verschuldungsquote vor dem Hintergrund der in Kapitel vier des ersten Hauptteils beschriebenen, potentiell negativen Auswirkungen der Staatsverschuldung auf die Gesamtwirtschaft prinzipiell notwendig ist. Auch wenn diese Effekte gegenwärtig in Deutschland trotz steigender Staatsschuldenquote kaum vorzufinden sind, so kann mit einem Rückgang der öffentlichen Schulden in Relation zur nominalen Wirtschaftsleistung insbesondere die zukünftige Handlungsfähigkeit der Regierung gesichert werden. Ebenfalls kann die Gefahr einer rein theoretisch auch für die Bundesrepublik nicht auszuschließenden Schuldenspirale, bestehend aus einer steigenden Staatsschuldenquote, steigenden Zinssätzen und zuneh-

---

[282] Vgl. John (2010), S. 48. Berechnungen auf Basis von Gleichung (7) (siehe Seite 28), wobei eine Defizitquote von 0,35 Prozent und (unter Zugrundelegung einer durchschnittlichen wirtschaftlichen Entwicklung wie in den vergangenen 20 Jahren) eine Wachstumsrate des nominalen Bruttoinlandsprodukts von drei Prozent angenommen wurde.

[283] Vgl. John (2011), S. 380.

[284] Vgl. Europäische Kommission (2011a), Tabelle *Gross public debt (UDGG).*

menden absoluten Zinszahlungen, durch eine Minderung der Staatsschuldenquote wesentlich vermindert werden.[285]

Diesen tendenziell positiv zu beurteilenden Wirkungen der Schuldenbremse steht jedoch das Argument gegenüber, dass durch eine solch drastische Rückführung der öffentlichen Verschuldungsquote, wie sie mit Umsetzung der neuen Kreditbegrenzungsvorschriften zu erwarten ist, Wachstumsmöglichkeiten verschenkt werden.[286] So muss davon ausgegangen werden, dass im Zuge der Schuldenbremse staatliche Ausgabenkürzungen unvermeidlich sein werden. Das Bundesministerium der Finanzen rechnet zwar in den kommenden Jahren auch mit Steuermehreinnahmen[287], allerdings wird das durch die Schuldenbremse vorgegebene Sparziel kaum ohne Ausgabenminderungen realisiert werden können.[288] Des Weiteren fordert unter anderem der Sachverständigenrat, dass im Rahmen einer Konsolidierung aufgrund theoretischer und empirischer Befunde „grundsätzlich [...] Ausgabenkürzungen Steuererhöhungen vorzuziehen [sind]."[289] Ein Rückgang des Wirtschaftswachstums ist nun insbesondere dann zu befürchten, wenn es zu Kürzungen bei den im internationalen Vergleich ohnehin schon schwach ausgeprägten öffentlichen Investitionen (siehe hierzu auch Abbildung 6 auf Seite 46) kommen wird. Prinzipiell ist zwar auch denkbar, dass der deutsche Staat zukünftig eher seine konsumtiven und nicht seine investiven Ausgaben senken wird. John weist jedoch zu Recht darauf hin, „dass die öffentlichen Konsumausgaben weitestgehend durch Verträge oder Leistungsgesetze fixiert sind. Die noch relativ höchste Disponibilität weisen die Investitionen aus. Sind wegen der Schuldenbremse Ausgabenkürzungen erforderlich, würden folglich primär die investiven Ausgaben betroffen sein."[290] Investitionen sind jedoch für zukünftiges Wirtschaftswachstum unabdingbar. Kommt es in den kommenden Jahren zu Ausgabenminderungen auf investiver Ebene, so werden folglich ceteris paribus langfristig geringere Wachstumsraten des (realen) Bruttoinlandsprodukts resultieren, wodurch gleichsam die Handlungsfähigkeit nachfolgender Generationen eingeschränkt werden wird. Die

---

[285] Vgl. John (2011), S. 367 und S. 387.

[286] Vgl. John (2010), S. 48.

[287] Vgl. Bundesministerium der Finanzen (2011e), S. 1.

[288] Vgl. Sachverständigenrat (2009), S. 186ff.

[289] Sachverständigenrat (2009), S. 186.

[290] John (2011), S. 385.

Kombination aus öffentlichen Ausgabenkürzungen und, damit einhergehend, einem Rückgang der Staatsnachfrage am (inländischen) Gütermarkt, birgt zudem die Gefahr einer Rezession und, infolge eines entstehenden Angebotsüberschusses, sogar einer Deflation.[291]

Zudem besteht die Möglichkeit, dass mit Umsetzung der Schuldenbremse in Deutschland eine Erhöhung der seit Jahren existierenden Leistungsbilanzüberschüsse einhergehen wird. So weist beispielsweise von Weizsäcker darauf hin, dass unter anderem aufgrund eines ohnehin schon niedrigen Nominalzinsniveaus in Deutschland nicht zwingend davon ausgegangen werden kann, dass eine Reduzierung der staatlichen Kreditaufnahme durch eine erhöhte Kapitalnachfrage des privatwirtschaftlichen Sektors kompensiert wird. Vielmehr ist damit zu rechnen, dass das überschüssige Kapital ins Ausland exportiert wird, wodurch es im Zuge der Schuldenbremse nicht zu mehr Realkapitalbildung im Inland, sondern zu einer Erhöhung der Nettokapitalexporte kommen würde.[292]

Aus makroökonomischer Sicht kann eine strikte Schuldenbremse letztendlich nicht der optimale Ausweg aus der Staatsverschuldung sein, insbesondere nicht für ein Land wie Deutschland mit seinen chronischen Leistungsbilanzüberschüssen. So werden auch in der Literatur einige alternative Konzepte vorgeschlagen, die die Mängel dieser Art der Schuldenbremse nicht aufweisen. Ein Beispiel ist der sogenannte *Ausgabenpfad*, der keine festen Grenzwerte für die staatliche Nettokreditaufnahme vorsieht, sondern vielmehr nur eine Höchstgrenze für die jährliche Wachstumsrate der Staatsausgaben (exklusive konjunkturabhängiger und investiver Ausgaben).[293]

---

[291] Vgl. Horn, Niechoj, Tober, van Treeck, Truger (2010), S. 4f.; Tober, van Treeck (2010), S. 10.

[292] Vgl. von Weizsäcker (2010), S. 12.

[293] Vgl. Vesper (2008b), S. 12f.

Teil III

Zusammenfassung und Ausblick

Im Rahmen der vorliegenden Arbeit wurden verschiedene Aspekte der Staatsverschuldung behandelt. Nachdem zunächst einige formale Kennzahlen sowie die Entwicklung der öffentlichen Verschuldung in Deutschland betrachtet wurden, beschäftigte sich Kapitel drei des ersten Hauptteils mit den Ursachen der staatlichen Kreditaufnahme. Dabei wurde aufgezeigt, dass durchaus ökonomisch fundierte Gründe für eine Staatsverschuldung existieren, so beispielsweise zum Zwecke der Konjunkturglättung oder auch der intertemporalen Lastenverteilung. Letztgenannter Sachverhalt rechtfertigt insbesondere die Kreditfinanzierung öffentlicher Investitionen und bestimmter epochaler (Schadens)Ereignisse. Es wurde jedoch festgestellt, dass zumindest in Deutschland die Hauptursachen einer seit Jahren ansteigenden öffentlichen Verschuldung im politischen Prozess zu finden sind.

Auch wenn die Ursachen der staatlichen Kreditaufnahme nicht immer ökonomisch einwandfrei begründet werden können, so zeigte Kapitel vier des ersten Hauptteils, dass sich eine öffentliche Verschuldung dennoch nicht zwingend negativ auf die Gesamtwirtschaft auswirken muss. Die Verdrängung privatwirtschaftlicher Investitionen durch ein zinsbedingtes Crowding-out ist etwa nur in der langen Frist in Situationen mit vollausgelasteten Ressourcen zu befürchten. Hierbei wurde angemerkt, dass nicht nur die öffentliche Kreditaufnahme das Nominalzinsniveau determiniert, sondern noch andere makroökonomische Parameter ausschlaggebend sind, so etwa die Geldpolitik der Zentralbank(en).

Eine weitere und häufig mit dem Crowding-out in Verbindung gebrachte Auswirkung der Staatsverschuldung wurde durch einen Rückgang des langfristigen Wirtschaftswachstums beschrieben. Dabei wurde festgehalten, dass diese Gefahr hauptsächlich dann besteht, wenn neben einem Rückgang der privaten Investitionen zugleich die staatlichen Kredit-

mittel überwiegend für konsumtive und nicht für investive Zwecke verwendet werden.

Demgegenüber wurde gezeigt, dass es auch aufgrund staatlicher Zinszahlungen zu einer langfristigen Minderung des Wirtschaftswachstums
kommen kann. Dies konnte darauf zurückgeführt werden, dass Zinszahlungen tendenziell die staatlichen Handlungsspielräume einschränken, da
die hierfür aufzuwendenden Mittel nicht mehr zur Finanzierung von Primärausgaben zur Verfügung stehen. Greifen die öffentlichen Haushalte damit
einhergehend in verstärktem Maße auf eine Kreditaufnahme zurück, so
besteht zudem die Gefahr, dass sich mit steigender Staatsschuldenquote
die Risikoprämien für öffentliche Anleihen erhöhen und der Staat in eine
Schuldenfalle mit entsprechend negativen Auswirkungen auf die Gesamtwirtschaft gerät. Die Eintrittswahrscheinlichkeit eines solchen Szenarios
hängt jedoch in entscheidendem Maße von der Verschuldungssituation
einer gesamten Volkswirtschaft (bestehend aus den Wirtschaftssubjekten
Staat und Privatsektor) gegenüber dem Ausland ab. Auch die Währungsdenomination der Schulden spielt hier eine entscheidende Rolle.

Letztendlich wurde im Rahmen von Kapitel vier noch auf eine eventuelle Belastung zukünftiger Generationen aufgrund steigender Staatsschuldenstände eingegangen. Dabei musste festgehalten werden, dass intergenerative Umverteilungen nur dann auftreten, wenn ein ganzes Land
gegenüber dem Ausland eine Nettoschuldnerposition innehält.

Sowohl die Ursachen als auch die Auswirkungen der öffentlichen
Verschuldung dürfen damit nicht pauschal als „schlecht" oder „gut" ab-
gestempelt werden. Auch wenn die öffentlichen Haushalte in zahlreichen
Industrienationen der Welt ihre Einnahmen in den vergangenen Jahren in
zunehmendem Maße für konsumtive Zwecke verwendet haben, so stellt
die Kreditaufnahme dennoch ein wichtiges Finanzierungsinstrument des
Staates dar, welches ihm unter anderem ermöglicht, die Volkswirtschaft
mit öffentlichen Gütern auszustatten und wichtige Zukunftsinvestitionen
zu tätigen. Von einer zunehmenden Staatsverschuldung können zwar negative Auswirkungen auf die Gesamtwirtschaft ausgehen, es muss jedoch
keineswegs zwingend dazu kommen. Für einige der beschriebenen Effekte ist zudem häufig nicht ausschließlich die staatliche, sondern vielmehr die Verschuldung einer ganzen Nation gegenüber dem Ausland
ausschlaggebend. Der Staat ist dabei nur als Teilsektor der gesamten
Volkswirtschaft zu sehen. Dennoch kann nicht ausgeschlossen werden,
dass auch alleine von einer Verschuldung der öffentlichen Haushalte

negative makroökonomische Effekte ausgehen, so etwa ein Rückgang des Wirtschaftswachstums aufgrund von Crowding-out oder aufgrund der Einschränkung staatlicher Handlungsspielräume durch zu leistende Zinszahlungen. Der zweite Hauptteil der Arbeit setzte sich daher mit möglichen Auswegen aus der Staatsverschuldung auseinander. Aufgrund der Tatsache, dass es zahlreichen Ländern bereits in der Vergangenheit phasenweise gelang, ihre öffentlichen Schuldenstandsquoten erfolgreich zurückzuführen, lag der Fokus hier auf der Analyse historischer Staatsschuldenreduktionsepisoden in einigen ausgewählten Nationen.

Die historische Reise führte im Rahmen von Kapitel eins zunächst in das Deutsche Reich zur Zeit des Ersten Weltkrieges. Dabei wurde aufgezeigt, dass die Inflation einen möglichen Ausweg aus der Staatsverschuldung bietet, wobei jedoch eine Rückführung der öffentlichen Schuldenquote auf diesem Wege aus makroökonomischen Gesichtspunkten äußerst kritisch zu sehen ist. Zugleich wurde dargelegt, dass eine staatliche Entschuldung durch Inflation, zumindest in den traditionellen Industrienationen mit auf Preisstabilität bedachten Zentralbanken, gegenwärtig kaum zu befürchten ist. Ebenfalls kann auch nicht pauschal geurteilt werden, dass grundsätzlich alle Länder mit recht hohen Staatsschuldenquoten Interesse an der Herbeiführung entsprechender Preissteigerungsraten haben. Vielmehr spielen hier zahlreiche Einflussgrößen eine entscheidende Rolle, so zum Beispiel die durchschnittliche Restlaufzeit bestehender Schuldtitel.

Kapitel zwei analysierte die Situation der deutschen öffentlichen Haushalte zur Zeit des Zweiten Weltkrieges. Die Ereignisse des Jahres 1948 verdeutlichten, dass eine Währungsreform (mit asymmetrischen Umtauschverhältnissen) zu einer drastischen Reduktion von auf Eigenwährung lautenden Inlandsstaatsschulden führen kann. Diese damals ergriffene Maßnahme kam dabei implizit einem Zahlungsausfall auf in Reichsmark denominierte Inlandsstaatsschulden gleich und ermöglichte eine enorme Rückführung der öffentlichen Schuldenquote. Ähnlich wie im Rahmen einer (unerwarteten) Inflation gehen mit einer solchen Währungsreform jedoch stets ungleiche Verteilungswirkungen einher, sodass ihre Eignung als Entschuldungskonzept aus makroökonomischer und aus gesellschaftlicher Sicht kritisch zu sehen ist. Innerhalb des Euro-Raums würde eine Währungsreform nach dem Vorbild von 1948 zugleich nicht zwingend zu einer Entlastung von in Euro denominierten Staatsverbindlichkeiten führen, da der Euro keine rein nationale, sondern vielmehr eine supranatio-

nale Währung ist. Die sich im Anschluss an eine solche Währungsreform
einstellenden nominalen Wechselkurse wären hier entscheidend, um konkrete Aussagen hinsichtlich der Effekte für die staatliche Verschuldungssituation treffen zu können.

Das nächste historische Fallbeispiel führte im Rahmen von Kapitel drei
in die Vereinigten Staaten von Amerika und das Vereinigte Königreich
zur Zeit des Zweiten Weltkrieges. In beiden Ländern wurde die Staatsschuldenquote zwischen 1946 und Mitte der 1980er Jahre durch eine
Kombination aus moderater Inflation, Finanzrepression, kräftigem (realem und nominalem) Wirtschaftswachstum sowie, damit einhergehend,
der Erzielung von Primärüberschüssen zurückgeführt. Mit einer Reduktion der öffentlichen Schuldenquote durch ein starkes Wirtschaftswachstum sind generell keinerlei negative makroökonomische Nebeneffekte
verbunden – im Gegenteil. Allerdings ist die Wahrscheinlichkeit, dass
einzelne Staaten aus ihrer Verschuldung herauswachsen, aktuell eher
gering einzustufen. Die Entschuldung durch Finanzrepression ist demgegenüber kritischer zu bewerten. So können die mit finanzieller Repression einhergehenden Maßnahmen zu einer ineffizienten Kapitalallokation
und damit in der langen Frist zu einem Rückgang des Wirtschaftswachstums führen. Dennoch scheint die Finanzrepression nach Reinhart und
Sbrancia gegenwärtig in einigen Ländern tatsächlich Einzug zu halten.
Inwieweit die entsprechenden Entwicklungen jedoch nur ein temporal
begrenztes Phänomen im Rahmen der jüngsten Finanz- und Wirtschaftskrise sind, bleibt abzuwarten.

In Kapitel vier wurde vor dem Hintergrund der argentinischen Schuldenkrise zu Beginn des 21. Jahrhunderts erstmals eine klare Abgrenzung
zwischen Inlands- und Auslands(staats)schulden notwendig. Das Fallbeispiel verdeutlichte, dass eine Reduktion von meist auf Fremdwäh-
rung(en) lautenden Auslandsstaatsschulden durch eine entsprechende
Schuldenrestrukturierung erreicht werden kann, wobei prinzipiell Lauf-
zeitverlängerungen von Schuldtiteln, geringere Zinszahlungen und/oder
eine Reduktion der Nennbeträge mit Forderungsverzichten der (internationalen) Staatsgläubiger möglich sind. Die langfristigen makroökonomischen Auswirkungen eines solchen Schuldenschnitts können im Voraus
nicht pauschal und eindeutig identifiziert werden. Ausschlaggebend ist
dabei insbesondere, inwieweit dem jeweiligen Land bzw. der Regierung
im Anschluss an eine solche Maßnahme der Zugang zu den internationalen Kapitalmärkten ermöglicht wird. Die eigentliche Gefahr, dass ein-

zelne Länder tatsächlich in die Zahlungsunfähigkeit geraten und damit Schuldenschnitte notwendig werden, hängt in entscheidendem Maße von der Verschuldungssituation einer gesamten Volkswirtschaft sowie der Währungsdenomination der Verbindlichkeiten ab. Das Risiko ist hauptsächlich dann gegeben, wenn ein Land gegenüber dem Ausland eine Nettoschuldnerposition innehält und zugleich überwiegend in Fremdwährung(en) verschuldet ist. Für die Mitgliedsländer der Europäischen Währungsunion kommt eine Verschuldung in Euro einer Verschuldung in Fremdwährung gleich, sodass innerhalb der Währungsgemeinschaft staatliche Zahlungsunfähigkeiten nicht ausgeschlossen werden können.

Von Argentinien führten die abschließenden Betrachtungen in Kapitel fünf zurück nach Deutschland in das Jahr 2011. Verschiedene Aspekte zur deutschen Schuldenbremse zeigten dabei auf, dass die entsprechenden Kreditbegrenzungsvorschriften für den Bund und die Bundesländer einige konzeptionelle Probleme aufweisen, die unter makroökonomischen Gesichtspunkten recht kritisch zu sehen sind. Gelingt es, die grundgesetzlich verankerten Regelungen einzuhalten, wird es zwar langfristig zu einer deutlichen Reduktion der öffentlichen Schuldenstandsquote kommen, allerdings besteht zugleich die Gefahr, dass ein solch strikter Konsolidierungspfad die Wachstumsmöglichkeiten erheblich einschränken wird. Schafft es die Regierung umgekehrt nicht, der Schuldenbremse nachzukommen, so kann dies zu einer Vertrauens- und eventuell sogar zu einer Staatskrise führen.

Vor dem Hintergrund der aktuellen Entwicklungen in einigen europäischen Ländern bleibt nun am Ende der vorliegenden Arbeit insbesondere die Frage offen, auf welchem Wege die Europäische Währungsunion aus ihrer Schuldenkrise finden wird. Die historischen Fallbeispiele zeigten hierzu einige Möglichkeiten auf, wobei das Spektrum von Inflation und Finanzrepression bis hin zu Wirtschaftswachstum, Konsolidierung oder gar Zahlungsausfällen auf In- und/oder Auslandsstaatsschulden reicht. Zahlreiche dieser potentiellen Auswege aus der Staatsverschuldung sind allerdings äußerst kritisch zu sehen. Die einzig optimale Entschuldung, von der keinerlei negative makroökonomische Auswirkungen zu befürchten sind, scheint letztendlich ausschließlich über ein kräftiges Wirtschaftswachstum möglich zu sein. Inwieweit dies zukünftig gelingen kann, bleibt dennoch fraglich. So zeigten gerade die historischen Fallbeispiele der Vereinigten Staaten von Amerika und des Vereinigten Königreiches, dass die nach Beendigung des Zweiten Weltkrieges ausgewiesenen hohen

Wachstumsraten des realen Bruttoinlandsprodukts nicht zuletzt auch auf
spezielle und günstige makroökonomische Rahmenbedingungen nach
Kriegsende zurückzuführen waren. Auf der Suche nach Auswegen aus
der Staatsverschuldung scheint es daher kaum angebracht, sich einzig auf
die Hoffnung zu stützen, die öffentlichen Schuldenquoten in naher
Zukunft ausschließlich durch kräftiges Wirtschaftswachstum verringern
zu können.

Die in der vorliegenden Arbeit angeführten Fallbeispiele konnten
einen relativ breitgefächerten, aber keineswegs einen abschließenden
Überblick über mögliche Entschuldungskonzepte geben. Insbesondere im
Hinblick auf öffentliche Haushaltskonsolidierungen zeigt die Historie der
Staatsverschuldungen zahlreiche diversifizierte Ansätze. So schlägt auch
der Sachverständigenrat in seinem Jahresgutachten 2011/2012 in Anlehnung an die im 18. Jahrhundert unter Finanzminister Alexander Hamilton
in den Vereinigten Staaten von Amerika durchgeführte Staatsschulden-
restrukturierung einen *Schuldentilgungspakt* für die Europäische Wäh-
rungsunion vor.[1] Das Konzept gründet auf der Überlegung, dass jedes
Mitgliedsland des Euro-Raums sämtliche Staatsschulden, die über die im
Maastricht-Vertrag festgelegten 60 Prozent des Bruttoinlandsprodukts
hinausgehen, sukzessive in einen Tilgungsfonds auslagert, für den die
Währungsunion gemeinschaftlich haftet. Fällige Staatsanleihen eines
Landes können in Höhe des ausgelagerten Betrags durch gemeinsame
Anleihen aus dem Fonds ersetzt werden, wobei aufgrund der gemeinschaftlichen Haftung günstige Finanzierungskosten bestehen. Jedes Teil-
nehmerland verpflichtet sich, die ausgelagerten Verbindlichkeiten in einem
Zeitraum von 20 bis 25 Jahren eigenverantwortlich zu tilgen. Hierzu
müssen entsprechende Zahlungen an den Fonds geleistet werden; zugleich haften die Länder mit einem Teil ihrer nationalen Devisen- und
Goldreserven. Ebenfalls sieht das Konzept nationale Schuldenbremsen
vor, sodass die nicht in den Tilgungsfonds ausgelagerten Verbindlichkeiten eines Teilnehmerlandes nicht mehr über die im Maastricht-Vertrag
festgelegten 60 Prozent des Bruttoinlandsprodukts steigen.[2] Der Schuldentilgungspakt verfolgt damit zum einen das Ziel, den die 60-Prozent-
Hürde überschreitenden Teil der Schulden absolut zu tilgen. Zum ande-

---

[1] Vgl. Sachverständigenrat (2011c), S. 109ff.
[2] Vgl. Sachverständigenrat (2011c), S. 109ff.

ren soll sichergestellt werden, dass die nationalen Staatsschuldenquoten diesen Referenzwert langfristig nicht mehr überschreiten. Ob das Konzept umgesetzt werden wird, ist fraglich. So äußerte sich Bundeskanzlerin Angela Merkel kritisch hinsichtlich der verfassungsrechtlichen Machbarkeit sowie der praktischen Umsetzung auf operativer Ebene.[3] Hinterfragt werden muss zudem, ob eine im Rahmen des Schuldentilgungsfonds vorgesehene Massenkonsolidierung innerhalb der Europäischen Währungsunion nicht in eine erneute Rezession münden würde. Der Vorschlag des Sachverständigenrates zeigt jedoch, dass es neben den in der vorliegenden Arbeit behandelten Entschuldungsmethoden noch weitere Optionen für Auswege aus der Staatsverschuldung gibt. Welchen Weg Europa letztendlich bestreiten wird und welche makroökonomischen Herausforderungen dabei auf die Mitgliedsländer der Währungsunion zukommen werden, wird die Zukunft zeigen.

---

[3] Vgl. Bundesregierung (2011).

Anhang

Teil A
Zu I: Grundlagen
der Staatsverschuldung

A.1 Indikatoren der Staatsverschuldung

A.1.1 Veränderungsrate des Preisniveaus

Die Inflationsrate (π_t) im Jahr t entspricht der Veränderung des Preisniveaus (P) im Vergleich zum Vorjahr:[1]

$$\pi_t = \frac{P_t - P_{t-1}}{P_{t-1}}$$

$$\pi_t = \frac{P_t}{P_{t-1}} - 1$$

Durch Umformung lässt sich folgender Ausdruck formulieren:

$$\pi_t + 1 = \frac{P_t}{P_{t-1}} \tag{A.1}$$

A.1.2 Wachstumsrate des realen Bruttoinlandsprodukts

Die Wachstumsrate des realen Bruttoinlandsprodukts (g_t) im Jahr t entspricht der Veränderung der realen Produktion (Y) im Vergleich zum Vorjahr:

---

[1] Vgl. zu den folgenden Ausführungen Blanchard, Illing (2006), S. 55f.

$$g_t = \frac{Y_t - Y_{t-1}}{Y_{t-1}}$$

$$g_t = \frac{Y_t}{Y_{t-1}} - 1$$

Durch Umformung lässt sich folgender Ausdruck formulieren:

$$g_t + 1 = \frac{Y_t}{Y_{t-1}} \tag{A.2}$$

A.1.3 Wachstumsrate des nominalen Bruttoinlandsprodukts

Die Wachstumsrate des nominalen Bruttoinlandsprodukts (m_t) im Jahr t entspricht der Veränderung der nominalen Produktion (PY) im Vergleich zum Vorjahr:[2]

$$m_t = \frac{P_t Y_t - P_{t-1} Y_{t-1}}{P_{t-1} Y_{t-1}}$$

$$m_t = \frac{P_t Y_t}{P_{t-1} Y_{t-1}} - 1$$

Durch Umformung lässt sich folgender Ausdruck formulieren:

$$m_t + 1 = \left(\frac{P_t}{P_{t-1}} \right) \left(\frac{Y_t}{Y_{t-1}} \right) \tag{A.3}$$

Aus den Gleichungen (A.1) und (A.2) (siehe Seite 205f.) ergibt sich:

$$(m_t + 1) = (\pi_t + 1)(g_t + 1) \tag{A.4}$$

[2] Vgl. Sachverständigenrat (2007), S. 18.

A.1.4 Nützliche Approximation

Es gilt folgende Näherung:[3]

$$\frac{(1+x)}{(1+y)} \approx (1+x-y) \tag{A.5}$$

Beweis:

$$(1+x-y)(1+y) = 1+x+xy-y^2$$

Für sehr kleine x und y kann näherungsweise wie folgt geschrieben werden:

$$(1+x-y)(1+y) \approx 1+x$$

Damit ergibt sich:

$$\frac{(1+x)}{(1+y)} \approx (1+x-y)$$

A.1.5 Reale Staatsverschuldung

Die nominale Staatsverschuldung am Ende eines Jahres t kann formal wie folgt beschrieben werden:[4]

$$B_t = (1+i_t)\,B_{t-1} - (T_t - G_t) \tag{A.6}$$

Dividiert man Gleichung (A.6) durch das Preisniveau des Jahres t (P_t), so erhält man:

$$\frac{B_t}{P_t} = (1+i_t)\frac{B_{t-1}}{P_t} - \left(\frac{T_t - G_t}{P_t}\right)$$

---

[3] Vgl. Blanchard, Illing (2006), S. 812f.

[4] Vgl. zu den Ausführungen auf den folgenden Seiten Blanchard, Illing (2006), S. 760ff.

Aus Gleichung (A.1) (siehe Seite 205) ergibt sich:

$$\frac{B_t}{P_t} = (1 + i_t)\frac{B_{t-1}}{P_{t-1}(1 + \pi_t)} - \left(\frac{T_t - G_t}{P_t}\right)$$

Durch Umformung erhält man:

$$\frac{B_t}{P_t} = \frac{(1 + i_t)}{(1 + \pi_t)}\frac{B_{t-1}}{P_{t-1}} - \left(\frac{T_t - G_t}{P_t}\right)$$

Mit Hilfe der Approximation (A.5) (siehe Seite 207) kann näherungsweise geschrieben werden:

$$\frac{B_t}{P_t} \approx (1 + i_t - \pi_t)\frac{B_{t-1}}{P_{t-1}} - \left(\frac{T_t - G_t}{P_t}\right)$$

Der Ausdruck $(i_t - \pi_t)$ entspricht näherungsweise dem Realzinssatz (r_t), sodass gilt:

$$\frac{B_t}{P_t} \approx (1 + r_t)\frac{B_{t-1}}{P_{t-1}} - \left(\frac{T_t - G_t}{P_t}\right)$$

A.1.6 Schuldenstandsquote

Wie in Gleichung (A.6) (siehe Seite 207) beschrieben, lässt sich der staatliche Schuldenstand formal wie folgt definieren:

$$B_t = (1 + i_t)B_{t-1} - (T_t - G_t)$$

Dividiert man diesen Ausdruck durch das nominale Bruttoinlandsprodukt des Jahres t $(P_t Y_t)$, so erhält man folgende mathematische Formel für die Schuldenstandsquote:

$$\frac{B_t}{P_t Y_t} = (1 + i_t)\frac{B_{t-1}}{P_t Y_t} - \left(\frac{T_t - G_t}{P_t Y_t}\right)$$

Durch Brucherweiterung ergibt sich:

$$\frac{B_t}{P_t Y_t} = (1 + i_t)\left(\frac{P_{t-1}}{P_t}\right)\left(\frac{Y_{t-1}}{Y_t}\right)\frac{B_{t-1}}{P_{t-1}Y_{t-1}} - \left(\frac{T_t - G_t}{P_t Y_t}\right)$$

Aus den Gleichungen (A.1) und (A.2) (siehe Seite 205f.) erhält man:

$$\frac{B_t}{P_t Y_t} = (1 + i_t)\left(\frac{1}{\pi_t + 1}\right)\left(\frac{1}{g_t + 1}\right)\frac{B_{t-1}}{P_{t-1}Y_{t-1}} - \left(\frac{T_t - G_t}{P_t Y_t}\right)$$

Aus Gleichung (A.4) (siehe Seite 206) ergibt sich:

$$\frac{B_t}{P_t Y_t} = \left(\frac{1 + i_t}{1 + m_t}\right)\frac{B_{t-1}}{P_{t-1}Y_{t-1}} - \left(\frac{T_t - G_t}{P_t Y_t}\right)$$

Aus Approximation (A.5) (siehe Seite 207) erhält man näherungsweise:

$$\frac{B_t}{P_t Y_t} \approx (1 + i_t - m_t)\frac{B_{t-1}}{P_{t-1}Y_{t-1}} - \left(\frac{T_t - G_t}{P_t Y_t}\right)$$

A.1.7 Defizitquote

Das staatliche Defizit eines Jahres t kann formal wie folgt dargestellt werden kann:

$$Defizit_t = B_t - B_{t-1} = i_t B_{t-1} - (T_t - G_t)$$

Mit Division dieses Ausdrucks durch das nominale Bruttoinlandsprodukt eines Jahres t $(P_t Y_t)$ erhält man die formale Schreibweise für die Defizitquote. Durch Umformung und unter Verwendung von Gleichung (A.3) (siehe Seite 206) kann wie folgt geschrieben werden:

$$Defizitquote_t = \frac{B_t}{P_t Y_t} - \left(\frac{B_{t-1}}{P_{t-1}Y_{t-1}}\right)\left(\frac{P_{t-1}Y_{t-1}}{P_t Y_t}\right)$$

$$= \frac{B_t}{P_t Y_t} - \left(\frac{B_{t-1}}{P_{t-1}Y_{t-1}}\right)\left(\frac{1}{1+m_t}\right)$$

Mit Hilfe von Approximation (A.5) (siehe Seite 207) kann näherungsweise geschrieben werden:

$$Defizitquote_t = \frac{B_t}{P_t Y_t} - \left(\frac{B_{t-1}}{P_{t-1}Y_{t-1}}\right)(1-m_t)$$

Durch Umformung erhält man:

$$Defizitquote_t = \underbrace{\frac{B_t}{P_t Y_t} - \frac{B_{t-1}}{P_{t-1}Y_{t-1}}}_{\substack{\text{Veränderung der Schulden-}\\\text{standsquote im Jahr t}}} + m_t \frac{B_{t-1}}{P_{t-1}Y_{t-1}}$$

Ebenso kann geschrieben werden:

$$\underbrace{\frac{B_t}{P_t Y_t} - \frac{B_{t-1}}{P_{t-1}Y_{t-1}}}_{\substack{\text{Veränderung der Schulden-}\\\text{standsquote im Jahr t}}} = Defizitquote_t - m_t \frac{B_{t-1}}{P_{t-1}Y_{t-1}}$$

Unter Hinzuziehung von Gleichung (7) (siehe Seite 28) erhält man schließlich:

$$\underbrace{\frac{B_t}{P_t Y_t} - \frac{B_{t-1}}{P_{t-1}Y_{t-1}}}_{\substack{\text{Veränderung der}\\\text{Schulden-}\\\text{standsquote im Jahr t}}} \approx - \left(\underbrace{\underbrace{\frac{T_t}{P_t Y_t}}_{\substack{\text{Einnahme-}\\\text{quote}}} - \underbrace{\left(\underbrace{i_t \frac{B_{t-1}}{P_{t-1}Y_{t-1}} + \frac{G_t}{P_t Y_t}}_{\text{Ausgabenquote}}\right)}_{}}_{\text{Defizitquote}}\right) - m_t \frac{B_{t-1}}{P_{t-1}Y_{t-1}}$$

A.2 Entwicklung der Staatsverschuldung in Deutschland

Abbildung A.1: Staatsschulden in Relation zum nominalen Bruttoinlandsprodukt in europäischen Ländern im Jahr 2010

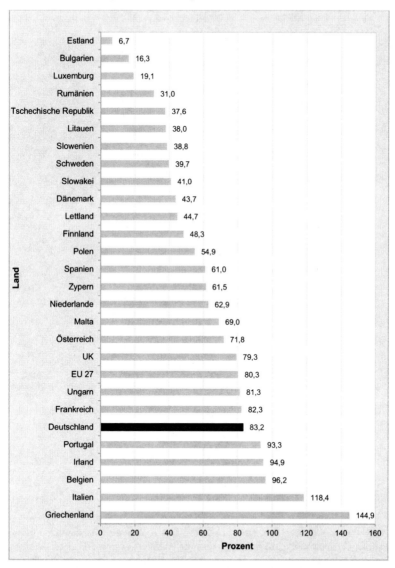

Quellen: Europäische Kommission (2011a), Tabelle *Gross public debt (UDGG)*; eigene Grafik.

Tabelle A.1: Entwicklung der Staatsverschuldung in Deutschland
(ab 1991 gesamtdeutsches Ergebnis)

Jahr	Schulden der öffentl. Haushalte (in Mrd. Euro)	Nominales BIP (in Mrd. Euro)	Schulden- standsquote (in Prozent)	Wachstumsrate der öffentl. Schulden (in Prozent)
1970	65,88	360,60	18,27	-
1971	73,56	400,24	18,38	11,66
1972	80,90	436,37	18,54	9,97
1973	87,98	486,02	18,10	8,76
1974	100,07	526,02	19,02	13,74
1975	134,08	551,01	24,33	34,00
1976	151,74	597,40	25,40	13,17
1977	171,88	636,54	27,00	13,27
1978	192,72	678,94	28,39	12,13
1979	216,00	737,37	29,29	12,08
1980	246,45	788,52	31,25	14,10
1981	287,89	825,79	34,86	16,82
1982	325,09	860,21	37,79	12,92
1983	353,70	898,27	39,38	8,80
1984	377,69	942,00	40,09	6,78
1985	400,52	984,41	40,69	6,05
1986	420,45	1.037,13	40,54	4,97
1987	443,07	1.065,13	41,60	5,38
1988	472,12	1.123,29	42,03	6,56
1989	488,06	1.200,66	40,65	3,38
1990	556,65	1.306,68	42,60	14,05
1991	606,73	1.534,60	39,54	9,00
1992	692,64	1.648,40	42,02	14,16
1993	776,62	1.696,90	45,77	12,12
1994	854,89	1.782,20	47,97	10,08
1995	1.027,71	1.848,50	55,60	20,22
1996	1.096,25	1.875,00	58,47	6,67
1997	1.142,85	1.912,60	59,75	4,25
1998	1.185,45	1.959,70	60,49	3,73
1999	1.225,27	2.000,20	61,26	3,36
2000	1.232,22	2.047,50	60,18	0,57
2001	1.243,11	2.101,90	59,14	0,88
2002	1.295,28	2.132,20	60,75	4,20
2003	1.383,54	2.147,50	64,43	6,81
2004	1.453,78	2.195,70	66,21	5,08
2005	1.524,39	2.224,40	68,53	4,86
2006	1.571,67	2.313,90	67,92	3,10
2007	1.582,47	2.428,50	65,16	0,69
2008	1.649,04	2.473,80	66,66	4,21
2009	1.767,74	2.374,50	74,45	7,20
2010	2.061,79	2.476,80	83,24	16,63

Quellen: Internationaler Währungsfonds (2011a), Zeile 63; Deutsche Bundesbank (2010b), Tabelle 12; Europäische Kommission (2011a), Tabelle *Gross public debt (UDGG)*; Statistisches Bundesamt (2011b), Spalte E; z.T. eigene Berechnungen; eigene Tabelle.

Tabelle A.2: Entwicklung der Komponenten des (nominalen)
Zins-Wachstums-Differentials in Deutschland
(ab 1991 gesamtdeutsches Ergebnis)

Jahr	BIP in jeweiligen Preisen (in Mrd. Euro)	Wachstumsrate des nominalen BIP (in Prozent)	Nominalzinssatz (in Prozent)	Zins-Wachs-tums-Differential (in Prozent)
1970	360,60	-	8,32	-
1971	400,24	10,99	7,99	-3,00
1972	436,37	9,03	7,88	-1,15
1973	486,02	11,38	9,33	-2,05
1974	526,02	8,23	10,38	2,15
1975	551,01	4,75	8,48	3,73
1976	597,40	8,42	7,80	-0,62
1977	636,54	6,55	6,16	-0,39
1978	678,94	6,66	5,73	-0,93
1979	737,37	8,61	7,43	-1,18
1980	788,52	6,94	8,50	1,56
1981	825,79	4,73	10,38	5,66
1982	860,21	4,17	8,95	4,78
1983	898,27	4,42	7,89	3,47
1984	942,00	4,87	7,78	2,91
1985	984,41	4,50	6,87	2,36
1986	1.037,13	5,36	5,92	0,56
1987	1.065,13	2,70	5,84	3,14
1988	1.123,29	5,46	6,11	0,65
1989	1.200,66	6,89	7,03	0,15
1990	1.306,68	8,83	8,80	-0,03
1991	1.534,60	17,44	8,64	-8,80
1992	1.648,40	7,42	7,98	0,57
1993	1.696,90	2,94	6,28	3,34
1994	1.782,20	5,03	6,68	1,65
1995	1.848,50	3,72	6,51	2,79
1996	1.875,00	1,43	5,60	4,17
1997	1.912,60	2,01	5,10	3,09
1998	1.959,70	2,46	4,40	1,94
1999	2.000,20	2,07	4,28	2,22
2000	2.047,50	2,36	5,28	2,91
2001	2.101,90	2,66	4,72	2,06
2002	2.132,20	1,44	4,61	3,17
2003	2.147,50	0,72	3,78	3,07
2004	2.195,70	2,24	3,73	1,49
2005	2.224,40	1,31	3,17	1,86
2006	2.313,90	4,02	3,74	-0,28
2007	2.428,50	4,95	4,26	-0,69
2008	2.473,80	1,87	4,04	2,18
2009	2.374,50	-4,01	3,08	7,09
2010	2.476,80	4,31	2,43	-1,87

Quellen: Sachverständigenrat (2011a), Tabelle *Ausgewählte Zinsen und Renditen (ZR053)*,
Spalte *Anleihen der öffentlichen Hand*; Statistisches Bundesamt (2011b), Spalte E; z.T.
eigene Berechnungen; eigene Tabelle.

Tabelle A.3: Entwicklung der Einnahmen und Ausgaben der deutschen
öffentlichen Haushalte absolut sowie in Relation zum nominalen
Bruttoinlandsprodukt (ab 1991 gesamtdeutsches Ergebnis)

Jahr	Nominales BIP (in Mrd. Euro)	Einnahmen (in Mrd. Euro)	Ausgaben (in Mrd. Euro)	Einnahme-quote (in %)	Ausgaben-quote (in %)
1970	360,60	140,53	138,67	38,97	38,46
1971	400,24	160,28	159,65	40,05	39,89
1972	436,37	177,44	179,02	40,66	41,02
1973	486,02	207,71	202,26	42,74	41,62
1974	526,02	226,97	235,61	43,15	44,79
1975	551,01	237,97	268,83	43,19	48,79
1976	597,40	267,87	288,30	44,84	48,26
1977	636,54	289,12	305,03	45,42	47,92
1978	678,94	301,39	318,91	44,39	46,97
1979	737,37	323,19	342,79	43,83	46,49
1980	788,52	346,56	369,71	43,95	46,89
1981	825,79	360,09	392,30	43,61	47,51
1982	860,21	379,01	408,61	44,06	47,50
1983	898,27	392,25	417,95	43,67	46,53
1984	942,00	412,86	431,51	43,83	45,81
1985	984,41	433,49	444,80	44,04	45,18
1986	1.037,13	449,49	461,42	43,34	44,49
1987	1.065,13	460,43	479,73	43,23	45,04
1988	1.123,29	478,51	500,69	42,60	44,57
1989	1.200,66	518,39	517,42	43,18	43,09
1990	1.306,68	545,48	570,26	41,75	43,64
1991	1.534,60	665,84	709,69	43,39	46,25
1992	1.648,40	736,82	777,15	44,70	47,15
1993	1.696,90	766,54	817,01	45,17	48,15
1994	1.782,20	811,67	855,89	45,54	48,02
1995	1.848,50	830,80	889,90	44,94	48,14
1996	1.875,00	857,02	919,84	45,71	49,06
1997	1.912,60	869,69	922,34	45,47	48,22
1998	1.959,70	894,95	940,70	45,67	48,00
1999	2.000,20	932,37	964,54	46,61	48,22
2000	2.047,50	946,64	981,20	46,23	47,92
2001	2.101,90	936,13	1.000,78	44,54	47,61
2002	2.132,20	940,32	1.022,33	44,10	47,95
2003	2.147,50	951,58	1.040,72	44,31	48,46
2004	2.195,70	951,04	1.033,60	43,31	47,07
2005	2.224,40	969,33	1.043,45	43,58	46,91
2006	2.313,90	1.011,05	1.049,29	43,69	45,35
2007	2.428,50	1.062,30	1.056,76	43,74	43,51
2008	2.473,80	1.088,20	1.089,59	43,99	44,05
2009	2.374,50	1.065,98	1.142,09	44,89	48,10
2010	2.476,80	1.079,75	1.185,75	43,59	47,87

Quellen: Statistisches Bundesamt (2011b), Spalte E; Sachverständigenrat (2011a),
Tabelle *Einnahmen und Ausgaben des Staates, der Gebietskörperschaften und der Sozial-*
versicherung (ZR040), Spalten *Einnahmen insgesamt* und *Ausgaben insgesamt*; z.T.
eigene Berechnungen; eigene Tabelle.

A.3 Auswirkungen der Staatsverschuldung

Abbildung A.2: *Entwicklung des realen Pro-Kopf-Einkommens (Preise von 2005) sowie der öffentlichen und privaten Nettoinvestitionen in Relation zum nominalen Bruttoinlandsprodukt in Deutschland (ab 1991 gesamtdeutsches Ergebnis)*

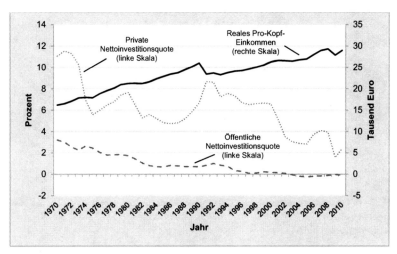

Quellen: Europäische Kommission (2011a), Tabellen *Net fixed capital formation at current prices: general government (UING), Net fixed capital formation at current prices: private sector (UINP), Gross domestic product at current market prices (UVGD)* und *Gross domestic product per head of population at constant prices (RVGDP)*; z.T. eigene Berechnungen; eigene Grafik.

Abbildung A.3: Entwicklung der Wachstumsrate der Bevölkerung und
der Wachstumsrate des realen Bruttoinlandsprodukts in Deutschland
(ab 1991 gesamtdeutsches Ergebnis)

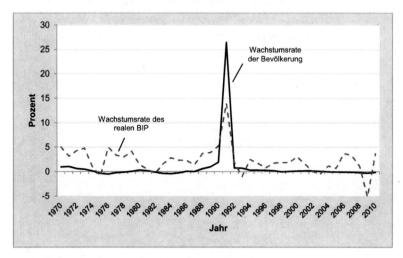

Quellen: Europäische Kommission (2011a), Tabellen *Gross domestic product at con-stant prices (OVGD)* und *Population total (national accounts) (NPTD)*; eigene Berech-nungen; eigene Grafik.

*Abbildung A.4: Entwicklung der Wachstumsrate der Steuereinnahmen,
der Staatsausgaben und der Zinszahlungen des deutschen Staates
(ab 1991 gesamtdeutsches Ergebnis)*

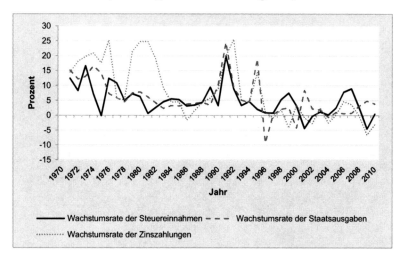

Quellen: Europäische Kommission (2011a), Tabellen *Interest: general government (UYIG),
Taxes linked to imports and production (indirect taxes): general government (UTVG),
Current taxes on income and wealth (direct taxes): general government (UTYG)* und
Total expenditure: general government (UUTG); eigene Berechnungen; eigene Grafik.

*Abbildung A.5: Entwicklung der Bruttoauslandsverschuldung der
deutschen öffentlichen Haushalte in Relation zur
staatlichen Gesamtverschuldung*

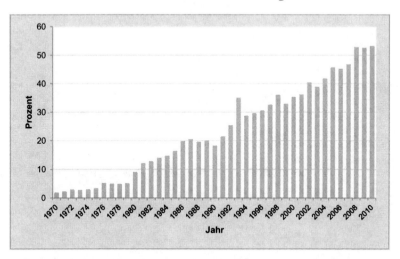

Quellen: Deutsche Bundesbank (2011a), *Vermögensstatus der Bundesrepublik Deutschland gegenüber dem Ausland, Gesamtübersicht*, Zeitreihe *Auslandsvermögensstatus,
Alle Länder, Passiva Öffentliche Haushalte, Insgesamt (EG1160)*; Statistisches Bundesamt (2011b), Spalte E; Internationaler Währungsfonds (2011a), Zeile 63; Deutsche Bundesbank (2010b), Tabelle 12; Europäische Kommission (2011a), Tabelle *Gross public
debt (UDGG)*; eigene Berechnungen; eigene Grafik.

Teil B

Zu II: Auswege aus der Staatsverschuldung

B.1 Deutsches Reich nach dem Ersten Weltkrieg

Tabelle B.1: Entwicklung der deutschen Reichsverschuldung vor,
während und nach dem Ersten Weltkrieg
(Angaben, soweit nicht anders angegeben, in Milliarden Mark)

Stand: 31.03.	Gesamt-verschuldung	Fundierte Schuld	Schwebende Schuld	
			Gesamt	Darunter: Reichsbank
1913	4,8	4,8	-	-
1914	5,2	4,9	0,3	-
1915	16,7	9,5	7,2	6,0
1916	39,5	30,2	9,3	7,3
1917	68,8	50,3	18,5	13,1
1918	104,9	71,9	33,0	15,7
1919	156,1	92,4	63,7	29,9
1920	199,7	108,2	91,5	42,7
1921	263,5	97,1	166,4	64,5
1922	352,2	80,1	272,1	146,5
1923	6.675,0	73,7	6.601,3	4.552,0
1923 (Nov.)	-	-	191,6 Trillionen	189,8 Trillionen

Quellen: Deutsche Bundesbank (1976), S. 313.; Haller (1976), S. 154; Holtfrerich (1980), S. 64f.; z.T. eigene Berechnungen; eigene Tabelle.

Tabelle B.2: Monetäre Entwicklungen im Deutschen Reich vor, während und nach dem Ersten Weltkrieg (Angaben in Milliarden Mark)

| | Geldbasis | | Einlagen im Banken-system | Kreditgewährung | |
	Gesamt	Darunter: Bargeld-umlauf		Reichsbank und private Noten-banken	Übrige Banken-gruppen
1910	6.628	6.011	30.339	2.072	46.845
1911	6.839	6.225	32.147	2.272	49.409
1912	7.266	6.617	33.379	2.521	50.801
1913	7.223	6.552	35.105	2.196	52.704
1914	10.157	8.703	36.014	4.174	52.516
1915	11.918	10.050	38.807	6.045	55.366
1916	15.912	12.315	44.457	9.904	60.214
1917	24.789	18.458	58.484	14.908	72.084
1918	43.608	33.106	75.419	27.883	85.094
1919	63.632	50.083	109.076	42.253	113.724
1920	99.252	81.570	140.495	61.277	149.812
1921	148.853	122.913	-	-	-
1922	1.678.778	1.294.748	-	-	-

Quellen: Deutsche Bundesbank (1976), S. 14ff.; Holtfrerich (1980), S. 48f.; eigene Tabelle.

Tabelle B.3: Großhandelspreisindizes in ausgewählten Ländern vor, während und nach dem Ersten Weltkrieg (1913 = 100)

	Deutsches Reich	England	Frankreich	Vereinigte Staaten
1913	100	100	100	100
1914	106	100	102	98
1915	142	127	140	101
1916	153	160	189	127
1917	179	206	282	177
1918	217	227	340	194
1919	415	242	357	206
1920	1.486	295	510	226
1921	1.911	182	345	147
1922	34.182	159	327	149
1923 (1. Hlbj.)	765.000	159	411	157

Quellen: Keynes (1924), S. 3; eigene Tabelle.

B.2 Deutsches Reich nach dem Zweiten Weltkrieg

Tabelle B.4: Entwicklung der deutschen Reichsverschuldung vor, während und nach dem Zweiten Weltkrieg (Angaben in Milliarden Reichsmark)

Stand: 31.03.	Gesamtverschuldung (ohne Altverschuldung des Ersten Weltkrieges)	Fundierte Schuld	Schwebende Schuld	Schuld bei der Reichsbank (Stand: Jahresende)
1933	7,3	4,6	2,7	0,8
1934	7,6	3,8	3,8	3,0
1935	8,5	4,1	4,4	4,1
1936	10,6	5,5	5,1	4,8
1937	12,4	8,0	4,4	5,4
1938	15,7	11,8	3,9	8,3
1939	27,4	19,9	7,5	12,6
1940	44,7	25,3	19,4	15,7
1941	83,1	32,8	50,3	22,5
1942	135,0	68,1	66,9	29,3
1943	193,0	89,5	103,5	41,9
1944	271,0	116,8	154,2	64,3
1945	377,7	136,7	241,0	-

Quellen: Deutsche Bundesbank (1976), S. 313 und S. 18; eigene Tabelle.

Tabelle B.5: Monetäre Entwicklungen im Deutschen Reich vor und während dem Zweiten Weltkrieg (Angaben in Milliarden Reichsmark)

	Bargeldumlauf	Einlagen bei Kreditinstituten	Kreditgewährung		
			Reichsbank	Kreditinstitute	
				kurzfristig	langfristig
1933	5,7	26,2	4,0	25,2	24,7
1934	6,0	28,3	5,0	25,7	26,4
1935	6,4	30,9	5,4	27,0	27,9
1936	7,0	32,9	6,1	27,0	27,9
1937	7,5	36,1	6,6	30,1	27,2
1938	10,4	40,9	9,4	34,5	30,6
1939	14,5	51,8	13,6	43,6	31,8
1940	16,8	69,0	16,4	59,7	31,9
1941	22,3	91,3	23,0	71,6	-
1942	27,3	123,1	29,6	98,0	-
1943	36,5	156,2	42,1	130,8	-
1944	53,1	189,2	64,4	167,6	-
1945	73,0	-	-	-	-

Quellen: Deutsche Bundesbank (1976), S. 14ff.; eigene Tabelle.

Tabelle B.6: Entwicklung verschiedener Preisindizes im Deutschen Reich
vor und während dem Zweiten Weltkrieg

	Großhandelspreisindex (1913 = 100)	Lebenshaltungskostenindex (1913/1914 = 100)
1936	104,1	124,5
1937	105,9	125,1
1938	105,7	125,6
1939	106,9	126,2
1940	110,0	130,1
1941	112,3	133,2
1942	114,4	136,6
1943	116,2	138,5
1944	117,6	141,4

Quellen: Hansmeyer, Caesar (1976), S. 416; eigene Tabelle.

B.3 USA und Vereinigtes Königreich nach dem Zweiten Weltkrieg

Tabelle B.7: Entwicklung der Staatsverschuldung in den Vereinigten
Staaten von Amerika während des Zweiten Weltkrieges
(Angaben in Milliarden US-Dollar)

Stand: 30.06.	Gesamt- verschuldung	Lang- und mittelfristige Schuld	Kurzfristige Schuld
1939	47,9	46,6	1,3
1940	50,4	49,1	1,3
1941	57,0	55,7	1,3
1942	78,8	70,5	8,3
1943	141,8	106,2	35,6
1944	203,4	150,6	52,8
1945	257,0	-	-

Quellen: Bank für Internationalen Zahlungsausgleich (1944), S. 185 und (1945), S. 80;
eigene Tabelle.

Tabelle B.8: Gläubigerstruktur des US-amerikanischen Staates während
des Zweiten Weltkrieges (Angaben in Milliarden US-Dollar)

| Stand: 31.12. | Banken | | Handels-banken | Andere Kapitalgeber (Nicht-Banken) |
| | Federal Reserve | | | |
	kurzfristig	langfristig		
1939	-	2,5	16,3	28,3
1940	-	2,2	17,8	30,4
1941	0,01	2,2	21,8	39,7
1942	2,1	4,1	41,4	64,0
1943	9,2	2,3	59,9	97,3
1944	16,1	2,8	66,6	117,7

Quellen: Bank für Internationalen Zahlungsausgleich (1944), S. 186 und S. 191; eigene
Tabelle.

Tabelle B.9: Entwicklung der Staatsverschuldung im Vereinigten
Königreich während des Zweiten Weltkrieges
(Angaben in Milliarden Pfund Sterling)

Stand: 31.03.	Gesamt-verschuldung	Lang- und mittelfristige Schuld	Kurzfristige Schuld	Schuld bei der Bank of England (Stand: 31.12.)
1939	7,1	6,2	0,9	0,7
1940	7,9	6,4	1,5	0,9
1941	10,3	7,5	2,8	1,0
1942	13,0	9,5	3,5	1,2
1943	15,8	11,3	4,5	1,4
1944	18,6	13,1	5,5	1,6
1945	21,4	-	-	-

Quellen: Bank für Internationalen Zahlungsausgleich (1944), S. 198 und (1945), S. 81;
eigene Tabelle.

Abbildung B.1: Entwicklung der Komponenten des (nominalen)
Zins-Wachstums-Differentials in den Vereinigten Staaten von Amerika

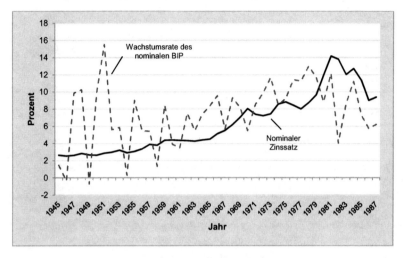

Quellen: U.S. Department of Commerce (2011a), Tabelle 1.1.5 *Gross Domestic Product*;
Officer (2011b); z.T. eigene Berechnungen; eigene Grafik.

Abbildung B.2: Entwicklung der Komponenten des (nominalen)
Zins-Wachstums-Differentials im Vereinigten Königreich

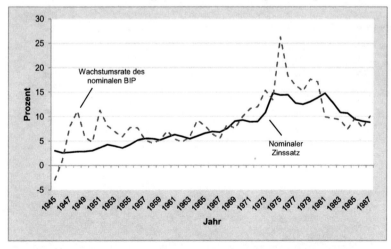

Quellen: Officer (2011a) und (2011b); z.T. eigene Berechnungen; eigene Grafik.

Abbildung B.3: Entwicklung der Primärsalden in Relation zum nominalen Bruttoinlandsprodukt in den Vereinigten Staaten von Amerika und im Vereinigten Königreich ((+) Primärüberschuss, (-) Primärdefizit)

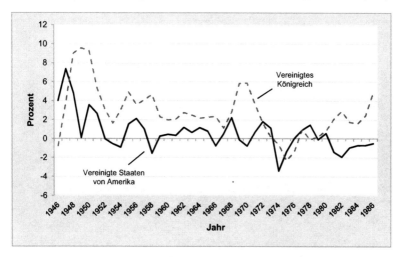

Quellen: Office for National Statistics (2011), Tabellen *Release: Public Sector Finances First Release, Table: Public Sector Net Borrowing, Public sector finances: Net Borrowing (ANNX)* und *Release: Economic Trends Annual Supplement, Table: Public sector receipts and expenditure, Public sector ESA95: Interest and dividends paid to private (ANLO)*; Officer (2011a), S. 1; U.S. Department of Commerce (2011a), Tabelle 3.1 *Government Current Receipts and Expenditures* und Tabelle 1.1.5 *Gross Domestic Product*; eigene Berechnungen; eigene Grafik.

Abbildung B.4: Entwicklung der Wachstumsrate des nominalen und realen Bruttoinlandsprodukts in den Vereinigten Staaten von Amerika

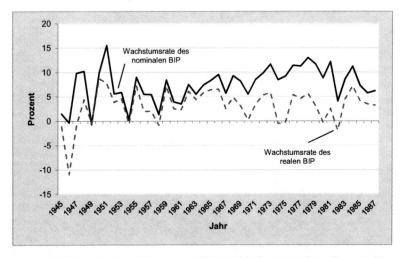

Quellen: U.S. Department of Commerce (2011a), Tabellen 1.1.5 *Gross Domestic Product* und 1.1.6 *Real Gross Domestic Product, Chained Dollars*; eigene Berechnungen; eigene Grafik.

Abbildung B.5: Entwicklung der Wachstumsrate des nominalen und realen Bruttoinlandsprodukts im Vereinigten Königreich

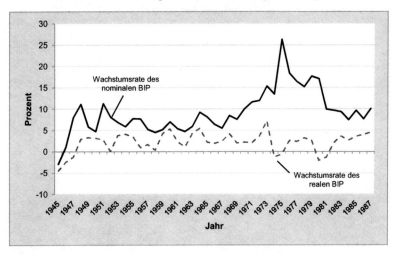

Quellen: Officer (2011a); eigene Berechnungen; eigene Grafik.

Abbildung B.6: Entwicklung der Inflationsraten (gemäß Verbraucherpreis-indizes) i.d. Vereinigten Staaten von Amerika u. im Vereinigten Königreich

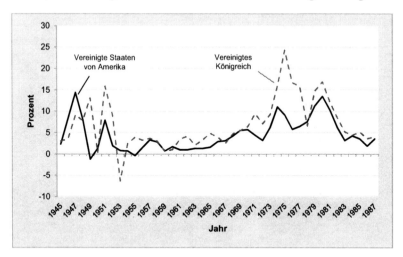

Quellen: U.S. Department of Labor (2011); Reinhart (2011), *Inflation, Inflation Part IV, United Kingdom*; eigene Grafik.

Abbildung B.7: Entwicklung der Realzinssätze in den Vereinigten Staaten von Amerika und im Vereinigten Königreich

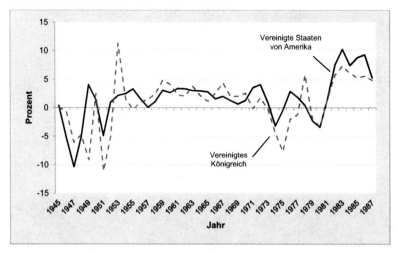

Quellen: Officer (2011b); U.S. Department of Labor (2011); Reinhart (2011), *Inflation, Inflation Part IV, United Kingdom*; eigene Berechnungen; eigene Grafik.

Abbildung B.8: Entwicklung des nominalen und realen
Zins-Wachstums-Differentials in den Vereinigten Staaten von Amerika

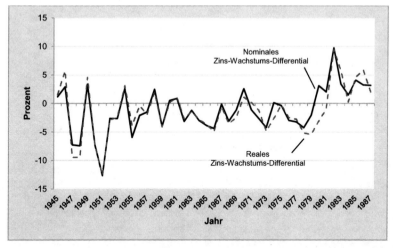

Quellen: U.S. Department of Commerce (2011a), Tabellen 1.1.5 *Gross Domestic Product* und 1.1.6 *Real Gross Domestic Product, Chained Dollars*; Officer (2011b); U.S. Department of Labor (2011); eigene Berechnungen; eigene Grafik.

Abbildung B.9: Entwicklung des nominalen und realen
Zins-Wachstums-Differentials im Vereinigten Königreich

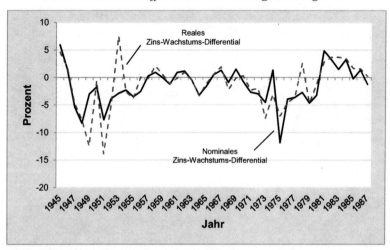

Quellen: Officer (2011a) und (2011b); Reinhart (2011), *Inflation, Inflation Part IV, United Kingdom*; eigene Berechnungen; eigene Grafik.

Abbildung B.10: Entwicklung der gesamtwirtschaftlichen
Nettoinvestitionen (privat und staatlich) in Relation zum nominalen
Bruttoinlandsprodukt in ausgewählten Ländern

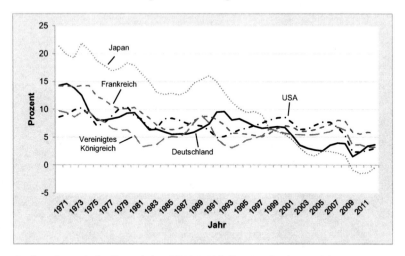

Quellen: Europäische Kommission (2011a), Tabellen *Net fixed capital formation, total economy at current prices (UINT)* und *Gross domestic product at current prices (UVGD)*; Prognosen der Europäischen Kommission ab 2011; eigene Berechnungen; eigene Grafik.

B.4 Argentinien zu Beginn des 21. Jahrhunderts

Abbildung B.11: Entwicklung der Inflationsrate
(gemäß Verbraucherpreisindex) in Argentinien

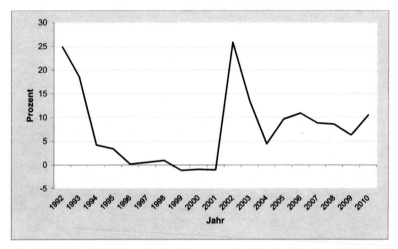

Quellen: Internationaler Währungsfonds (2011b), Tabelle *Inflation rate, average consumer prices*; eigene Grafik.

Abbildung B.12: Entwicklung der Wachstumsrate des realen
Bruttoinlandsprodukts in Argentinien

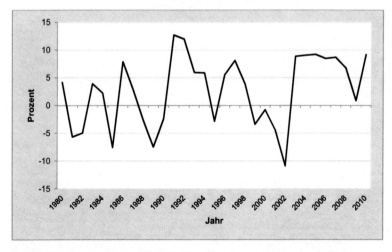

Quellen: World Bank (2011), Tabelle *GDP growth (annual %)*; eigene Grafik.

Abbildung B.13: Entwicklung der Kapitalzuflüsse nach Argentinien
am Beispiel ausländischer Direktinvestitionen sowie der Finanzierung
über die internationalen Kapitalmärkte in Relation zum
nominalen Bruttoinlandsprodukt[1]

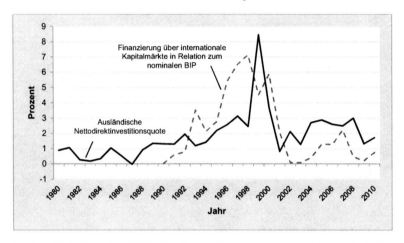

Quellen: World Bank (2011), Tabellen *Foreign direct investment, net inflows (% of GDP)*
und *Financing via international capital markets (gross inflows, % of GDP)*; eigene
Grafik.

[1] Die Weltbank definiert die *Finanzierung über internationale Kapitalmärkte* wie
folgt: „Financing via international capital markets is the sum of gross bond issuance,
bank lending and new equity placement. Bond issuance is the notional amount of
bond issuance by government, public and private sector borrowers in international
capital markets. Bank lending is the committed amount of funds raised by government, public and private sector borrowers via international syndicated lending. Equity
placement is the notional amount of cross-border equity placement." (World Bank
(2011), Tabelle *Financing via international capital markets (gross inflows, % of GDP)*).

Abbildung B.14: Entwicklung der Auslandsvermögensposition der gesamten argentinischen Volkswirtschaft

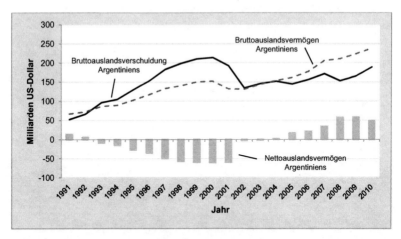

Quellen: Instituto Nacional de Estadística y Censos (2011), S. 16f., Tabelle *Estimación de la posición de inversión internacional*; eigene Grafik.

Abbildung B.15: Entwicklung der Auslandsvermögensposition des argentinischen Staates

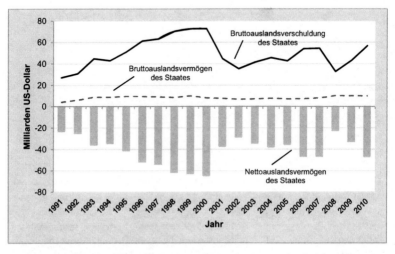

Quellen: Instituto Nacional de Estadística y Censos (2011), S. 16f., Tabelle *Estimación de la posición de inversión internacional*; eigene Grafik.

Abbildung B.16: Entwicklung des Leistungsbilanzsaldos absolut sowie in Relation zum nominalen Bruttoinlandsprodukt in Argentinien

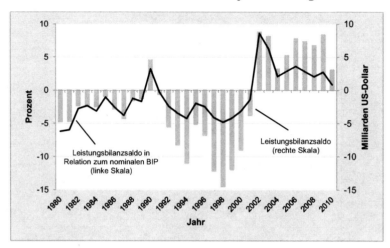

Quellen: World Bank (2011), Tabellen *Current account balance (% of GDP)* und *Current account balance (BoP, current US$)*; eigene Grafik.

Abbildung B.17: Entwicklung des realen effektiven Wechselkurses zwischen dem Peso und den Währungen der wichtigsten Export-Handelspartner Argentiniens (Mengennotierung aus argentinischer Sicht)

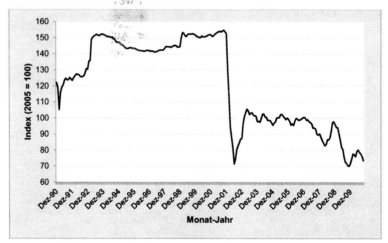

Quellen: Centro de Economía Internacional (2011), Tabelle *ARGENTINA Multilateral Real Exchange Rate, adjusted by CPI*; eigene Grafik

Abbildung B.18: Entwicklung der Zinsaufschläge auf argentinische
Staatsschuldtitel im Vergleich zu US-amerikanischen Treasury Bonds

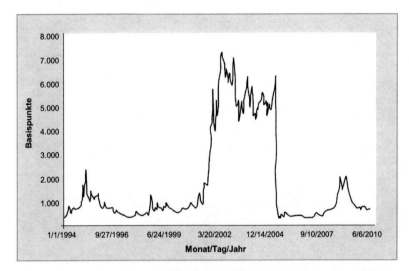

Quellen: Internationaler Währungsfonds (2010), S. 25, Grafik *EMBI Spreads, 1994-2010,*
Countries that defaulted; leicht abgeändert übernommen.

Literaturverzeichnis

Abelshauser, W. (1983). *Wirtschaftsgeschichte der Bundesrepublik Deutschland 1945-1980.* Frankfurt am Main: Suhrkamp Verlag.

Albers, W. (1976). Finanzpolitik in der Depression und in der Vollbeschäftigung. In Deutsche Bundesbank, *Währung und Wirtschaft in Deutschland 1876-1975* (S. 331-365). Frankfurt am Main: Verlag Fritz Knapp GmbH.

Aldcroft, D.H., Czada, P., Hardach, G., Henning, F.-W., Siegenthaler, H., & Winkel, H. (1973). *Finanz- und wirtschaftspolitische Fragen der Zwischenkriegszeit.* Berlin: Duncker & Humblot GmbH.

Archives and Records Council Wales. (2011). *Flintshire Record Office: National Savings Movement Records.* Abgerufen am 11. Juli 2011 von http://www.archiveswales.org.uk/anw/get_collection.php?inst_id=28&coll_id=78201&expand=

Banco de España. (2011). *Economic Bulletin: Spanish International Investment Position.* Abgerufen am 11. November 2011 von www.bde.es/webbde/es/estadis/infoest/e0706e.pdf

Bank für Internationalen Zahlungsausgleich. (1943). *Dreizehnter Jahresbericht (1. April 1942 - 31. März 1943).* Abgerufen am 08. Juli 2011 von www.bis.org/publ/arpdf/archive/ar1943_de.pdf

Bank für Internationalen Zahlungsausgleich. (1944). *Vierzehnter Jahresbericht (1. April 1943 - 31. März 1944).* Abgerufen am 08. Juli 2011 von www.bis.org/publ/arpdf/archive/ar1944_de.pdf

Bank für Internationalen Zahlungsausgleich. (1945). *Fünfzehnter Jahresbericht (1. April 1944 - 31. März 1945).* Abgerufen am 08. Juli 2011 von www.bis.org/publ/arpdf/archive/ar1945_de.pdf

Bank für Internationalen Zahlungsausgleich. (1946). *Sechzehnter Jahresbericht (1. April 1945 - 31. März 1946).* Abgerufen am 08. Juli 2011 von www.bis.org/publ/arpdf/archive/ar1946_de.pdf

Bank für Internationalen Zahlungsausgleich. (2002). *72. Jahresbericht (1. April 2001 - 31. März 2002).* Abgerufen am 01. August 2011 von www.bis.org/publ/arpdf/ar2002g.pdf

Bank of Greece. (2011). *Summary of the Annual Report 2010.* Abgerufen am 11. November 2011 von http://www.bankofgreece.gr/Pages/en/Publications/GovReport.aspx?Filter_By=8

Bernanke, B.S. (2005). *The Global Saving Glut and the U.S. Current Account Deficit.* Abgerufen am 06. Juni 2011 von http://www.federalreserve.gov/boarddocs/speeches/2005/200503102/

Bindseil, U., & Modery, W. (2010). *Ansteckungsgefahren im Eurogebiet und die Rettungsmaßnahmen des Frühling 2010 (in: Perspektiven der Wirtschaftspolitik, Volume 12, Issue 3, August 2011, S. 215-241).* Abgerufen am 11. November 2011 von http://onlinelibrary.wiley.com/doi/10.1111/pers.201 1.12.issue-3/issuetoc;jsessionid=953B8C4B1FAFFA0ACF76BBDA6E8 CEA76.d04t03

Blanchard, O., & Illing, G. (2006). *Makroökonomie.* München: Pearson Studium.

Bofinger, P. (2009). *Kurshalten im Sturm (Interview Süddeutsche Zeitung).* Abgerufen am 07. Juli 2011 von http://www.sueddeutsche.de/geld/finanz krise-gefahr-fuer-den-euro-kurshalten-im-sturm-1.475013

Bofinger, P. (2010). *Fass ohne Boden (Spiegel-Streitgespräch).* Abgerufen am 07. Juli 2011 von http://www.spiegel.de/spiegel/print/d-69628946.html

Boss, A. (1996). *Fiskalpolitik und Konjunktur (Institut für Weltwirtschaft an der Universität Kiel).* Abgerufen am 26. Mai 2011 von www.econstor.eu/bit stream/10419/913/1/218997671.pdf

Braun, H. (2010). *Inflation, 1914-1923 (in: Historisches Lexikon Bayerns).* Abgerufen am 07. Juli 2011 von http://www.historisches-lexikon-bayerns .de/artikel/artikel_44730

Brecht, M., Tober, S., van Treeck, T., & Truger, A. (2010). *Squaring the circle in Euroland? Some remarks on the Stability and Convergence Programmes 2010-2013.* Abgerufen am 26. Juli 2011 von http://www.boeckler.de/imk _5279.htm?produkt=HBS-004656&chunk=3&jahr=

Bundesministerium der Finanzen. (2001). *Finanzpolitik im Spannungsfeld des Europäischen Stabilitäts- und Wachstumspaktes.* Abgerufen am 25. Mai 2011 von http://www.bundesfinanzministerium.de/nn_1270/DE/Wirtscha ft__und__Verwaltung/Finanz__und__Wirtschaftspolitik/Finanzpolitik/W eitere__Informationen__Links/1299.html

Bundesministerium der Finanzen. (2010). *Kompendium zur Verschuldungsregel des Bundes gemäß Artikel 115 Grundgesetz.* Abgerufen am 12. August 2011 von http://www.bundesfinanzministerium.de/DE/Wirtschaft__und_ _Verwaltung/Finanz__und__Wirtschaftspolitik/Finanzpolitik/Weitere__I nformationen__Links/1009231a1001.html

Bundesministerium der Finanzen. (2011a). *Produktionspotenzial und -lücken.* Abgerufen am 26. Mai 2011 von http://www.bundesfinanzministerium.de /nn_4322/DE/BMF__Startseite/Publikationen/Monatsbericht__des__BM F/2011/05/statistiken-und-dokumentationen/03-gesamtwirtschaftliche-en twicklung/tabellen/Tabelle__S33.html?__nnn=true

Bundesministerium der Finanzen. (2011b). *Monatsbericht des BMF (Mai 2011).* Abgerufen am 08. Juli 2011 von http://www.bundesfinanzministerium .de/nn_129250/DE/BMF__Startseite/Publikationen/Monatsbericht__des_ _BMF/2011/05/inhalt/Monatsbericht-Mai-2011,templateId=raw,property =publicationFile.pdf

Bundesministerium der Finanzen. (2011c). *Glossar: Kalte Progression.* Abgerufen am 22. August 2011 von http://www.bundesfinanzministerium .de/nn_39832/DE/BMF__Startseite/Service/Glossar/K/011__Kalte__Pro gression.html

Bundesministerium der Finanzen. (2011d). *Monatsbericht des BMF (Februar 2011).* Abgerufen am 12. August 2011 von http://www.bundesfinanz ministerium.de/nn_17844/DE/BMF__Startseite/Publikationen/Monatsber icht__des__BMF/2011/02/inhalt/inhaltsverzeichnis.html?__nnn=true

Bundesministerium der Finanzen. (2011e). *Mittelfristiger Finanzplan des Bundes.* Abgerufen am 13. August 2011 von http://www.bundesfinanzministeri um.de/nn_62334/DE/Presse/Bildservice_20und_20Infografiken/Infografi ken_20und_20Diagramme/InfografikenBildergalerieTabelle,gtp=62340_ _3D12.html?__nnn=true

Bundesministerium der Finanzen. (2011f). *Monatsbericht des BMF (November 2011).* Abgerufen am 16. Dezember 2011 von http://www.bundesfinanz ministerium.de/nn_54/DE/BMF__Startseite/Publikationen/Monatsbericht __des__BMF/node.html?__nnn=true

Bundesministerium der Justiz. (2011). *Gesetz über den Lastenausgleich.* Abgerufen am 11. November 2011 von http://www.gesetze-im-internet.de/lag/ index.html

Bundesregierung. (2010). *Die Schuldenbremse – für die Zukunft unserer Kinder.* Abgerufen am 12. August 2011 von www.bundesregierung.de/Content/ DE/__Anlagen/2010/schuldenbremse-infografik-textversion,property%3 DpublicationFile.pdf

Bundesregierung. (2011). *Übergabe des Jahresgutachtens 2011/2012 des Sachverständigenrates zur Begutachtung der gesamtwirtschaftlichen Entwicklung an Bundeskanzlerin Merkel.* Abgerufen am 22. November 2011 von http://www.bundeskanzlerin.de/nn_707282/Content/DE/AudioVideo/2011/ Video/2011-11-09-Streaming-Jahresgutachten/2011-11-09-streaming-jah resgutachten.html

Bundeszentrale für politische Bildung. (2010). *Staatsverschuldung – unvermeidbar und gefährlich?* Abgerufen am 14. Mai 2011 von http://www.bpb.de/ files/V9PCF3.pdf

Bundeszentrale für politische Bildung. (2011). *Politiklexikon, Stichwort: deficit spending.* Abgerufen am 20. Juni 2011 von http://www.bpb.de/wissen/Q2 Z7XM.html

Centro de Economía Internacional. (2011). *Statistics.* Abgerufen am 28. Juli 2011 von http://www.cei.gov.ar/en/node/51

Clark, T., & Dilnot, A. (2002). *Measuring the UK Fiscal Stance since the Second World War.* Abgerufen am 15. Juli 2011 von www.ifs.org.uk/bns/bn26.pdf

Cruces, J., & Trebesch, C. (2010). *Sovereign Defaults: The Price of Haircuts.* Abgerufen am 31. Juli 2011 von http://www.diw.de/de/diw_01.c.373239 .de/publikationen_veranstaltungen/veranstaltungen/fg_fin11_conference_ paper.html

Deubel, I. (2011). *Zukunftsinvestitionen trotz Schuldenbremse? (Pulbikation der Arbeitseinheit „Zentrale Aufgaben" der Friedrich-Ebert-Stiftung).* Abgerufen am 15. November 2011 von www.fes.de/cgi-bin/gbv.cgi?id=08076 &ty=pdf

Deutsche Bundesbank. (1976). *Deutsches Geld- und Bankwesen in Zahlen 1876-1975.* Frankfurt am Main: Verlag Fritz Knapp GmbH.

Deutsche Bundesbank. (1998). *Fünfzig Jahre Deutsche Mark: Notenbank und Währung in Deutschland seit 1948.* München: C.H. Beck'sche Verlagsbuchhandlung.

Deutsche Bundesbank. (2007). *Währungsreform 1948.* Abgerufen am 04. Juli 2011 von http://www.bundesbank.de/aufgaben/aufgaben_60jahrewaehru ng_reform.php

Deutsche Bundesbank. (2008). *Pressenotiz: Maastricht-Schuldenstand 2007 steigt, Schuldenquote sinkt.* Abgerufen am 18. Mai 2011 von www. bundesbank.de/download/presse/pressenotizen/2008/20080331.schuldenq uote.pdf

Deutsche Bundesbank. (2010a). *Monatsbericht April 2010.* Abgerufen am 16. Mai 2011 von http://www.bundesbank.de/volkswirtschaft/vo_monatsberi cht_archiv.php

Deutsche Bundesbank. (2010b). *Tabellen zur Wirtschaftsentwicklung in Deutschland seit 1950.* Abgerufen am 06. Juni 2011 von http://www.bundesbank .de/statistik/statistik_wirtschaftsdaten_tabellen.php

Deutsche Bundesbank. (2011a). *Statistik. Außenwirtschaft. Tabellen.* Abgerufen am 10. November 2011 von http://www.bundesbank.de/statistik/statistik _aussenwirtschaft_tabellen.php#tab2urspr

Deutsche Bundesbank. (2011b). *Basel III – Leitfaden zu den neuen Eigenkapital- und Liquiditätsregeln für Banken.* Abgerufen am 19. Juli 2011 von www.bundesbank.de/download/bankenaufsicht/pdf/basel3_leitfaden.pdf

Deutscher Bundestag. (2009). *Aktueller Begriff: Die Schuldenbremse des Grundgesetzes.* Abgerufen am 12. August 2011 von www.bundestag.de/dokum ente/analysen/2009/schuldenbremse.pdf

Eichengreen, B. (2010). *Deutschland könnte D-Mark wieder einführen (Interview Frankfurter Allgemeine Zeitung)*. Abgerufen am 07. Juli 2011 von http://www.faz.net/-01kruk

Eidgenössische Technische Hochschule Zürich. (2007). *Eine Schuldenbremse für den deutschen Bundeshaushalt: Ein Vorschlag zur Reform der Haushaltsgesetzgebung*. Abgerufen am 06. Juni 2011 von lag-wirtschaftnrw.de/fileadmin/user_upload/gruene_lag_wifi/Steuern_und_Finanzen/18 7669.gutachten_eth_zuerich_eine_schuldenbrems.pdf

Europäische Kommission. (2005). *Der Euro in einer erweiterten Europäischen Union*. Abgerufen am 16. Mai 2011 von ec.europa.eu/economy_finance/ publications/publication6706_de.pdf

Europäische Kommission. (2011a). *Economic and Financial Affairs. AMECO-Datenbank*. Abgerufen am 20. November 2011 von http://ec.europa.eu/ economy_finance/ameco/user/serie/ResultSerie.cfm

Europäische Kommission. (2011b). *Standard Eurobarometer 75: Annex Table of Results*. Abgerufen am 16. Dezember 2011 von http://ec.europa.eu/public _opinion/archives/eb/eb75/eb75_en.htm

Europäische Kommission. (2011c). *Wirtschaft und Finanzen (Glossar)*. Abgerufen am 16. Mai 2011 von http://ec.europa.eu/economy_finance/focu son/inflation/glossary_de.htm

Europäische Kommission. (2011d). *Eurobarometer 75 (Frühjahr 2011)*. Abgerufen am 16. Dezember 2011 von ec.europa.eu/public_opinion/archives/eb/ eb75/eb75_publ_de.pdf

Europäische Union. (2008). *Konsolidierte Fassungen des Vertrags über die Europäische Union und des Vertrags über die Arbeitsweise der Europäischen Union*. Abgerufen am 07. Juli 2011 von http://www.ecb.int/ecb/legal/ 1341/1342/html/index.de.html

Europäische Union. (2010). *Konsolidierte Fassung des Vertrags über die Europäische Union*. Abgerufen am 05. Juli 2011 von http://eur-lex.europa.eu/ JOHtml.do?uri=OJ:C:2010:083:SOM:DE:HTML

Europäische Zentralbank. (2010). *Pressemitteilung: EZB beschließt Maßnahmen, um den starken Spannungen an den Finanzmärkten entgegenzuwirken*. Abgerufen am 07. Juli 2011 von www.bundesbank.de/download/ezb/ pressenotizen/2010/20100510.ezb.pdf

Europäische Zentralbank. (2011a). *The European Central Bank: Organisation*. Abgerufen am 07. Juli 2011 von http://www.ecb.int/ecb/orga/escb/html/ index.de.html

Europäische Zentralbank. (2011b). *Key ECB interest rates*. Abgerufen am 08. Juli 2011 von http://www.ecb.int/stats/monetary/rates/html/index.en.html#

Flassbeck, H., & Spiecker, F. (2010). *Lohnpolitische Konvergenz und Solidarität oder offener Bruch: Eine große Krise der EWU ist nahezu unvermeidlich (in: Wirtschaftsdienst 3/2010)*. Abgerufen am 24. Juli 2011 von www.flassbeck.de/pdf/2010/april%202010/flassbeckWiDienst.pdf

Gabler. (2009). *Kompakt-Lexikon Volkswirtschaftslehre*. Wiesbaden: GWV Fachverlage GmbH.

Gabler Verlag. (2011). *Gabler Wirtschaftslexikon*. Abgerufen am 25. Juni 2011 von http://wirtschaftslexikon.gabler.de/Homepage.jsp

Gilson, N., & Gérard, M. (2002). *Currency Composition and Public Debt in EMU (in: ifo Studien, Zeitschrift für empirische Wirtschaftsforschung)*. Abgerufen am 24. Juli 2010 von www.cesifo-group.de/link/ifostudien02-2002-04-301.pdf

Grobauer, C. (2008). *Wirtschaftsgesetze*. Herne: Verlag Neue Wirtschafts-Briefe.

Haberler, G. (1976). Die Weltwirtschaft und das internationale Währungssystem in der Zeit zwischen den beiden Weltkriegen. In Deutsche Bundesbank, *Währung und Wirtschaft in Deutschland 1876-1975* (S. 205-248). Frankfurt am Main: Verlag Fritz Knapp GmbH.

Haller, H. (1976). Die Rolle der Staatsfinanzen für den Inflationsprozeß. In Deutsche Bundesbank, *Währung und Wirtschaft in Deutschland 1876-1975* (S. 115-155). Frankfurt am Main: Verlag Fritz Knapp GmbH.

Hanke, S.H. (2003). *The Argentine Straw Man: A Response to Currency Board Critics (Cato Journal, Vol. 23, No. 1 (Spring/Summer 2003))*. Abgerufen am 24. Juli 2011 von www.cato.org/pubs/journal/cj23n1/cj23n1-6.pdf

Hans-Böckler-Stiftung. (2010). *Böckler impuls (Ausgabe 18/2010)*. Abgerufen am 08. Juli 2011 von http://www.boeckler.de/32014_109853.html

Hans-Böckler-Stiftung. (2011). *Böckler impuls (Ausgabe13/2011)*. Abgerufen am 12. November 2011 von http://www.boeckler.de/14_37820.htm

Hansmeyer, K.-H., & Caesar, R. (1976). Kriegswirtschaft und Inflation (1936-1948). In Deutsche Bundesbank, *Währung und Wirtschaft in Deutschland 1878-1975* (S. 367-429). Frankfurt am Main: Verlag Fritz Knapp GmbH.

Heipertz, M.K. (2005). *Der Europäische Stabilitäts- und Wachstumspakt: Institutionendesign im Selbsbindungsdilemma*. Abgerufen am 24. Mai 2011 von http://kups.ub.uni-koeln.de/1446/

Holtfrerich, C.-L. (1980). *Die deutsche Inflation 1914-1923*. Berlin, New York: de Gruyter.

Horn, G.A., & Truger, A. (2010). *Haushaltsbegleitgesetz 2011: Die falsche Antwort auf die finanz- und steuerpolitischen Herausforderungen*. Abgerufen am 21. November 2011 von www.boeckler.de/pdf/p_imk_pb_3_2010.pdf

Horn, G.A., Lindner, F., & Niechoj, T. (2011). *Schuldenschnitt für Griechen-land – ein gefährlicher Irrweg für den Euroraum (IMK Report Nr. 63, Juni 2011).* Abgerufen am 01. August 2011 von www.boeckler.de/pdf/ p_imk_report_63_2011.pdf

Horn, G.A., Niechoj, T., Tober, S., van Treeck, T., & Truger, A. (2010). *Reform des Stabilitäts- und Wachstumspakts: Nicht nur öffentliche, auch private Verschuldung zählt (IMK Report Nr. 51, Juli 2010).* Abgerufen am 02. August 2011 von http://www.boeckler.de/imk_5269.htm?produkt=HBS-004741&chunk=2&jahr=

Horn, G.A., Niechoj, T., Truger, A., Vesper, D., & Zwiener, R. (2008). *Zu den Wirkungen der BMF-Schuldenbremse.* Abgerufen am 13. August 2011 von www.boeckler.de/pdf/p_imk_pb_15mai2008.pdf

Hornbeck, J.F. (2010). *Argentina's Defaulted Sovereign Debt: Dealing with the „Holdouts".* Abgerufen am 03. August 2011 von www.fas.org/sgp/crs/ row/R41029.pdf

Instituto Nacional de Estadística y Censos. (2011). *Posición de inversión inter-nacional (Año 2010).* Abgerufen am 03. August 2011 von http://www. indec.mecon.ar/principal.asp?id_tema=9169

Internationaler Währungsfonds. (2010). *Default in Today's Advanced Econ-omies: Unnecessary, Undesirable, and Unlikely.* Abgerufen am 04. August 2011 von www.imf.org/external/pubs/ft/spn/2010/spn1012.pdf

Internationaler Währungsfonds. (2011a). *IMF Data Mapper: Historical Public Debt Database.* Abgerufen am 17. Mai 2011 von http://www.imf.org/ external/datamapper/index.php?db=DEBT

Internationaler Währungsfonds. (2011b). *IMF Data Mapper: World Economic Outlook (September 2011).* Abgerufen am 20. November 2011 von http://www.imf.org/external/datamapper/index.php

Ito, H. (2011). *Financial Repression.* Abgerufen am 19. Juli 2011 von http:// web.pdx.edu/~ito/

John, K.D. (2010). *Die Schuldenbremse als Instrument der Selbstbindung im politischen Entscheidungsprozess (Präsentation Kocheler Kreis der Fried-rich-Ebert-Stiftung, 09. Januar 2010).* Abgerufen am 13. August 2011 von www.fes.de/wiso/pdf/kochel/2010/winter/john.pdf

John, K.D. (2011). Die Schuldenbremse als Instrument der Selbstbindung im politischen Entscheidungsprozess. In H. Hagemann, & H. Krämer, *Öko-nomie und Gesellschaft. Jahrbuch 23: Keynes 2.0 – Perspektiven einer modernen keynesianischen Wirtschaftstheorie und Wirtschaftspolitik* (S. 353-390). Marburg: Metropolis-Verlag.

Jost, C. (2003). *Argentinien: Umfang und Ursachen der Staatsverschuldung und Probleme der Umschuldung (Konrad-Adenauer-Stiftung: Auslandsinfor-*

mationen 11/2003, S. 29-63). Abgerufen am 23. Juli 2011 von www.
kas.de/wf/doc/kas_3573-544-1-30.pdf

Junius, K., & Tödtmann, K. (2010). *Inflation und Staatsverschuldung (ifo
Schnelldienst 17/2010 – 63. Jahrgang).* Abgerufen am 07. Juli 2011 von
http://www.cesifo-group.de/portal/page/portal/DocB ... /ifosd_2010_17_
2.pdf

Juristischer Informationsdienst. (2011). *Grundgesetz für die Bundesrepublik
Deutschland.* Abgerufen am 12. August 2011 von http://dejure.org/ge
setze/GG

Keynes, J.M. (1924). *Ein Traktat über Währungsreform.* Berlin: Duncker &
Humblot GmbH (Englische Originalausgabe: A tract on monetary reform,
1923).

Keynes-Gesellschaft. (2011a). *Die Kernaussagen der „General Theory".* Abgerufen am 03. Juni 2011 von http://www.keynes-gesellschaft.de/Haupt
kategorien/GeneralTheory/Kernaussagen.php

Keynes-Gesellschaft. (2011b). *Keynesianische Inflationstheorien.* Abgerufen
am 07. Juli 2011 von http://www.keynes-gesellschaft.de/Hauptkategorien
/WeiterentwicklungKeynesianismus/Inflationstheorie.php

Konrad, K., & Zschäpitz, H. (2010). *Schulden ohne Sühne? Warum der Absturz
der Staatsfinanzen uns alle trifft.* München: Verlag C.H. Beck oHG.

Krämer, H. (2009). Schulden als Geschenk. *Financial Times Deutschland
(Ausgabe vom 28. Januar 2009).*

Krämer, H. (2010). *Die Konstruktionsfehler des Euro-Stabilitätspaktes (Wirtschaftsdienst, 90. Jahrgang, Heft 6/2010, S. 379-384).* Abgerufen am 25.
Juli 2011 von http://www.wirtschaftsdienst.eu/archiv/jahr/2010/6/

Krueger, A. (2002). *Crisis Prevention and Resolution: Lessons from Argentina.*
Abgerufen am 24. Juli 2011 von http://www.imf.org/external/np/spee
ches/2002/071702.htm

Krugman, P., & Wells, R. (2010). *Volkswirtschaftslehre.* Stuttgart: Schäffer-
Poeschel Verlag (Englische Originalausgabe: 2005).

Laibson, D., & Mollerstrom, J. (2010). *Capital flows, consumption booms and
asset bubbles: A behavioural alternative to the savings glut hypothesis.*
Abgerufen am 10. November 2011 von www.nber.org/papers/w15759.pdf

Lang, E., & Koch, W. (1980). *Staatsverschuldung – Staatsbankrott?* Würzburg:
Physica-Verlag.

Levit, M.R. (2010). *The Federal Debt: An Analysis of Movements from World
War II to the Present (Congressional Research Service).* Abgerufen am
15. Juli 2011 von www.fas.org/sgp/crs/misc/RL34712.pdf

Maddison, A. (1989). *The World Economy in the 20th Century.* Paris: OECD.

Mankiw, N.G. (2004). *Grundzüge der Volkswirtschaftslehre*. Stuttgart: Schäffer-Poeschel Verlag.

Mankiw, N.G., & Ball, L.M. (2010). *Macroeconomics and the Financial System*. New York: Worth Publishers.

Ministerio de Economía y Finanzas Públicas. (2011). *Boletin Fiscal Trimestral*. Abgerufen am 01. August 2011 von http://www.mecon.gov.ar/onp/html/ejectexto/bole_trim_dosuno.html?var1=boletrimdosuno

Ministry of Finance Japan. (2011). *International Investment Position of Japan*. Abgerufen am 11. November 2011 von http://www.mof.go.jp/english/international_policy/reference/iip/e2010.htm

Möller, H. (1976). Die westdeutsche Währungsreform von 1948. In Deutsche Bundesbank, *Währung und Wirtschaft in Deutschland 1876-1975* (S. 433-483). Frankfurt am Main: Verlag Fritz Knapp GmbH.

Mussa, M. (2002). *Argentina and the Fund: From Triumph to Tragedy*. Washington, DC: Insitute for International Economics.

Nödinger, H.E. (1987). *Verschuldung von Entwicklungs- und Schwellenländern*. Grüsch: Verlag Rüegger.

Nordhaus, W. D. (2004). *Retrospective on the 1970s Productivity Slowdown*. Abgerufen am 18. Dezember 2011 von http://www.nber.org/papers/w10950.pdf

OECD. (2003). *Glossary of statistical terms: General government structural balance*. Abgerufen am 26. Mai 2011 von http://stats.oecd.org/glossary/detail.asp?ID=3343

OECD. (2010). *OECD Economic Outlook No. 88 Annex Tables: Fiscal balances and public indebtedness*. Abgerufen am 16. November 2011 von http://www.oecd.org/document/3/0,3343,en_2649_34573_2483901_1_1_1_1,00.html

Office for National Statistics. (2010). *Balance of Payments Statistical Bulletin tables 2011Q2, Table K*. Abgerufen am 21. November 2011 von http://www.ons.gov.uk/ons/publications/re-reference-tables.html?edition=tcm%3A77-231886

Office for National Statistics. (2011). *Time Series Data*. Abgerufen am 10. Juli 2011 von http://www.statistics.gov.uk/statbase/tsdtimezone.asp

Office of Management and Budget. (2011). *Historical Tables*. Abgerufen am 23. Juli 2011 von http://www.whitehouse.gov/omb/budget/Historicals

Officer, L.H. (2011a). *What Was the U.K. GDP Then? (MeasuringWorth)*. Abgerufen am 15. Juli 2011 von http://www.measuringworth.com/ukgdp/

Officer, L.H. (2011b). *What Was the Interest Rate Then? (Measuring Worth)*. Abgerufen am 15. Juli 2011 von http://www.measuringworth.com/interestrates/

Officer, L.H., & Williamson, S.H. (2011). *Annual Inflation Rates in the United States, 1775-2010, and United Kingdom, 1265-2010 (MeasuringWorth)*. Abgerufen am 13. Juli 2011 von http://www.measuringworth.com/inflation/

Ohanian, L.E. (1997). *The Macroeconomic Effects of War Finance in the United States: World War II and the Korean War*. Abgerufen am 06. Juli 2011 von http://www.jstor.org/pss/2950852

Österreichische Nationalbibliothek. (2003). *Deutsches Reichsgesetzblatt*. Abgerufen am 01. Juli 2011 von http://alex.onb.ac.at/gesetze_drab_fs.htm

Panizza, U. (2008). *Domestic and External Public Debt in Developing Countries (UNCTAD Discussion Paper, No. 188, March 2008)*. Abgerufen am 03. August 2011 von http://www.unctad.org/en/docs/osgdp20083_en.pdf

Pesce, M.A. (2011). *Capital flows, economic performance and economic policy: Argentina's experience during the last decade (BIS Papers, No. 44)*. Abgerufen am 05. August 2011 von www.bis.org/publ/bppdf/bispap44e.pdf

Pfleiderer, O. (1976). Die Reichsbank in der Zeit der großen Inflation, die Stabilisierung der Mark und die Aufwertung von Kapitalforderungen. In Deutsche Bundesbank, *Währung und Wirtschaft in Deutschland 1876-1975* (S. 157-201). Frankfurt am Main: Verlag Fritz Knapp GmbH.

Priewe, J. (2011). *Drei Ursachen der Eurokrise – oder Ist die Europäische Währungsunion noch zu retten?* Berlin.

Projektgruppe Gemeinschaftsdiagnose. (2009). *Im Sog der Weltrezession: Gemeinschaftsdiagnose Frühjahr 2009*. Abgerufen am 26. Mai 2011 von www.rwi-essen.de/media/content/pages/publikationen/gemeinschaftsdiagnose/GD_2010-1.pdf

Reinhart, C.M. (2011). *Data (This Time is Different Book Related)*. Abgerufen am 15. Juli 2011 von http://www.carmenreinhart.com/data/browse-by-topic/

Reinhart, C.M., & Rogoff, K.S. (2008). *The Forgotten History of Domestic Debt*. Abgerufen am 23. November 2011 von http://www.nber.org/papers/w13946

Reinhart, C.M., & Rogoff, K.S. (2010a). *Growth in a Time of Debt*. Abgerufen am 07. Juni 2011 von http://www.nber.org/papers/w15639

Reinhart, C.M., & Rogoff, K.S. (2010b). *From Financial Crash to Debt Crisis*. Abgerufen am 23. November 2011 von http://www.nber.org/papers/w15795

Reinhart, C.M., & Rogoff, K.S. (2011). *Dieses Mal ist alles anders: Acht Jahrhunderte Finanzkrisen*. München: FinanzBuch Verlag GmbH (Englische Originalausgabe: 2009).

Reinhart, C.M., & Sbrancia, M.B. (2011). *The Liquidation of Government Debt*. Abgerufen am 19. Juni 2011 von www.imf.org/external/np/seminars/eng/2011/res2/pdf/crbs.pdf

Reinhart, C.M., Kirkegaard, J.F., & Sbrancia, M.B. (2011a). *Financial Repression Redux*. Abgerufen am 19. Juni 2011 von www.imf.org/external/pubs/ft/fandd/2011/06/pdf/reinhart.pdf

Reinhart, C.M., Kirkegaard, J.F., & Sbrancia, M.B. (2011b). *Financial repression redux*. Abgerufen am 18. Juli 2011 von mpra.ub.uni-muenchen.de/31641/1/MPRA_paper_31641.pdf

Reinhart, C.M., Rogoff, K.S., & Savastano, M.A. (2003). *Debt Intolerance*. Abgerufen am 22. Juli 2011 von http://www.nber.org/papers/w9908

Reuter, N. (2009). *„Schuldenbremse" bremst Generationengerechtigkeit*. Abgerufen am 14. Juni 2011 von www.memo.uni-bremen.de/docs/m1809.pdf

Rittenbruch, K. (2000). *Makroökonomie*. München: Oldenbourg Wissenschaftsverlag GmbH.

Sachverständigenrat. (2003). *Staatsfinanzen konsolidieren – Steuersystem reformieren (Jahresgutachten 2003/2004)*. Abgerufen am 25. Mai 2011 von http://www.sachverstaendigenrat-wirtschaft.de/50.html

Sachverständigenrat. (2007). *Staatsverschuldung wirksam begrenzen (Expertise im Auftrag des Bundesministers für Wirtschaft und Technologie)*. Abgerufen am 16. Mai 2011 von http://www.sachverstaendigenrat-wirtschaft.de/expertisen.html

Sachverständigenrat. (2009). *Die Zukunft nicht aufs Spiel setzen (Jahresgutachten 2009/2010)*. Abgerufen am 25. Mai 2011 von http://www.sachverstaendigenrat-wirtschaft.de/jahresgutachten-2009-2010.html

Sachverständigenrat. (2010). *Chancen für einen stabilen Aufschwung (Jahresgutachten 2010/11)*. Abgerufen am 05. Juli 2011 von http://www.sachverstaendigenrat-wirtschaft.de/?id=199

Sachverständigenrat. (2011a). *Statistik: Zeitreihen für Deutschland*. Abgerufen am 17. Mai 2011 von http://www.sachverstaendigenrat-wirtschaft.de/55.html#c175

Sachverständigenrat. (2011b). *Statistik: Internationale Zeitreihen*. Abgerufen am 09. Juni 2011 von http://www.sachverstaendigenrat-wirtschaft.de/53.html

Sachverständigenrat. (2011c). *Verantwortung für Europa wahrnehmen (Jahresgutachten 2011/12)*. Abgerufen am 22. November 2011 von http://www.sachverstaendigenrat-wirtschaft.de/aktuellesjahrsgutachten.html

Samuelson, P.A., & Nordhaus, W.D. (2007). *Volkswirtschaftslehre: Das internationale Standardwerk der Makro- und Mikroökonomie*. Landsberg am Lech: mi-Fachverlag (Englische Originalausgabe: 2005).

Sargent, T.J. (1981). *The Ends of Four Big Inflations*. Abgerufen am 28. Juni 2011 von www.minneapolisfed.org/research/wp/wp158.pdf

Schaaf, S. (2011). Flucht in US-Bonds hält an. *Financial Times Deutschland (Ausgabe vom 11. August 2011)*, 19.

Scherf, W. (1998). *Finanzwissenschaftliche Arbeitspapiere: Einkommen, Vermögen und Verteilung aus makroökonomischer Sicht.* Abgerufen am 03. Juni 2011 von http://econstor.eu/bitstream/10419/39861/1/255003676.pdf

Scherf, W. (1999). *Makroökonomische Grundlagen der Globalsteuerung.* Abgerufen am 03. Juni 2011 von www.uni-giessen.de/~g21024/download/scherf/Globalst.PDF

Spahn, P. (2011). *Die Währungskrisenunion: Die Euro-Verschuldung der Nationalstaaten als Schwachstelle der EWU.* Abgerufen am 30. Juli 2011 von http://www.econstor.eu/dspace/handle/10419/49300

Spehl, H. (2011). *Staatsverschuldung: Tschüss, Kapitalmarkt.* Abgerufen am 11. November 2011 von http://www.zeit.de/2011/44/Deutschland-Schuldenabbau/komplettansicht?print=true

Standard & Poor's. (2011). *Sovereigns Ratings List.* Abgerufen am 20. November 2011 von http://www.standardandpoors.com/ratings/sovereigns/ratings-list/en/us/?sectorName=Governments

Stark, J. (2008). *Von der Hyperinflation in Deutschland zur einheitlichen europäischen Währung – Bedingungen und Elemente einer stabilitätsorientierten Währungsverfassung.* Abgerufen am 01. Juli 2011 von http://www.ecb.int/press/key/date/2008/html/sp080620_1.de.html

Statistisches Bundesamt. (2011a). *Begriffserläuterungen für den Bereich Finanzen, Steuern, Öffentlicher Dienst.* Abgerufen am 16. Mai 2011 von http://www.destatis.de/jetspeed/portal/cms/Sites/destatis/Internet/DE/Content/Statistiken/FinanzenSteuern/Begriffserlaeuterungen/OeffentlicheHaushalte,templateId=renderPrint.psml

Statistisches Bundesamt. (2011b). *Volkswirtschaftliche Gesamtrechnungen: Bruttoinlandsprodukt, Bruttonationaleinkommen, Volkseinkommen (Lange Reihen ab 1950).* Abgerufen am 10. November 2011 von http://www.destatis.de/jetspeed/portal/cms/Sites/destatis/Internet/DE/Content/Statistiken/VolkswirtschaftlicheGesamtrechnungen/Inlandsprodukt/Tabellen/Tabellenuebersicht,templateId=renderPrint.psml

Sturm, R. (1993). *Staatsverschuldung: Ursachen, Wirkungen und Grenzen staatlicher Verschuldungspolitik.* Opladen: Leske + Budrich GmbH.

Sylla, R. (2011). *Financial History – Niall Ferguson's Database.* Abgerufen am 23. Juni 2011 von http://pages.stern.nyu.edu/~rsylla/FergusonDatabases.htm

The Economist. (2005). *Argentina's debt restructuring: A victory by default?* Abgerufen am 01. August 2011 von http://www.economist.com/node/3715779

The Economist. (2006). *Emerging-market debt: Stylish haircut.* Abgerufen am 05. August 2011 von http://www.economist.com/node/6786333

The Economist. (2010a). *Monetary policy: A healthy dose of inflation.* Abgerufen am 22. Juli 2011 von http://www.economist.com/node/21004839

The Economist. (2010b). *Sovereign debt: Collateral damage.* Abgerufen am 02. August 2011 von http://www.economist.com/blogs/freeexchange/2010/06/sovereign_debt

The Economist. (2010c). *Japan's debt-ridden economy: Crisis in slow motion.* Abgerufen am 08. August 2011 von http://www.economist.com/node/15867844

The Economist. (2011). *The great repression.* Abgerufen am 19. Juni 2011 von http://www.economist.com/node/18834259

Theurl, T. (1998). *Währungsumstellungen in der deutschen Geschichte seit 1871.* Abgerufen am 04. Juli 2011 von www.kas.de/upload/ACDP/HPM/HPM_05_98/HPM_05_98_8.pdf

Tillmann, A. (2010). *Von der Rekordneuverschuldung zur Schuldenbremse – Die Quadratur des Kreises?* Abgerufen am 12. August 2011 von http://www.partnerimdialog.de/index.php/antje-tillmann.491.html

Tober, S., & van Treeck, T. (2010). *Inflation. Die überschätzte Gefahr im Euroraum (IMK Report Nr. 57, November 2010).* Abgerufen am 29. Juni 2011 von www.boeckler.de/pdf/p_imk_report_57_2010.pdf

Truger, A., & Teichmann, D. (2010). *IMK-Steuerschätzung 2011-2014: Kein Spielraum für Steuersenkungen (IMK Report Nr. 49, Mai 2010).* Abgerufen am 17. November 2011 von www.boeckler.de/pdf/p_imk_report_49_2010.pdf

U.S. Department of Commerce. (2011a). *National Income and Product Accounts Tables (NIPA).* Abgerufen am 15. Juli 2011 von http://www.bea.gov/iTable/iTable.cfm?ReqID=9&step=1

U.S. Department of Commerce. (2011b). *U.S. Net International Investment Position at Yearend 2010.* Abgerufen am 11. November 2011 von http://www.bea.gov/newsreleases/international/intinv/intinvnewsrelease.htm

U.S. Department of Labor. (2011). *Consumer Price Index.* Abgerufen am 15. Juli 2011 von ftp://ftp.bls.gov/pub/special.requests/cpi/cpiai.txt

U.S. Embassy Buenos Aires. (2003). *Argentina: Glossary of Financial Terms and Acronyms.* Abgerufen am 30. Juli 2011 von argentina.usembassy.gov/uploads/images/oeoj8XP9BUPC9rb8LSViDg/wwwfecn2.pdf

United Kingdom Debt Management Office. (2008). *Historical National Debt Data.* Abgerufen am 23. Juni 2011 von http://80.86.35.58/reportView.aspx?rptCode=D4A&rptName=37790042&reportpage=about

Vesper, D. (2008a). Schuldenbremsen – wozu? Einige Anmerkungen zur aktuellen Schuldendebatte. In H. Hagemann, G. Horn, & H.-J. Krupp, *Aus ge-*

samtwirtschaftlicher Sicht: Festschrift für Jürgen Kromphardt (S. 375-390). Marburg: Metropolis-Verlag.

Vesper, D. (2008b). *Defizitziel versus Ausgabenpfad: Plädoyer für eine berechenbare Haushaltspolitik.* Abgerufen am 14. August 2011 von library.fes.de/pdf-files/wiso/05232.pdf

von Weizsäcker, C.C. (2010). *Das Janusgesicht der Staatsschulden (Frankfurter Allgemeine Zeitung Nr. 126, S. 12).* Abgerufen am 22. Juli 2010 von http://www.faz.net/-00qri4

von Weizsäcker, R.K. (2009). *Repräsentative Demokratie und öffentliche Verschuldung: Ein strategisches Verhängnis.* Abgerufen am 24. Mai 2011 von www.vwl.wi.tum.de/forschung/reprasentative-demokratie-und-offentliche-verschuldung-juli-2009-neu.pdf

World Bank. (2011). *World dataBank.* Abgerufen am 18. November 2011 von http://databank.worldbank.org/ddp/home.do